TURIN

ET

CHARLES-ALBERT

PAR

ALPHONSE BALLEYDIER,
Auteur de *Rome et Pie IX*.

OUVRAGE ORNÉ DE QUATRE PORTRAITS
ET DU FAC-SIMILE D'UNE LETTRE DE M. GIOBERTI A L'AUTEUR.

- PARIS.
A LA LIBRAIRIE DES LIVRES LITURGIQUES ILLUSTRÉS.
PLON FRÈRES, ÉDITEURS,
RUE DE VAUGIRARD, 36.

TURIN
ET
CHARLES-ALBERT.

L'auteur se réserve dans les Etats sardes la traduction qu'il se propose de faire lui-même, et tous les droits accordés aux auteurs par la convention passée le 28 août 1843 entre la France et les Etats susdits.

Ce volume a été déposé au Ministère de l'Intérieur (Direction de la Librairie), le 21 mars 1848.

LE ROI CHARLES ALBERT.

DÉDICACE.

Nobles Piémontais, illustres Génois, fidèles Savoyards, et vous tous magnanimes Italiens, il y a de cela cinq mois à peine... nous vous disions dans la préface de *Rome et Pie IX* : « *Conservez votre ma-* » *jestueuse attitude, soyez calmes ; attendez sans mur-* » *murer que les temps soient venus pour la réalisation* » *des promesses qu'on vous a faites..... Attendez, et* » *bientôt pour vous sonnera l'heure de la régénération.* »

Nous avons été bon prophète : cette heure, confirmant nos prévisions, a retenti pour quelques-uns d'entre vous.

La Toscane, représentée par son grand-duc et dignement comprise par le marquis Ridolfi, son conseiller intime, a suivi le mouvement sublime que l'immortel Pie IX a imprimé de sa puissante main aux États de l'Église. Il n'y a plus de frontières entre Florence et Lucques. L'héritage topographique de Marie-Louise subira inévitablement la pensée régénératrice partie naguère de la croix du Quirinal pour faire le tour de la péninsule italique. Du jour où Ferdinand II a reconnu que la force des armes devait céder à la puissance de l'idée, Naples s'est réuni au faisceau de la ligue italienne. Le royaume lombard aura son Balila si le vent qui vient de Vienne ne chasse au plus tôt les sombres nuages qui voilent le ciel de Venise et de Milan.

Quant à vous, heureux Piémontais, race d'élite, fiers grenadiers de l'Italie, vous avez eu vos réformes; le cœur paternel de votre auguste et bien-aimé souverain s'est répandu sur vous le 30 octobre.

Nous étions alors près de vous, avec vous, au milieu de vous; enfant de la France, nous avons mêlé nos cris de bonheur et de fête à vos cris d'amour et de reconnaissance; nous avons confondu nos larmes aux larmes de votre joie; nous avons parcouru aux cris de vive le roi! vos rues, éclairées le jour par un brillant soleil, resplendissantes la nuit par les cent mille étoiles de vos illuminations. Notre voix a donné sa note à l'hymne de la reconnaissance ; et, si notre esprit de patriotisme ne nous a point permis de pavoiser notre poitrine d'une cocarde étrangère, notre front, du moins, s'est religieusement découvert devant les glorieuses couleurs de la nationalité piémontaise.

Alors, nobles Piémontais, nous avons admiré votre sagesse, votre prudence et votre dévouement à l'ordre public ; nous avons admiré le généreux élan de votre patriotisme, autant que l'ardeur de votre juste et loyal amour pour votre illustre roi.

Maintenant les chemins vous sont ouverts.....; marchez, mais ne précipitez point vos pas ; marchez forts de vos droits, mais n'oubliez pas vos devoirs de bons et de vertueux citoyens; ne vous écartez jamais de la loi d'amour et de confiance qui vous unit au cœur de votre digne prince, défiez-vous des hommes qui voudraient vous entraîner au delà des limites d'une sage liberté : ces hommes, ennemis de leur patrie, deviendraient alors la joie et l'espérance de l'étranger.

Illustres Piémontais, nobles Génois!

C'est à vous que nous dédions ce nouveau livre, car c'est vous qui nous l'avez inspiré. A vous donc *Turin et Charles-Albert*, à vous ce livre, souvenir des jours heureux que nous avons trouvés près de vous et par vous. Acceptez-le comme l'hommage et le faible tribut d'un frère et d'un ami.

Alphonse BALLEYDIER.

Monsieur,

Je suis heureux d'entrer en rapport avec un homme aussi distingué que vous par ses talents et qui honore mon pays de ses sympathies. Je connais vôtre ouvrage sur Pie IX par les éloges que les journaux italiens en ont fait, et dès son apparition je me suis proposé de le lire aussitôt que j'aurais quelques instants de loisir. J'espère que dans quelques semaines les occupations pressantes dont je suis chargé me donneront assez de relâche pour pouvoir jouir non-seulement de vos livres, mais aussi de vôtre conversation, puisque son

voulez bien me permettre, d'
aspirer à cette faveur.

Je vous remercie du pro-
gramme que vous avez eu la
bonté de m'envoyer, et
que j'ai lu avec beaucoup
de plaisir. L'attention bienveillante que vous prêtez au
mouvement italien dans les
difficultés présentes est très-
flatteuse pour moy et m'invite
à rapprocher davantage deux
nations qui sont destinées,
selon moi, à se réunir
dans un avenir peu éloigné
par une alliance intime.

Agréez, Monsieur, les sentiments de haute estime avec lesquels j'ai l'honneur d'être

Votre très-dévoué serviteur.
V. Giraud.

Lundi soir.

19, Allée d'Antin.

Monsieur
Monsieur Alphonse Balleydier.

Paris.
3, place de la Madeleine.

INTRODUCTION.

Deux hommes dominent en ce moment l'Italie : l'un, par la force morale et la puissance de sa volonté, qui est la volonté de Dieu, Pie IX ; l'autre, par la puissance de sa politique et la force de sa volonté, qui est la volonté de son peuple, Charles-Albert. Le premier porte au front la triple couronne et tient à la main le sceptre de la croix devant lequel s'inclinent aujourd'hui, avec amour et admiration, les espérances des peuples. Le second porte au front l'une des plus nobles couronnes d'Europe et tient à la main pour sceptre l'unique épée royale de l'Italie, qui doit bientôt peut-être mesurer contre les envahisseurs, les nouveaux droits et les libertés nouvelles de la Péninsule.

Né sur les marches d'un trône illustre par une longue génération de rois, l'honneur et l'exemple de toute royauté, le prince Charles-Albert de Carignan, écolier studieux sur les bancs de nos colléges, est devenu homme dans les camps de la France. Il a grandi sous notre glorieux drapeau, il a reçu le baptême du soldat, devant les murs du Trocadero, témoin sanglant de son courage et de son intrépidité.

Avant d'arriver au trône où l'appelait l'ordre légitime de la succession, il a voulu passer par les chemins de la gloire française, et c'est avec orgueil qu'il y est monté, portant pour unique insigne, lui qui possédait tous ceux de l'honneur et de la naissance, la brillante épaulette de laine d'un grenadier français.

Devenu roi, le prince de Carignan s'est montré, par les vertus du cœur et par les qualités de l'intelligence, le digne héritier de ces princes, qui, pendant huit siècles, ont signalé leur valeur sur les champs de bataille, et qui, non contents d'être de grands capitaines, de sages législateurs, de profonds politiques, ont conquis, par leurs bontés incessantes, le glorieux surnom de pères du peuple.

Illustre souverain d'un petit royaume, Charles-Albert occupe cependant une place importante dans l'ordre des dynasties royales ; sa voix dans les conseils est puissante, et son épée, dans la balance qui pèse les destinées des nations, est d'un poids immense autant par la force du bras qui la porte que par la sagesse de la pensée qui la gouverne.

Le premier des princes régnants, Charles-Albert a mis sa glorieuse épée à la disposition du souverain pontife, en protestant hautement contre la force et l'injustice : honneur à Charles-Albert!

Pie IX et Charles-Albert, intimement unis par la force morale et par la puissance matérielle, par le droit divin et l'action humaine; Pie IX, souverain pontife à Rome, et Charles-Albert, roi de Sardaigne, peuvent changer la face de l'Italie. L'aigle du Nord n'oserait planer sur les rives du Tibre, car les exigences et les prétentions de l'étranger tomberaient devant la croix d'or du Vatican, protégée par l'épée de fer de Turin.

Quoi qu'il en soit et pour le moment, l'attitude imposante et ferme du royal soldat du Trocadero saura garantir ses frontières contre toute tentative d'envahissement.

Père de ses sujets, dont il est justement adoré, Charles-Albert n'est pas seulement un prince législateur, il est roi-guerrier. Son armée est, dans des proportions relatives, l'armée la mieux organisée d'Europe. Depuis qu'il est sur le trône, une pensée unique, constante, absolue, a présidé à son instruction. Brave comme son digne chef, elle a foi dans elle-même et dans la vertu de son général. Elle possède surtout plus que toute autre le *nerf de la guerre,* car les finances du royaume sarde sont dans le plus bel état de prospérité. Avec de tels éléments, elle est sûre de l'avenir; aussi, confiante en Charles-Albert, elle espère et attend.....

TURIN
ET
CHARLES-ALBERT.

CHAPITRE PREMIER.

L'Italie. — glorieuse trinité. — L'abbé Liautard. — Charles de Carignan.— Prédiction. — Je serai roi. — Chute de l'empire. — Retour à la patrie. — Mariage du prince de Carignan. — Son départ pour Gênes. — Situation difficile. — L'Espagne. — Bruits de guerre. — La guerre éclate. — Le prince de Carignan offre son épée à la France. — Il sert en volontaire. — Passage de la Bidassoa. — Un traître. — Prise du Trocadero. — Courage et sang-froid. — Le sergent Aubert. — La croix d'honneur. — Les épaulettes de grenadier. — Premier grenadier de France. — Le prince de Carignan est reçu par Louis XVIII. — Allocution. — Mort de Charles-Félix. — Avénement de Charles-Albert.

S'il est une chose au monde qui soit digne d'admiration, c'est le réveil d'un peuple qui fut grand de toutes les splendeurs antiques et qui depuis trop longtemps semblait un cadavre glacé, étendu sans vie sur le lit de ses vieilles et magnifiques gloires. L'Italie, cette noble et majestueuse reine de l'univers; l'Italie, couronnée autrefois du diadème des Césars, dont la puissante épée faisait ombre aux parties les plus éloignées du globe; l'italie, le front ceint aujourd'hui de la triple et pacifique couronne qui rayonne au delà des mers partout où resplendit le soleil ; l'Italie offre en ce moment ce sublime spectacle.

On la croyait morte ; on la cherchait vainement au milieu de ses ruines glorieuses, vastes cimetières de bronze, d'or et de marbre ; on n'apercevait pas même une étincelle de ce feu sacré qui jadis avait embrasé la terre ; mais voilà que tout à coup, ranimée par la puissante voix du représentant de Dieu, elle se relève fièrement sur son tombeau et jette la poussière de son linceul contre les tristes souvenirs du passé.

Ainsi que le vieux Lazare ressuscité par le Fils de Dieu, elle se lève, elle voit, elle marche ; elle se lève dans sa nationalité, elle voit la lumière qui du sommet du Golgotha dissipa les ténèbres de l'oppression, elle marche d'un pas ferme et sûr dans les chemins d'une ère nouvelle ouverte par la main des réformes aux espérances d'une sage et équitable liberté.

Guidée par ses princes bien-aimés, elle marche d'un pas sûr et rapide dans la voie des progrès sans secousses, sans luttes, sans crises, compagnes ordinaires des grands mouvements politiques, et ce pas a déjà franchi d'énormes distances ; il arrivera, sans redouter les écueils où d'autres se sont brisés, au but marqué par le doigt de la Providence. Dieu veille sur l'Italie.

Charles-Albert, partie intégrale de cette magnifique trinité que l'Europe éclairée vénère sous le nom de Pie IX, Charles-Albert et Léopold; Charles-Albert est né le 20 octobre 1798, au milieu des éclairs et des tonnerres de la révolution française. Les premières années de ce prince annoncèrent que l'enfant deviendrait homme et que l'homme, préparé à tous les événements, serait digne un jour d'occuper le trône que les décrets mystérieux de la Providence pourraient un jour lui confier. Après une courte halte dans une maison d'éducation de Genève, il vint à Paris, cette capitale à laquelle le reliaient des liens nombreux de tradition et de famille.

Son grand-père, lieutenant-général, avait servi avec distinction sous les drapeaux de la France. Son illustre père, le dernier prince de la glorieuse maison de Savoie-Carignan, avait également appris à devenir homme dans les colléges de la France, qu'il aimait, qu'il se plaisait à appeler sa seconde patrie.

Il y avait alors à Paris, rue Notre-Dame-des-Champs, 28, une maison d'éducation administrée par un homme de savoir, d'expérience et de bien, qui, dans l'espace d'une année, l'avait rendue célèbre par la force des études, la sagesse de la direction et l'excellence de la discipline. L'abbé Liautard, son fondateur, convaincu que les hommes en général cherchent à régler leurs actions, à diriger leurs instincts d'après les exemples de ceux que les distinctions de la naissance a placés au-dessus d'eux, avait fait de sa maison une pépinière d'élite où, cultivés par son cœur, les jeunes gens choisis dans les plus hautes classes de la société devaient, à leur entrée dans le monde, répandre et propager les principes qu'ils avaient reçus, les parsemer dans les rangs de la classe moyenne, dont le contact est immédiat avec la classe inférieure.

Également convaincu que la religion était la base première de toute éducation, l'abbé Liautard dirigeait incessamment l'intelligence privée de ses élèves vers les idées religieuses. Sa parole ardente, passionnée, et secondée par les actions de sa vie, pénétrait facilement dans leurs âmes, et ils grandissaient sans obstacle dans la sagesse, la morale et la vertu. Ainsi que l'a dit M. l'abbé Denys, l'auteur des excellents mémoires publiés sur ce saint homme, dont il est un des meilleurs disciples : « La méthode de l'abbé Liautard était
» le système parfait du développement de l'esprit
» et du cœur, marchant graduellement d'un mouve-
» ment simultané. C'était le sentiment comme au
» temps des époques religieuses, c'était le raison-
» nement comme aux jours de la réforme. C'était
» sous ces deux influences que grandissait la maison
» d'éducation de la rue Notre-Dame-des-Champs.
» Elle ne devait pas former des natures tièdes, dont
» on ne dit ni du bien ni du mal, hommes qui ne
» voient rien au delà des devoirs et des exigences
» que la société leur impose, qui voient l'humanité

» dans quelques salons où se meuvent quelques
» hommes. »

L'abbé Liautard voulait donner à la société présente des hommes solides et fortement trempés ; pour atteindre ce résultat, il s'appliquait à former le cœur avant l'esprit. A son point de vue, l'intelligence, dans ses rapports avec l'âme, était la communion de l'esprit et du cœur : l'intelligence, effet de l'action ; l'âme, mouvement de la volonté : ce système produisit en peu de temps d'immenses résultats : aussi la maison de l'abbé Liautard devint bientôt le centre où vint aboutir de toutes les capitales, l'élite des familles européennes. La Belgique, le Piémont, l'Irlande, l'Angleterre fournirent leur noble contingent. Semblable à un général habile dont l'œil pénétrant, dit encore l'abbé Denys, devine, dans les rangs où les têtes s'égalisent, une tête que l'intelligence élève au-dessus de toutes, il observait ceux des enfants qui lui étaient confiés et cherchait à connaître le but mystérieux où la volonté divine semblait les appeler. Ce fut dans un de ces moments d'étude que son regard d'aigle tomba sur un jeune homme nouvellement admis au nombre de ses pensionnaires. C'était un jour de promenade dans la campagne hors Paris. Ses élèves s'étaient divisés en deux camps pour figurer, dans une partie de barres, le simulacre de la guerre. Le jeune homme objet de l'attention méditative du maître semblait le chef de l'un de ces camps; son front était élevé et majestueux, son regard animé paraissait diriger son geste précipité comme l'action du commandement, sa voix dominait celle de ses compagnons subissant à l'envi l'impulsion qu'il leur communiquait: on eût dit réellement un général en chef, ou l'émule du jeune Bonaparte dirigeant à Brienne les opérations d'un combat improvisé à boules de neige.

« Voyez-vous ce jeune homme? demanda l'abbé » Liautard à un Sulpicien qu'il s'était adjoint en » qualité de professeur. — Je le vois, répondit » celui-ci. — Eh bien, rappelez-vous ce que je vous » dis aujourd'hui, cet enfant, qui n'a plus rien au » monde qu'un nom illustre, cet enfant est appelé » par Dieu à de grandes destinées. » Ce jeune homme, cet enfant, c'était Charles-Albert de Carignan, qui devait un jour réaliser la prophétie de son auguste maître.

Aimé, chéri de tous ses camarades, qui l'appelaient familièrement du nom de Charles, sans aucune autre distinction, le jeune prince était adoré de ses professeurs, qu'il surprenait par son aptitude à toutes choses et par le développement rapide de son intelligence. Aussi bon camarade que parfait disciple, il prenait part à toutes les joies et à toutes les tristesses de ses compagnons, augmentant les unes par son entrain, sa gaieté, adoucissant les autres par sa douceur et par sa bienveillance. Combien de fois ne l'a-t-on pas vu implorer auprès du maître la grâce d'un camarade, la remise d'une punition qu'il demandait à partager quand elle lui était refusée! Combien de fois ne l'a-t-on pas vu partager sa bourse, bien légère alors, avec le pauvre de la rue qui lui demandait l'aumône au nom de Dieu! Combien de fois ne l'a-t-on pas vu se créer, s'imposer même des privations pour donner plus d'essor à sa nature aimante et généreuse! Charles-Albert était la joie de ses camarades et l'honneur de ses maîtres, qui le citaient avec un noble orgueil.

On touchait alors aux plus beaux jours de l'Empire; les aigles de la France, les ailes ouvertes et déployées au vent de la gloire, planaient sur l'Europe soumise et vaincue, le soleil qui luit au front des victorieux s'était levé resplendissant sur les champs d'Austerlitz, le nom de Napoléon retentissait encore comme un écho du nom d'Alexandre ou de César; il ne se passait pas de semaine que le canon, tonnant aux Invalides, n'apprît aux Parisiens émerveillés une nouvelle bataille, un nouveau triomphe. Oh! comme le cœur de notre jeune prince battait alors! comme son grand œil brillait et cherchait dès lors un chemin pour l'avenir que sa jeune et légitime ambition rêvait! « Moi aussi, disait-il » à l'heure de ses causeries intimes avec les amis de » ses prédilections, moi aussi je serai grand, moi

» aussi j'aurai un nom glorieux et de belles desti-
» nées, moi aussi j'aurai une cour, des soldats, une
» armée : je serai roi. »

Vainement ses amis lui faisaient observer qu'au pas dont marchait l'empereur, l'Europe n'aurait bientôt plus assez de trônes pour les princes de sa lignée ou pour les favoris de sa fortune. « N'im-
» porte, disait encore Charles-Albert, je serai roi. »

Vainement les confidents de ses rêves d'enfant ajoutaient que l'épée conquérante de Napoléon servirait de sceptre à tous les peuples assujettis au joug impérial; « N'importe, répétait toujours Charles-
» Albert, je serai roi. » Le regard du jeune écolier, lisant dans l'avenir et parcourant l'espace d'Austerlitz à 1815, franchissait les plaines d'Iéna, d'Eylau, de Friedland, de Wagram, de Lutzen et de Bautzen, pour arriver à Waterloo.

En 1814, le jeune prince avait terminé ses études sur les bases solides établies par son digne maître, l'abbé Liautard; il avait laissé dans la maison de Notre-Dame-des-Champs des regrets et d'heureux souvenirs.

Alors, et ainsi qu'il l'avait prévu, la fortune aveugle avait déserté les camps de l'Empire pour s'abriter sous les tentes de l'Europe coalisée. Les chevaux des Cosaques trempaient leurs crinières dans les eaux de la Seine. Longtemps et si souvent vaincus, les rois de l'Europe, bivouaquant dans le

palais des Tuileries, déchiraient sous leurs éperons d'or la pourpre impériale. Le chef de la maison de Savoie, Victor-Emmanuel, rentra dans ses États, le prince de Carignan l'y suivit. Deux princes se trouvaient encore à cette époque entre le trône et lui; n'importe, on ne désespéra point de sa bonne étoile. « Après Victor-Emmanuel, disait-on, Char-
» les-Félix; après Charles-Félix, Charles-Albert. »

Il s'adonna dès lors avec la plus grande ardeur aux exercices militaires, qui captivaient depuis ses premières années ses plus chères prédilections. Il avait appris a bégayer la langue des héros dans l'alphabet guerrier de la France; son premier livre, édité par l'empereur Napoléon et imprimé à coups de canon sur les champs belliqueux de l'Europe, fut les bulletins, ces magnifiques bulletins dictés par la victoire au plus grand capitaine des temps modernes. Son éducation militaire fut bientôt complète, et il ne lui resta plus qu'à attendre pour mettre lui-même en pratique les règles de la théorie commentée par sa précoce et rapide intelligence. Charles-Albert, le plus fort cavalier du royaume, habile sur toutes les armes, passait déjà pour le plus bel homme et pour le plus parfait gentilhomme des États qu'il devait un jour gouverner.

Deux ans plus tard, en 1816, il épousa une jeune et sainte femme que la Providence avait ornée de toutes les grâces du corps et de toutes les vertus du cœur pour être la digne compagne de sa vie. Fille du grand-duc de Toscane et sœur du grand-duc actuel, cette illustre princesse lui donna en peu de temps les deux nobles princes dont le Piémont s'enorgueillit aujourd'hui à si juste titre, le duc de Savoie d'abord, le duc de Gênes ensuite. Dès les premiers jours de son mariage, et après les magnifiques fêtes qui le célébrèrent, le prince de Carignan se rendit à Gênes avec l'intention de s'y fixer quelque temps. Les traités sinistres de 1815, qui, déchirant la vieille carte de l'Europe, venaient de rétrécir les frontières de la France, avaient au contraire reculé celles des États sardes, en réunissant au Piémont l'antique et fière république de Gênes, si jalouse de son indépendance. Cette annexion forcée, imposée par les vainqueurs de Waterloo, avait soulevé d'indignation tous les cœurs génois. Les fils de ces hommes-géants, qui, pendant plusieurs siècles, avaient dompté le flot des mers sous la proue de leurs nombreux vaisseaux, n'avaient pas compris le droit que d'insolents étrangers s'étaient arrogé de par l'épée, pour leur donner un maître qu'ils n'avaient point demandé. Cependant le jeune prince de Carignan y fut admirablement accueilli par le peuple et par la haute société de la ville, cette magnifique cité construite avec des palais de marbre et d'or. Son air noble et militaire, la facilité de ses rapports de prince à peuple, le prestige de son nom, et plus encore sa valeur personnelle, lui gagnèrent en quelques jours la faveur de la noblesse, celle des riches marchands et de la bourgeoisie. Les Génois s'accoutumèrent bientôt à l'idée de voir en leur hôte illustre le jeune homme accompli que l'ordre naturel des choses devait un jour leur donner pour roi.

Un double mouvement commençait à se manifester au delà des monts, les tendances libérales et nationales de l'Italie, éminemment hostiles aux faits récemment accomplis, préparaient dans l'ombre une insurrection générale. Les modérés voulaient reconstituer le royaume d'Italie sur de nouvelles bases, les plus avancés voulaient arriver à l'indépendance par les chemins de la liberté, tous jetaient les yeux sur le prince de Carignan pour en faire un drapeau. La position de Charles-Albert devint alors d'une extrême difficulté. Placé entre le trône et l'indépendance de sa patrie, entre ses devoirs et ses affections, il traversa les événements de 1821 en faisant éclater au grand jour les sentiments généreux qui bouillonnaient dans son âme.

Quelque temps après, les révolutions de Turin et de Naples eurent leur contre-coup en Espagne. Les jacobins de ce riche royaume, voulant imiter les hommes et les actes de la Convention, s'agitaient, mais dans les proportions qui existent de nains à géants, en un milieu dans lequel ils cherchaient à entraîner les débris de la monarchie espagnole. Le roi Ferdinand, réduit en captivité, traîné d'étape en étape par les cortès, placé continuellement entre la déchéance et l'échafaud du 21 janvier 1793, ne pouvait attendre de secours que de la France. D'un autre côté, le gouvernement de la France, travaillé sourdement par les éléments secrets d'une révolution nouvelle qui s'infiltraient non-seulement parmi les citoyens, mais qui fermentaient dans le sein même de l'armée, sauvegarde naturelle de tout pouvoir constitué, le gouvernement français se voyait contraint de recourir à des mesures de rigueur légitimées par le soin de sa propre sécurité. Les maximes les plus anarchiques, soufflées par les vents d'ouest, franchissaient les Pyrénées et pénétraient jusque dans l'esprit des personnages que la confiance du roi appelait dans les conseils de la France. L'intervention française fut donc décidée, malgré les tergiversations du cabinet britannique au congrès de Vérone, malgré les déclamations indécentes du parlement anglais, non motivées par la crainte du prétendu renouvellement du fameux pacte de famille.

Immédiatement et sans perdre un seul jour de retard, la France prit sur ses frontières l'attitude la plus imposante. Tout l'hiver de 1823 fut consacré à des préparatifs hostiles ou à des négociations pacifiques. Les routes qui conduisent aux Pyrénées se couvrirent de troupes d'infanterie et de cavalerie, se rendant dans les environs de Bayonne et de Perpignan. La correspondance entre le gouvernement des cortès et le ministère français devint plus active pendant que l'Angleterre, conséquente avec son système, improuvait les apprêts de la France et conspirait contre eux par des conseils et des secours perfidement fournis aux révolutionnaires espagnols. Enfin, le 23 janvier, la grande question de la guerre contre l'Espagne fut solennellement décidée. A l'issue du conseil qui venait de prendre cette résolution, des courriers partirent à franc-étrier pour toutes les cours de l'Europe, avec la mission de leur apprendre la volonté immuable du gouvernement français et la nomination du duc d'Angoulême au commandement général de l'armée chargée de relever au delà des Pyrénées, la couronne tombée du front de Ferdinand.

Affamé de combats et de batailles, le prince de Carignan accourut pour offrir au roi de France les services de son illustre épée; Louis XVIII l'accepta avec reconnaissance, et Charles-Albert prit aussitôt position dans les rangs de l'armée française en qualité de volontaire.

Le zèle éclairé avec lequel le gouvernement avait complété les différents corps militaires chargés de la restauration espagnole, ne lui avait point fait négliger la marine, qui devait jouer un rôle dans cette guerre; car il fallait pourvoir à la fois à la sécurité des côtes du royaume, à la protection du commerce épars sur tous les points du globe, et au blocus des places maritimes, que l'armée française, prête à entrer en campagne, allait investir du côté de la terre.

Pour atteindre ce but, le nombre des bâtiments armés fut porté à 150 et celui des marins embarqués à 19,000 hommes choisis. Des convois s'organisèrent en même temps le long des côtes pour protéger le cabotage et préserver le pavillon français de toute insulte; d'autres se formèrent pour conduire dans les colonies et pour en ramener tous les navires marchands; deux nouvelles stations navales s'établirent, l'une dans la Méditerranée, l'autre dans l'Océan, pour être à portée de prendre une part plus directe aux opérations militaires de l'Espagne.

La première devait surveiller particulièrement les abords de Barcelonne, de Tarragone et les autres places de la Catalogne; la seconde devait étendre ses opérations devant Saint-Sébastien, Santona, la Corogne et devant Cadix, où vers la fin du mois de septembre le pavillon français ralliait trois grands vaisseaux de ligne, huit corvettes ou bricks et sept autres bâtiments d'inférieure dimension.

Ces préparatifs achevés, un immense roulement de tambours se fit entendre, les trompettes sonnèrent sur toute la ligne et l'armée française traversa la Bidassoa aux cris de Vive le roi!

Le duc d'Angoulême, divisant aussitôt en trois

corps les troupes que le blocus des nombreuses forteresses laissait à sa disposition, se porta rapidement dans le cœur des Espagnes, sur trois lignes différentes. Les généraux Bourke et Molitor commandaient chacun une de ces grandes divisions, et le prince, à la tête de la principale, restait au centre des opérations. Les généraux de Larochejacquelein et de Bourmont, placés à la tête de son avant-garde, nettoyaient la route par laquelle le prince se portait par journées d'étapes sur la capitale.

Le doyen des maréchaux de France, le brave général Moncey, ce digne représentant de la gloire de la vieille armée, devait occuper dans la Catalogne le redoutable Mina et l'empêcher de rompre la barrière de baïonnettes dont il était environné. Le maréchal de Lauriston, à la tête d'un corps de réserve, se tenait à portée du vieux maréchal pour lui prêter la main, selon les éventualités de la guerre, et pour assiéger dans les règles la place de Pampelune, réputée la clef de l'Espagne. Cette armée de réserve, se trouvant ainsi entre la Navarre et la Catalogne, assurait les communications de l'armée opérant dans le cœur du royaume envahi.

Les différents corps d'armée, animés de cet esprit chevaleresque qui est le propre du caractère français, s'avançaient rapidement, de succès en succès, emportant à la baïonnette les places et les citadelles où les révolutionnaires avaient retranché leurs plus braves troupes, et faisant reculer devant ses bataillons des efforts acharnés, dignes d'une meilleure cause. Chaque coup de canon ébranlait et dissipait les espérances coupables des ennemis de la France, ennemis qui n'étaient pas tous Espagnols. Plus d'une poitrine française fut frappée par des balles venues de France, plus d'un Français fut relevé sur le champ de bataille où, traître à la patrie, il avait trouvé la mort. C'est ainsi qu'après un combat on trouva, sous un monceau de cadavres, un homme mortellement blessé et revêtu d'un uniforme d'officier-général espagnol; il respirait encore; deux grenadiers du 36° de ligne voulant l'emporter à l'ambulance, il s'y opposa en disant : « Mes amis, » laissez-moi, je suis un malheureux Français, lais- » sez-moi mourir, je suis indigne de l'existence que » vous pourriez me conserver, j'ai pris les armes » contre la France, je suis un infâme. »

Le prince Charles-Albert de Carignan ne laissa échapper aucune occasion de montrer son courage et son sang-froid; il manœuvrait sous le feu de l'ennemi comme sur une esplanade, étonnant les plus braves et les plus vieux soldats de l'Empire. Les soldats, qui l'admiraient exposant sa personne gaiement et à toute occasion, disaient, en le citant, dans leur langage pittoresque : « Carignan *marche* » *au combat comme à la noce,* les *prunes de plomb* » *fondu* ne lui font pas peur. » En effet, le prince de Carignan se comportait à chaque affaire aussi bravement qu'un vétéran de la vieille armée.

Son âme intrépide tressaillit de joie lorsque son regard tomba sur l'importante position du Trocadero, que le génie de la défense avait cherché à rendre inexpugnable par de formidables travaux. L'isthme sur lequel le Trocadero se trouvait situé avait été coupé par un canal de soixante-dix mètres de largeur et dans lequel, même à marée basse, on trouvait encore de trois pieds et demi à quatre pieds d'eau et de vase. Derrière ce canal on avait établi une ligne à redans d'un haut relief armée de quarante-cinq bouches à feu de gros calibre.

Dix-sept cents hommes d'élite, qui dans leur exaltation avaient juré de mourir à ce qu'ils appelaient le poste de l'honneur, occupaient ces ouvrages et perfectionnaient chaque jour les travaux de la résistance. Leurs flancs et leurs abords étaient protégés par le feu d'un grand nombre de chaloupes canonnières. La nature du terrain sur lequel l'attaque devait manœuvrer, couvert d'arbustes et de plantes marines, offrait des obstacles de plus, que les assiégeants devaient emporter.

La tranchée s'ouvrit dans la nuit du 19 au 20 septembre; dans celle du 24 on était parvenu à établir la deuxième parallèle à quarante mètres du canal. On consacra les journées suivantes à la perfectionner et à terminer l'armement des batteries sous le canon de l'ennemi, qui ne cessa de gronder ni le jour ni la nuit.

Le 30, à la pointe du jour, les batteries de siége ouvrirent leur feu, qui devint le prélude de l'attaque générale arrêtée pour la nuit du 30 au 31.

Quatorze compagnies d'élite furent réunies ; celles des bataillons de guerre des 3ᵉ, 6ᵉ et 7ᵉ régiments de la garde royale formèrent le premier échelon ; c'est là que le prince de Carignan, attaché au 6ᵉ, prit son rang de combat. Celles des trois bataillons du 34ᵉ et du 3ᵉ bataillon du 36ᵉ, composèrent le second ; cent sapeurs et une compagnie d'artilleurs suivaient immédiatement. Derrière ces échelons marchaient les trois bataillons de la garde et le 34ᵉ régiment de ligne. Le 3ᵉ bataillon du 36ᵉ se trouvait en réserve.

La nuit était magnifique ; le ciel, parsemé d'étoiles, semblait inspirer une scène d'amour plutôt qu'un drame de destruction. Les troupes remarquèrent en riant cette antithèse, et, s'ébranlant au signal de leurs officiers, elles défilèrent par la tranchée dans le plus profond silence et se formèrent en une seule colonne à la hauteur de la seconde parallèle. Elles avaient reçu l'ordre de franchir le canal et de marcher rapidement, sans tirer, aux retranchements. L'obstacle surmonté, les premières divisions devaient se diriger par la droite et par la gauche et manœuvrer de manière à s'emparer des batteries. Le reste de la colonne devait se porter au delà des ouvrages pour agir suivant les circonstances ; en même temps un équipage de pont descendait le *Rio-San-Pedro* pour ouvrir une communication sur le canal de la *Cortadura*.

Ces ordres furent exécutés avec autant de précision que d'intrépidité. A deux heures un quart, malgré le feu de l'ennemi, la profondeur de la vase et de l'eau et les chevaux de frise qui garnissaient le pied des retranchements, les troupes d'attaque s'élancèrent bravement en avant et s'engagèrent sans la moindre hésitation dans les fossés remplis d'eau fangeuse et dans le bras de mer qui les séparaient du Trocadero. Le prince de Carignan, à la tête du second bataillon du 6ᵉ régiment de la garde, dépassant de la tête ses compagnons d'armes engloutis jusqu'au cou sur ce nouveau champ de bataille, perdit une de ses bottes dans la vase et n'en continua pas moins sa route, pour se précipiter l'un des premiers à l'escalade. Un grenadier est tué à ses côtés. « Amis, s'écrie le » prince, voici un de nos frères qu'il faut venger. » A ce moment il se trouve en danger lui-même ; un autre grenadier, voulant le préserver d'une mort à peu près certaine, le tire à lui par son habit et le renverse. « Monseigneur, lui dit-il, vous prenez ma » place. — Camarade, lui répondit le prince, la » mienne est là où se trouvent la gloire et le danger, » je suis volontaire royal. » Et il remonte à l'assaut

se servant, pour franchir l'escarpement, de la hampe du drapeau du bataillon de la garde, jalon d'honneur près duquel il s'était rangé. « Vous êtes un
» brave, dit-il alors à un jeune sous-lieutenant de la
» garde qui faisait merveille à ses côtés ; comment
» vous appelez-vous ?

» — Monseigneur, je me nomme de Lagarde.

» — Je ne t'oublierai pas, car tu es digne de
» servir dans le corps qui porte ton nom ; la garde
» et les soldats, enflammés par cette saillie vraiment
» française, s'écrient : Vive le prince de Carignan,
» notre brave camarade ! »

Un jeune homme de vingt-six ans, Aubert, sergent du troisième régiment du génie, parvenu le premier au sommet des retranchements ennemis, s'élance sur le mât de signaux, et, avec l'agilité d'un mousse qui va serrer des voiles, il atteint le drapeau révolutionnaire, le détache d'un coup de sabre et le jette au prince de Carignan, qui lui promet au nom du général en chef la croix d'honneur, et le lendemain il tient parole.

C'en est fait, le Trocadero n'a pu tenir devant la valeur des braves de la France ; ses retranchements sont emportés, les canonniers se sont tous fait tuer sur leurs pièces sans regarder derrière eux et sans implorer merci. L'infanterie, sanglante et brisée, se disperse et prend la fuite, le prince de Carignan tourne aussitôt contre elle la pièce d'artillerie qu'il trouve abandonnée; et comme autrefois Napoléon à Montereau, il la sert de ses propres mains.

Le cri de la victoire mêlé au cri de la France s'élève sur toute la ligne; cependant l'affaire n'est point décisive encore : une fusillade entrecoupée à de courts intervalles par le bruit sourd du canon continuait à se faire entendre, car l'ennemi s'était retiré dans les maisons situées près de l'embouchure du canal qui sépare le Trocadero de l'île et du fort Saint-Louis, et protégées par des chemins étroits, tortueux, accidentés, hérissés d'obstacles ; il s'y maintenait derrière des retranchements défendus par ses nombreuses canonnières et par les batteries du fort de Puntalès. Il fallait les en débusquer : les troupes se reforment en ligne d'attaque et s'élancent au pas de course. Malgré le feu soutenu du fort de Puntalès, et celui de la flottille et de cinq pièces d'artillerie, malgré les efforts de l'infanterie ennemie et les difficultés du terrain déchiré par divers cours d'eau, coupé de marais fangeux, cette nouvelle et dernière position est emportée sans coup férir. La victoire n'est plus douteuse, le drapeau français flotte seul sur le Trocadero.

Le lendemain de cette belle journée, le général en chef voulut passer une revue générale de ses troupes pour les féliciter de leur brillant courage et distribuer lui-même les récompenses aux plus dignes. Les grenadiers du 6ᵉ régiment de la garde profitèrent de cette occasion pour offrir au prince de Carignan le signe de la vaillance, ce signe que l'héroïque de Latour-d'Auvergne estimait plus que tous les titres et tous les insignes. Les deux plus anciens grenadiers du régiment, deux braves qui avaient assisté à toutes les grandes batailles de l'Empire, se détachant des rangs, présentèrent au prince deux épaulettes de laine rouge, les mêmes qui avaient appartenu au grenadier le premier tué en montant à l'assaut.

« Prince, lui dirent-ils, vous avez partagé nos
» dangers, il est juste que vous partagiez notre gloire ;
» ces épaulettes ont été portées par un brave qui est
» mort comme est mort autrefois un chevalier sans
» peur et sans reproche, elles appartiennent de droit
» à vous grenadier sans reproche et sans peur. On
» dit que la voix du peuple est la voix de Dieu, la
» voix des grenadiers est la voix de l'armée qui vous
» proclame aujourd'hui le premier grenadier de
» France. »

Le prince ému jusqu'aux larmes par la démarche de ces braves gens, reçut avec bonté les épaulettes qui lui étaient offertes. « Camarades, répondit-il en
» les acceptant, je suis fier du titre que vous venez
» de me donner, je ne l'oublierai jamais : ces épau-
» lettes consacrées par la mort du soldat deviendront
» pour moi la relique de l'honneur; je vous promets
» de les porter tous les ans en souvenir de vous,
» mes camarades, au jour anniversaire de notre

» Trocadero. Je désire que mon nom soit inscrit dès
» aujourd'hui sur les contrôles de la compagnie de
» grenadiers dans laquelle j'ai eu l'honneur de ser-
» vir la France. »

Vive la France ! vive le prince de Carignan ! s'é-
crièrent les grenadiers de la garde.

Le prince de Carignan leur fit remettre une somme
de cent louis pour boire à la santé du premier grenadier de France.

Ainsi qu'il l'avait demandé on inscrivit le même
jour son nom sur les contrôles de la compagnie qui
l'a conservé jusqu'en 1830. Il a assisté aux derniers
jours de la Restauration jusqu'au moment où pro-
clamé selon l'habitude par la voix du plus ancien
grenadier, il répondit : PRÉSENT, à l'appel du malheur.

Le roi Ferdinand avait retrouvé son trône : la
révolution vaincue, la France n'avait plus rien à
faire en Espagne ; son armée victorieuse reçut l'ordre
de repasser les Pyrénées, qui s'abaissèrent de nouveau entre l'Espagne et la France. Le prince de
Carignan revint à Paris, et se présenta au roi dans
son costume de grenadier de la garde. Louis XVIII
le reçut avec les manifestations d'une joie sincère et
le complimenta sur ses épaulettes de laine rouge.
« Je vous félicite, prince, lui dit-il ; vous avez ap-
» pris à l'Europe que le Piémont aurait un jour pour
» roi un vaillant soldat que j'aime et que j'estime. »

Avant de quitter l'Espagne, le roi Ferdinand lui avait également donné une preuve de son admiration par le décret suivant qui l'élevait à la dignité d'infant d'Espagne :

« Nous, roi d'Espagne, etc., désirant manifester
» au prince de Carignan la considération qu'il a pour
» sa personne, et sa reconnaissance pour les services
» qu'il lui a rendus, et ses efforts pour le délivrer
» de la captivité à laquelle l'avait réduit la fureur
» révolutionnaire, a voulu que dans toutes les con-
» trées du royaume il soit reçu et traité comme
» infant d'Espagne, et qu'on lui rende les mêmes
» honneurs. »

Quelques jours auparavant le jeune héros avait reçu le collier de l'ordre de la Toison-d'Or.

Chaque jour qui s'écoulait, rapprochait du trône le royal grenadier du Trocadero. Victor-Emmanuel venait de mourir, laissant le sceptre aux mains débiles d'un vieillard, Charles-Félix. Ce nouveau roi, d'une santé maladive, conséquence d'un âge avancé et des fatigues d'une vie bien remplie, avait peu d'espoir de fournir un long règne. Un jour, c'était le 27 avril 1834, à l'heure de minuit, la mort vint frapper à la porte de sa royale demeure : Charles-Félix était prêt, il n'avait fait que du bien; cependant, il voulut encore mettre la main à ses dernières dispositions. Malgré le froid de l'agonie, il fit appeler un prêtre avec le prince de Carignan; et devant la mort, qui attendait, il demanda à l'un des prières, et donna des conseils à l'autre. Le prêtre commença les prières des agonisants d'une voix tremblante et pleine de larmes; le mourant s'en aperçut. Ne pleurez pas, lui dit-il en souriant, je ne suis pas à plaindre, je vais changer une couronne périssable contre la couronne éternelle que Dieu met au front de ses élus; je voudrais que tous les rois fussent en ce moment à mon lit de mort, ils verraient avec quelle tranquillité d'âme Charles-Félix se prépare à quitter le royaume de la terre pour le royaume du ciel. Le prêtre continua ses lugubres prières, auxquelles le roi mourant répondit : Ainsi soit-il, Seigneur! que votre sainte volonté soit faite. Ainsi pourvu des secours de la religion qu'il avait aimée, suivie et protégée pendant les quelques années de son règne, Charles-Félix s'occupa des détails de ses funérailles avec le plus grand sang-froid. Il dicta l'inscription funèbre qui devait être tracée sur le marbre sépulcral du tombeau qu'il s'était préparé lui-même en Savoie, sur les bords du lac du Bourget, dans la royale abbaye d'Hautecombe. Il défendit, contre l'usage ordinaire, qu'on ouvrît son corps et qu'on l'embaumât; il fixa la durée de son exposition à quarante-huit heures, en témoignant le désir que cette cérémonie eût lieu dans la chambre même qui allait recevoir son dernier soupir.

Après ces dernières dispositions il fit approcher

le prince de Carignan, lui donna avec sa bénédiction de pieux et sages conseils : « Charles, lui dit-il,
» dans une heure vous serez roi, je vous recom-
» mande mon peuple; vous êtes bon, vous l'aimerez
» comme je l'ai aimé; vous êtes jeune, brave, in-
» struit, éclairé, adoré de l'armée, vous pourrez plus
» qu'un autre pour le bonheur de la patrie, je vous
» le recommande comme je viens de vous recom-
» mander mon peuple; aimez et protégez la religion,
» principe de toute puissance ; sanctifiez le trône par
» l'exemple des vertus; soyez le roi, mais soyez en
» même temps le père de vos sujets; défiez-vous de la
» flatterie, rendez la justice à tous, et lorsqu'un jour
» semblable à celui-ci viendra pour vous, Charles-
» Albert, vous pourrez, ainsi que Charles-Félix, vous
» présenter sans crainte devant Dieu. »

A deux heures trois quarts après midi Charles-Félix expira. Le prince de Carignan lui ferma les yeux, et, se courbant sur sa dépouille mortelle, il lui promit de suivre les conseils qu'il venait de recevoir, mais qui se trouvaient depuis longtemps gravés dans son âme.

A trois heures une foule immense attristée se pressait en deuil aux abords du palais pendant que le gouverneur de la ville se rendait aux casernes et faisait prêter aux troupes le serment de fidélité au successeur de Charles-Félix. A quatre heures les cris de *Vive le roi Charles-Albert* retentirent dans toute la ville, acclamations d'amour saluant l'aurore d'un règne qui marquera dans les fastes glorieux de la nation piémontaise.

Le nouveau roi prit immédiatement en mains les rênes du gouvernement et s'installa dans le royal palais de sa bonne et magnifique capitale.

CHAPITRE II.

Turin. — Son origine fabuleuse et historique. — Passage d'Annibal. — Turin détruit se relève de ses ruines. — Protection de César et d'Auguste. — Invasion des Barbares. — Turin détruit se relève de nouveau. — Événements mémorables. — Le labarum. — Combats et siéges fameux. — Courage, sang-froid, dévouement et patriotisme des habitants de Turin. — Le siége de 1706. — Curieux détails. — Pierre Micca. — Le maréchal de Marsin. — Bataille du 7 septembre. — Vœu et victoire. — Mort du maréchal de Marsin. — Délivrance de Turin. — Le général Joubert en Piémont. — Revanche. — Convoi funèbre d'une monarchie. — Le général Suwarow devant Turin. — Belle défense du général Fiorella. Prise de la ville et de la citadelle. — Retour de Victor-Emmanuel dans ses États. — Situation de Turin. — Description. — Palais Madame. — Palais du roi. — Palais de Carignan.

Presque toutes les villes anciennes ont la fatuité d'avoir une origine plus ou moins mythologique, la prétention de descendre en ligne directe de quelque fameuse divinité. Turin, aujourd'hui l'une des plus belles, des plus anciennes et des plus importantes capitales de l'Europe, ne pouvait échapper à cette faiblesse. D'après ce point de départ, la naissance de Turin remonte à la chute de Phaéton, qui tomba dans l'Éridan, aujourd'hui le Pô. Une autre version raconte que Fetonte, frère d'Osiris et prince d'Égypte, vint s'établir dans les contrées subalpines, qui, du nom de son fils Ligur, prirent celui de Ligurie. Charmée par la position du confluent du Pô et de la Petite-Doire, cette colonie, qui portait sur ses enseignes l'image d'un taureau, emblème de leur culte pour le dieu Apis, jeta les fondements de

Turin, 1529 suivant les uns et 1453 années selon les autres avant l'ère chrétienne.

Voici pour la fable : l'histoire ne dissipe ces ténèbres et n'apparaît avec la vérité qu'à l'époque des luttes de Rome avec Carthage. Alors Annibal, à la tête d'une armée nombreuse et aguerrie, s'ouvrit un chemin de granit à travers les Alpes pour combattre les Romains.

Les habitants de cette chaîne de montagnes qui forme aujourd'hui la Savoie firent des efforts incroyables pour arrêter cette avalanche de fer qui s'avançait, laissant derrière elle de longs sillons de feu. Les Tauriniens, sans calculer le nombre des envahisseurs et les moyens inconnus pour eux de l'attaque, n'hésitèrent pas à leur barrer le passage; mais que pouvait la valeur de ces hommes qui sortaient à peine de l'enfance de l'art contre une armée bien aguerrie, bien disciplinée, armée d'élite formée par les vétérans de Carthage, de la Numidie et de l'Espagne? que pouvaient-ils contre une cavalerie nombreuse, contre une phalange d'éléphants portant sur leur dos des forteresses mobiles? mourir bravement..., ils moururent.

Furieux d'un obstacle imprévu qui lui avait fait éprouver, outre des pertes d'hommes, un retard de trois jours, Annibal, brisant Turin à son passage, reprit sa marche triomphante vers la Gaule cisalpine, où il recruta une armée considérable de Gaulois et d'Insubriens, heureux de pouvoir livrer cours à leurs vieilles inimitiés contre les Romains.

Turin, renaissant de ses cendres, ne tarda pas à reprendre une splendeur nouvelle 64 ans avant l'ère chrétienne. Cette place, fortifiée par d'ingénieux ouvrages et surtout par le courage militaire de ses citoyens, devint aux Romains d'une grande utilité à l'époque de leur lutte avec Catilina. C'est à Turin que Murena, préfet de la Gaule cisalpine, rassembla une partie des troupes avec lesquelles il combattit et vainquit ce célèbre rebelle.

Plus tard et lors de son irruption dans les Gaules, le Napoléon de l'antiquité en fit une de ses plus importantes places d'armes. Connaissant la valeur que devait avoir pour lui l'amitié des Tauriniens en cas de malheurs et d'événements sinistres, Jules César voulut les attacher par des bienfaits à sa fortune. Il commença par leur accorder le *jus Latii*, c'est-à-dire le privilége de ne point payer de contributions de guerre; ensuite il leur conféra le droit de servir dans les légions romaines; enfin, pour les captiver mieux encore, il honora de son nom leur capitale, qu'il appela *Colonia Julia*.

A son tour Auguste devint le protecteur de cette ville, qui, dans un élan de reconnaissance ou de flatterie, répudia le baptême de Jules César et prit le nom de *Augusta Taurinorum*. C'est de là que dérive évidemment la dénomination antique, le mot italien *Torino, Turin*.

L'invasion des Goths, des Huns, des Hérules et des Bourguignons ruina une seconde fois cette ville, qui se releva plus belle et plus magnifique dans un espace plus resserré que celui qu'elle occupait précédemment.

Turin suivit à cette époque le sort de l'Italie septentrionale et subit la domination des marquis de Suze, qui le tenaient, ainsi que son territoire, en fief de l'empire romain. En 1032, à la mort du fameux Mainfroi, dernier marquis de Suze, sa fille Adélaïde épousa Oddon, comte de Maurienne; les comtes de Savoie devinrent alors possesseurs de la ville de Turin et du Piémont en qualité de vicaires de l'empire. Devenus plus tard forts et puissants, ils déclarèrent leur indépendance.

Par l'importance de sa position topographique, Turin devint le théâtre de beaucoup de siéges et d'événements fameux, le champ clos où se vidèrent les querelles des grandes monarchies et où se déroulèrent les anneaux militaires de cette glorieuse chaîne qui relie Marengo au miraculeux *labarum*.

C'est en effet sous les murs de Turin que l'an 312 le grand Constantin remporta contre Maxence la bataille décisive prédite par le *in hoc signo vinces* de la céleste apparition.

En 1536 François Ier s'en empara contre Charles-

Quint. Dans les enivrements de sa victoire, il en brûla les faubourgs et détruisit son amphithéâtre; il fit plus encore : au mépris de son titre de restaurateur des lettres et de protecteur des beaux-arts, il anéantit des monuments que les Barbares eux-mêmes avaient respectés. A la paix de 1562 les troupes de la France l'évacuèrent pour la reprendre en 1640, sous le commandement du comte d'Harcourt, surnommé le *Cadet-la-Perle*, de ce que, puîné de la maison de Lorraine, il portait avec affectation une fort belle perle à son oreille; mais, depuis cette glorieuse conquête, les troupes dont il était adoré ne l'appelèrent plus que la *perle des cadets*.

Ce siège mémorable est l'un des plus singuliers que présentent les annales de l'histoire militaire; chacun des deux partis était assiégeant et assiégé. Le comte de Couvonge, commandant la garnison française de la citadelle, était bloqué par le prince Thomas; le prince Thomas était assiégé dans la ville par le comte d'Harcourt; enfin, le comte d'Harcourt se trouvait étroitement resserré lui-même dans ses lignes par le marquis de Léganez, général des Espagnols, allié du prince Thomas et fort d'une armée de quinze mille hommes.

Le prince Eugène fut plus heureux en 1706; il en fit lever le siége et se rendit par cet événement inattendu, maître de toute l'Italie. Ce siége est le plus important, le plus mémorable de tous ceux que

Turin eut à soutenir. Le duc de Vendôme, après le gain des batailles de Cassano et de Cassinato, n'ayant plus que cette seule place à prendre pour faire la conquête entière du Piémont, avait remis le commandement au duc d'Orléans. Ce prince en personne, ayant sous ses ordres le duc de La Feuillade, fils du duc de Vendôme, en pressait le siége avec vigueur, à la tête de soixante-quatre bataillons d'infanterie, de quatre-vingts escadrons de cavalerie, de deux cent quarante pièces de canon, formant un effectif de plus de soixante mille hommes.

Victor-Amédée ne pouvait opposer à ces masses que dix mille hommes de garnison; mais, au premier signal, les habitants de Turin offrirent leur fortune et leurs personnes, et organisèrent huit bataillons de troupes mobiles. La défense de la ville fut aussitôt confiée au marquis de Carail, la citadelle au comte d'Allery, sous le commandement en chef du comte de Thaun.

La tranchée s'ouvrit dans la nuit du 2 juin; mais, avant de commencer son feu, le duc de La Feuillade, animé de l'esprit chevaleresque résumé en France par ces deux mots : *bravoure et galanterie*, le duc de La Feuillade envoya un sauf-conduit aux princesses de Savoie, qui se trouvaient dans la ville, et fit prier Victor-Amédée de vouloir bien indiquer le quartier qu'il habitait pour qu'il pût lui épargner la visite de ses bombes. Victor-Amédée répondit

fièrement à l'envoyé français : « Allez dire à votre
» général que, la porte de Pô se trouvant à ma dis-
» position, je le remercie du sauf-conduit qu'il offre
» à ma famille. Quant à la désignation de mon quar-
» tier, dites-lui qu'il se trouve sur le parapet de la
» citadelle. »

Au retour de son parlementaire, le duc de La
Feuillade ne put s'empêcher de rire du mauvais résultat de sa démarche. « Si les Piémontais, dit-il,
» n'entendent rien à la politesse française, il faut
» convenir qu'ils sont aussi braves que nous. » Cependant, prévoyant le prochain blocus de la ville et
persuadé que son éloignement de la capitale lui serait plus utile que sa présence, il quitta Turin le
17 juin et se rendit à Montcallier, d'où il écrivit ce
petit billet au duc de La Feuillade : « Mon très-ho-
» norable ennemi, une politesse en valant une au-
» tre, j'ai l'honneur de vous engager à venir boire
» au succès de la campagne, un délicieux petit vin
» blanc que je tiens à votre disposition. » La Feuillade, acceptant cette ironique invitation, se mit
aussitôt à sa poursuite; mais le duc de Savoie, par
d'habiles manœuvres, se laissant approcher mais
jamais atteindre, fit perdre à son adversaire un
temps qu'il aurait pu mieux employer. Quelques
jours après il rejoignit le prince Eugène, qui s'approchait avec une armée, non pas dans l'intention
immédiate de faire lever le siége, mais pour jeter

des secours dans la ville et prendre position en attendant de nouveaux renforts.

Cependant le siége tirait en longueur; les assiégés se trouvèrent dans une position désespérée. Manquant de munitions de guerre, de provisions de bouche, menacés par la famine, décimés par les maladies et par la désertion des soldats étrangers, ils pouvaient suivre les progrès de la mine que les soldats français creusaient sous leurs pieds, lorsque l'héroïque dévouement d'un citoyen, nommé Pierre Micca, vint leur rendre le courage de la résistance. Ce brave homme, martyr du patriotisme, recommandant sa femme et ses enfants à la reconnaissance de la patrie, se fit sauter avec les mineurs ennemis.

Le maréchal de Marsin, officier français d'un mérite reconnu, esclave de la discipline militaire, occupait en force les hauteurs des Capucins, d'où il aurait pu tomber avec avantage sur les assaillants et faire échouer leurs projets. Le succès de cette opération facile, indiquée par sa position, lui paraissait assuré; mais l'ordre de sa cour lui avait défendu tout mouvement offensif, il devait se borner à attendre les ennemis dans ses retranchements. Cette inaction forcée perdit l'armée française. Le prince Eugène, informé sans doute de cette particularité, résolut de lui présenter la bataille le 7 septembre.

Ce jour-là, Victor-Amédée, suivant la pieuse tradition que Philippe II lui avait léguée du champ de bataille de Saint-Quentin, fit le vœu solennel d'élever une magnifique église au sommet de la montagne de Superga, d'où il avait concerté, avec le prince Eugène, le plan d'attaque. Ayant ainsi mis ses armes sous la protection du Dieu des bataillons, il donna le signal du combat. Malgré leur résistance opiniâtre, acharnée, malgré leur valeur accoutumée, les Français, débordés sur toutes leurs lignes, se virent forcés de battre en retraite. Le prince Eugène avait attaqué avec une incroyable ardeur le maréchal de Marsin, qui se défendit en désespéré et n'abandonna la victoire qu'avec la vie. Un boulet de canon lui sauva le malheur de survivre à une défaite qu'il avait prévue peut-être et qu'il n'avait point méritée.

Le siége fut enfin levé après deux mois et vingt-huit jours d'efforts héroïques de part et d'autre. La délivrance de Turin, un butin immense, un très-grand nombre de prisonniers, la mort d'un maréchal de France, tels furent les fruits de cette grande victoire. Le jour même, Victor-Amédée et le prince Eugène firent leur entrée triomphale dans la noble cité dont l'énergie et le courage, rehaussés par un dévouement sublime, avaient sauvé l'État. Quatre-vingt-dix années plus tard, la république française devait venger l'échec essuyé par les armes de l'un des plus grands rois de la monarchie. Les Français, maîtres de la plus grande partie du Piémont et conduits par le général Joubert, s'emparèrent de toutes les positions qui couvraient la capitale, et ils y pénétrèrent tambour battant, mèche allumée. Ainsi maîtres de Turin, les vainqueurs contraignirent le roi à signer sa renonciation à ses États de terre ferme. On le fit monter dans des voitures avec sa famille, ses ministres et ces hommes de cœur qui grandissent dans les épreuves et se font courtisans de l'adversité. Ce triste cortége sortit de Turin la nuit, à la lueur des flambeaux ; la population, muette et consternée, se pressait sur son passage : on eût dit le convoi funèbre d'une monarchie.

On avait permis au roi d'emporter avec lui un certain nombre de malles que les soldats de l'escorte croyaient remplies d'or et d'argent; mais, quelques-unes s'étant ouvertes, ils y trouvèrent, au lieu d'un trésor royal, des reliques et des madones qu'ils respectèrent cependant, eux accoutumés depuis quelque temps au mépris des choses les plus saintes et les plus respectables. La révolution venait de briser l'autel sur les débris du trône.

En l'an VII, après la désastreuse bataille de Pastrengo, Suwarow, possesseur de toute la Lombardie et de la plus grande partie du Piémont, se présenta devant Turin et commença immédiatement le feu de seize grosses pièces d'artillerie qui battirent la place toute la nuit. Le général Fiorella défendait la ville. Sommé de rendre les clefs, il répondit qu'il les refuserait à saint Pierre, lors même que le portier du

paradis viendrait lui proposer de les changer contre les siennes ; il appuya cette réponse par un feu vigoureux égal à celui des assiégeants. Turin alors fut exposé aux horreurs d'un bombardement. « Je ne
» suis pas saint Pierre, avait répliqué Suwarow en
» apprenant la raillerie du général français ; mais
» cette clef, ajouta-t-il en montrant la pointe de son
» épée, cette clef saura bien ouvrir les portes de
» Turin, quand même Lucifer viendrait en personne
» secourir ses amis les Français. »

Mais les Français dans leur isolement ne pouvaient compter sur aucun secours. Déjà quelques maisons voisines de la porte de Pô avaient été incendiées, et les clartés sinistres qu'elles projetaient au loin avaient répandu l'effroi dans la ville. Le peuple se souleva. Les bourgeois armés et commis à la garde de cette porte et de celle du Palais, profitèrent du désordre pour les livrer toutes deux aux alliés. La garnison, forte seulement de trois mille hommes, composée de Français, de Cisalpins et de Piémontais, surprise par cette trahison, eut à peine le temps de se retirer dans la citadelle. Délivré de sa présence, le peuple déchira et foula aux pieds la cocarde tricolore de la révolution avec un empressement égal à celui qu'il avait manifesté pour l'arborer peu de mois auparavant.

Fier de ce premier succès, Suwarow se rendit pompeusement à la cathédrale et, malgré les divergences de sa foi religieuse, il assista dévotement aux exercices du culte catholique et au *Te Deum* qui fut chanté solennellement. Le blocus de la citadelle fut immédiatement commencé. Des batteries habilement disposées dans l'enceinte de la ville même furent dirigées contre ses murailles, qu'elles battirent en brèche. Les assiégés y répondirent par un feu vif et soutenu, qui fit éprouver quelques dommages à plusieurs maisons de la ville. Les deux partis, comprenant alors l'inutile cruauté qui plaçait entre deux feux les propriétés de pauvres habitants complétement étrangers aux querelles de la France avec la Russie, convinrent que les assiégés ne tireraient plus dans la direction de la ville, mais que les assiégeants n'élèveraient pas non plus des batteries de ce côté.

Des lignes de circonvallation et une tranchée furent ouvertes devant la citadelle, malgré de vigoureuses sorties opérées par les assiégés. Du 16 juin au 19 du même mois, deux cents pièces de canon battirent la place. Inondé par cette pluie de feu, le général Fiorella demanda à capituler ; mais, comme on ne put s'entendre sur les conditions, le bombardement recommença à onze heures pour durer jusqu'au lendemain matin. Les paraboles lumineuses décrites par les bombes remplacèrent la clarté des étoiles du ciel. La citadelle, percée comme une écumoire, tombait pièce à pièce ; cependant elle tenait

CHAPITRE II.

toujours, grâce au courage de ses défenseurs, décidés à s'en faire un tombeau plutôt que de subir des conditions honteuses. Lorsque le feu cessa, le lendemain, devant les préparatifs de l'escalade, on renoua des négociations ; trois fois entamées, trois fois elles furent rompues. On finit enfin par s'entendre : le général Fiorella et son état-major, se dévouant à la chose publique, obtinrent, au prix de leur liberté et contre la reddition des ruines fumantes de la citadelle, un sauf-conduit pour la garnison prisonnière de guerre, renvoyée en France sur parole.

Les vainqueurs prirent aussitôt possession de leur glorieuse conquête achetée par des flots de sang. Outre les effets d'équipement militaire qu'on y trouva en assez grand nombre, on y saisit les riches diamants du roi de Sardaigne que les soldats français, ignorant leur valeur, avaient vendus pour une somme très-modique à un juif habile et rusé qui perdit non-seulement les bénéfices qu'il avait espérés, mais encore le prix de l'achat. Le feld-maréchal Suwarow les fit rendre à la royauté sarde, lui promettant une restitution infiniment plus précieuse : celle de ses États, qu'il mit à sa disposition. Mais il ne dépendait pas de la générosité du général russe d'effectuer sa promesse ; la politique était là pour profiter du malheur et entraver le consentement de l'Autriche. Sa prudence mériterait les éloges de l'histoire, si l'on pouvait présumer que la cause réelle de ce refus prenait sa source dans la crainte qu'un revers n'obligeât les alliés à évacuer de nouveau l'Italie.

En 1814, lorsque l'étoile de Napoléon disparut du ciel de la France pour jeter ses reflets pâlis sur le rocher de l'île d'Elbe, les princes de l'Europe, dispersés par la tourmente révolutionnaire, recouvrèrent, les uns leur indépendance, les autres leurs états ; Victor-Emmanuel est rendu à l'amour de ses peuples, et Turin, dépouillé depuis quinze ans du titre de capitale, échangé contre celui de préfecture, Turin va le reprendre avec orgueil pour reparaître avec éclat sur la scène de l'Europe.

Malgré les guerres dont elle a été le théâtre, malgré les assauts qu'elle a repoussés, malgré les capitulations qu'elle a subies, malgré les pluies de feu qui l'ont réduite en cendres, la ville de Turin a reçu tant d'accroissement, surtout dans le dernier siècle, tant d'embellissements, qu'elle peut être considérée aujourd'hui comme l'une des plus riches, des plus florissantes et des plus belles cités de l'Italie. Cet état admirable de prospérité doit être attribué non-seulement à l'esprit de justice, au patriotisme, au génie bienfaisant de ses souverains, mais encore à l'énergie, au désintéressement, à l'esprit national de tous ses citoyens.

La ville de Turin, admirablement située dans une

plaine fertile, peignée comme un jardin de France, se trouve au pied d'une délicieuse colline, au confluent du Pô et de la Dora, semée de jolis casins dominés par la magnifique église de la Superga. Elle forme un carré presque parfait, divisé par les rues, qui la plupart se coupent droit, en 195 îles dont le centre se trouve à la place du Château. De là le regard peut embrasser les quatre portes de la ville en parcourant d'un seul coup d'œil les rues qui partent comme autant de rayons d'un centre commun pour aboutir à une agréable perspective. Elles sont toutes arrosées par des ruisseaux d'une eau limpide qui plusieurs fois par jour en facilitent le nettoiement.

Lorsque Victor-Amédée II s'occupa de l'embellissement et de l'agrandissement de sa capitale, il apporta tous ses soins à y faire régner la plus grande symétrie. Elle compte plus de quatre kilomètres de tour, dix-huit cents mètres de longueur de l'ouest à l'est, depuis la porte de Suze jusqu'à celle de Pô. Sa largeur du nord au midi mesure douze cents mètres, depuis la porte du Palais jusqu'à la porte Neuve. Les fortifications, construites par les ordres de Victor-Amédée II, forment quinze bastions très-réguliers et très-forts, embellis par tout le luxe et les ornements que peut comporter l'austérité de l'architecture militaire. L'un de ces ouvrages doit son nom de *Bastion-Vert* à la charmante promenade qu'on a plantée sur sa plate-forme. Les quatre portes de la ville sont exactement situées vers les quatre points cardinaux. Des façades en marbre, des colonnes élégantes, des ornements en bronze et d'ingénieuses inscriptions les embellissent tant au dedans qu'au dehors.

Les rues de Turin sont alignées et se croisent à angle droit, ainsi que nous l'avons déjà dit; les cent quatre-vingt-quinze îles précédemment citées sont appelées *contrada*. Elles portaient chacune le nom d'un saint, que sous le régime républicain on avait remplacé par celui des départements du Piémont et celui des plus mémorables victoires de nos armées. Malgré les étiquettes écrites en français, les habitants persistaient à ne connaître les rues que par leurs anciens noms : cependant ils étaient forcés d'employer les nouveaux dans leurs actes. La rue de Pô, celle de Dora-Grossa et la rue Neuve, les plus belles de toutes, sont remarquables par l'élégance et la régularité de leurs édifices; la rue de Pô, bordée de portiques spacieux, est le rendez-vous des promeneurs, qui s'y garantissent des rayons du soleil pendant les chaleurs de l'été et des frimas pendant les rigueurs de l'hiver.

Le vieux palais, bâti en 1416 par Amédée VIII, duc de Savoie, s'élève majestueusement au centre de la place Royale, formant un immense carré entouré de portiques semblables à ceux qui bordent la rue de Pô. Il est flanqué de quatre tours, selon l'usage du temps où il fut construit. Sa façade du côté de la Doire a été décorée, en 1720, d'un frontispice réputé l'une des meilleures productions de Juvara. C'est un des plus beaux morceaux d'architecture que possède Turin. On y a peut-être trop prodigué le luxe des ornements, la richesse des statues, des bas-reliefs et des trophées, ouvrages médiocres du chevalier Giovanni. Ce palais, cette forteresse plutôt, appelé palais *Madame*, est défendu sur trois côtés par de larges fossés, profonds, cultivés aujourd'hui et symétriquement arrangés en jardin. La place au centre de laquelle il est construit était fermée autrefois par un portique appelé le Pavillon. C'était là qu'on exposait à la piété des fidèles le saint suaire aux jours des grandes cérémonies. Accidentellement brûlé pendant les fêtes célébrées à l'époque de la naissance du petit roi de Rome, il a donné plus d'air, plus d'espace à la place du Château.

Le palais du roi occupe une grande partie de l'angle droit de la place. Commencé par Emmanuel II, sous la direction du comte Castellamonte, il a été augmenté par Victor-Amédée d'après les dessins de Juvara disciple du célèbre chevalier romain Fontana. Charles-Emmanuel l'a considérablement accru. Construit partie en pierres, partie en briques, il présente une façade régulière, mais sans aucune autre décoration qu'une grande grille de fer récemment ornée, à l'entrée principale, de deux chevaux de bronze. Le grand escalier d'honneur, magnifique dans ses proportions, est digne d'une demeure royale. On rencontre sur le premier palier une statue équestre de Victor-Amédée Ier; le mélange du bronze et du marbre y a été heureusement employé. Divers artistes ont créé les figures qui composent le groupe entier. Le cheval de marbre est sorti des ciseaux de Tacca, célèbre sculpteur qui a fondu le cheval de la statue d'Henri IV qu'on voyait avant la révolution sur le Pont-Neuf à Paris. La figure du roi a été jetée en bronze par Dupré, sculpteur français. Ce prince, armé de toutes pièces, retient son cheval qui se cabre en foulant aux pieds deux esclaves, fort belles statues apportées de Rome. On les attribue au statuaire Adriano Frisio, élève de Jean de Bologne. On lit sur la base l'inscription suivante, composée par Emmanuel Tesoro :

DIVI VICTORIS AMEDEI
BELLICAM FORTITUDINEM
ET INFLEXUM JUSTITIÆ RIGOREM
METALLO EXPRESSUM VIDES.
TOTUM ANIMUM VIDERIS
SI VELOX INGENIUM
FLEXILEMQUE CLEMENTIAM
EXPRIMERE METALLUM POSSET.

Le premier salon qu'on rencontre est la salle des

gardes suisses : elle est vaste et présente un fort bel ensemble, surtout lorsque les brillants costumes de ces soldats d'élite se reflètent, aux jours des cérémonies, dans les glaces d'une immense cheminée ornée d'une riche mosaïque formée de pierres dures et de marbres précieux.

Les compartiments de la voûte sont remplis de sujets allégoriques peints par Jean Miel. L'encadrement forme une espèce d'architecture soutenue par des colonnes de vert de Suze accompagnées de trois délicieuses figures d'enfant. La corniche, peinte à fresque d'une manière large, représente différentes actions mémorables des princes de la maison de Savoie. Des peintures de Giuseppe Sariga servent d'ornement aux lambris. Les encadrements supportent des médaillons en grisaille qui représentent aussi des traits tirés de l'histoire des ducs de Savoie.

C'est dans la salle des gardes que le public est admis, sans aucune formalité, tous les dimanches, pour assister au passage du roi, qui se rend à la messe à la tête d'un nombreux et riche état-major, suivi des dames d'honneur de service à la cour. Ce spectacle est imposant. Après cette salle, on en trouve une seconde aussi vaste et ornée dans le même style que la première. Elle conduit aux appartements destinés au roi et à la reine; appartements d'une magnificence telle, qu'ils surpassent en éclat et en richesse toutes les habitations royales ou impériales de l'Eu-

4.

rope. Il est à jamais déplorable que les Français aient brûlé les tapisseries chargées d'or qui couvraient les murs, et qu'ils aient, lors de la première occupation de Turin, détruit les meubles uniques qui faisaient l'admiration du monde. La nation la plus civilisée de l'Europe se serait-elle donc changée à cette époque en une armée de Barbares!

Le nouveau mobilier de la couronne, sans être aussi riche que le premier, est cependant d'une merveilleuse splendeur. Deux séries bien distinctes composent les appartements du roi, séparés de ceux de la reine. Les voûtes des uns et des autres sont ornées d'encadrements sculptés et richement dorés. La salle du trône, digne par sa magnificence des autres détails qui concourent à faire du palais royal un ensemble parfait, est surmontée d'un plafond représentant une allégorie compliquée relative à la paix. Cette inscription, tracée sur une bandelette,

NULLIS MELIOR PAX UNA TRIUMPHIS

est exposée à la méditation des princes arbitres des destinées des peuples.

Claude Beaumont a dessiné sur les portes de la chambre à coucher le jugement de Pâris, l'enlèvement d'Hélène et différents symboles parmi lesquels on distingue un génie tenant une croix de chevalier de Saint-Maurice et de Saint-Lazare; prix qu'il espérait et qu'il reçut en effet de la bonté du souverain régnant alors. C'est dans cette chambre qu'on admire les *Quatre éléments* par l'Albane.

On pénètre ensuite dans la galerie de Beaumont, ainsi nommée d'après l'artiste chargé de représenter sur la voûte l'histoire du pieux Énée. Les murs sont décorés de marbres de différentes couleurs d'après les dessins du comte Alfieri.

Ces ornements forment des encadrements remplis par d'excellents tableaux. C'est dans cette galerie que le roi Charles-Albert, qui cherche tous les moyens d'accroître le luxe de ses États par le concours des lettres, des arts et des sciences, a réuni la plus belle collection d'armures antiques et d'armes modernes qui existe en Europe. Cette immense pièce est entourée de grandes armoires à glace qui renferment les modèles d'artillerie fabriqués dans l'arsenal de Turin. Les modèles des armes étrangères y sont aussi déposés ainsi que des tableaux représentant les anciens uniformes. On voit au milieu un très-beau groupe de l'archange saint Michel terrassant l'Esprit du mal, et tout autour des bustes de marbre blanc représentant les principaux créateurs de la milice italienne : Alberico de Burbiano, Sforza, etc.

Douze chevaliers rappelant les diverses époques, à cheval dans plusieurs attitudes, revêtus, ainsi que leurs chevaux, d'armes éclatantes, provoquent l'admiration. L'élégante disposition des trophées qui tapissent les murs, la richesse des collections d'armes et d'armures classées par ordre dans les armoires, de longues épées, des boucliers, des casques ciselés par le fameux Benvenuto Cellini, des cors de chasse d'ivoire, chefs-d'œuvre de l'art, les armes, les costumes des sauvages du Nord et de la mer du Sud, les armures en pied des Suisses de la garde, des maréchaux de France, des hommes d'armes de toutes les nations, variées par les bizarres uniformes des guerriers de la Chine, forment un coup-d'œil magique impossible à décrire.

Lorsque la galerie des armures se transforme, aux jours des grandes solennités du royaume, en salle de bal, on ne peut rien voir de plus splendide que l'effet produit par les contrastes; c'est alors une admirable chose en effet que ces jeunes femmes magnifiquement parées, étincelantes de fleurs et de diamants, rayonnantes de plaisir et de bonheur, glissant comme des fées au bras de leurs danseurs à travers ces géants inanimés et debout dans leurs armures d'acier! c'est une merveilleuse chose que les rayons de mille soleils ruisselant au milieu des flots d'harmonie, reflétant partout l'or et les pierreries des costumes de cour et des uniformes militaires! c'est une chose que les heureux élus de la cour de Turin ont vue deux fois: en 1842, à l'époque du mariage du duc de Savoie, et en 1844, lors du baptême du prince de Piémont.

CHAPITRE II. 55

De cette galerie on passe dans une autre vaste pièce qui donne sur un fort bel escalier à rampe double. Une petite statue ajustée avec des fragments antiques en occupe le milieu. Une galerie ornée d'un grand nombre de bustes antiques, la plupart mutilés et dégradés, conduit à la salle de spectacle; cette galerie aboutit aussi aux archives, à l'académie, aux bureaux des divers ministères, à l'église cathédrale: car ce palais royal est si merveilleusement construit, qu'il renferme toutes choses dans son enceinte.

On revient par une rotonde et par un salon ornés de panneaux de vieux laque enchâssés dans des cadres d'or à un oratoire dont les lambris de bois précieux sont incrustés de plaques en nacre de perle et de plaques d'ivoire gravées. On traverse une autre vaste pièce et l'on se trouve dans la salle d'audience, d'où l'on passe dans la galerie à laquelle le peintre Daniel a donné son nom après en avoir peint la voûte. Elle représente l'apothéose d'un guerrier sur le bouclier duquel on lit le monogramme de Victor-Amédée. On parcourt ensuite un grand nombre de pièces qui portaient autrefois le nom du tableau principal parmi ceux qui les décoraient et on arrive à la salle des Solimènes, ainsi dénommée par les tableaux d'un artiste de ce nom. A la droite de cette salle on entre dans un cabinet qui procure l'entrée d'un petit oratoire caché; plus loin une pièce dont le plafond, peint par Gregorio Guglielmi, représente les quatre parties du monde. On arrive à la bibliothèque, l'une des plus belles et des plus riches de l'Europe; les armoires ont été faites en beau bois avec des incrustations dorées d'après les dessins du comte Cavalleri *di Grosso Cavallo,* alors gouverneur du palais.

Cette biblothèque renferme des trésors d'histoire, de science, de beaux-arts, de voyages et d'économie publique. Elle possède trente mille volumes illustrés et plus de dix-huit cents précieux manuscrits, parmi lesquels on remarque tous les matériaux que le grand Frédéric avait remis au célèbre Algarotti, chargé par lui d'écrire l'histoire de la guerre de Sept-Ans. Ces éléments historiques sont accompagnés d'un grand nombre de lettres autographes du monarque prussien. On y voit également en assez grand nombre d'autres lettres autographes du célèbre duc Emmanuel-Philibert, du prince Eugène de Savoie, de Napoléon et de presque tous ses grands généraux. Les artistes peuvent y admirer une collection de plus de deux mille dessins de maîtres, vingt de Léonard de Vinci, plusieurs de Raphaël, du Titien, du Corrège, etc. Le roi Charles-Albert, qui se connaît en hommes de mérite, a confié le dépôt de ces richesses à M. le chevalier Promis, l'un des plus savants et des plus érudits parmi les illustres de l'époque.

CHAPITRE II.

On passe de la bibliothèque dans la galerie des Batailles, ainsi nommée par des peintures représentant les succès militaires de Charles-Emmanuel, et les victoires du prince Eugène.

On appelle appartement d'été celui dont les fenêtres prennent jour du côté de la cour ; différents maîtres en ont peint les plafonds. Terminons cette riche nomenclature par la salle de bal, dont la décoration blanche parsemée d'or produit un fort bel effet, et par la galerie de la Reine, embellie par les portraits des plus célèbres hommes d'État depuis les siècles les plus reculés jusqu'à ce jour. Cette galerie, musée d'honneur, formée par Charles-Albert, est un témoignage de royale reconnaissance donné aux gloires et aux illustrations du royaume.

Les jardins dessinés par un Français, que *la Guida* appelle du Pasc ou Duparc, figurent un bastion ; ils sont vastes, beaux, coupés de belles allées, abrités par de gracieux ombrages et parsemés par de ravissants bosquets. D'élégantes Néréides et d'épais Tritons en marbres groupés autour d'une fontaine jaillissante leur donnent en abondance de la fraîcheur et de l'eau.

Parmi un grand nombre d'autres palais non moins remarquables, le palais de Carignan mérite d'être signalé : sa façade, quoique construite en briques rouges, offre un aspect agréable et majestueux.

Des palais passons aux églises.

CHAPITRE III.

Églises de Turin. — La cathédrale. — Le saint suaire. — Son histoire. — Merveilles et prodiges. — Pèlerinage de saint Charles Borromée. — Corpus Christi. — Maisons religieuses. — Hôpitaux. — Fondations pieuses. — Places publiques. — Musées. — Académies. — Théâtres. — Spectacles. — Saillie de Fanny Essler. — La citadelle. — Environs de Turin. — Les capucins. — La vigne de la reine. — Le Valentin. — Château des mille fleurs. — Stupinigi. — Napoléon Bonaparte. — Anecdote peu connue. — La Vénerie. — Tombeau du maréchal de Marsin. — La Superga. — Biographie nécrologique. — Illustrations contemporaines. — Salons de Turin.

L'Église de Turin était déjà célèbre au temps de saint Ambroise. L'histoire rapporte qu'il engagea le pape à y convoquer un concile en 397 pour régler les contestations survenues entre les évêques de la Gaule. Martin V, revenant du concile de Constance, s'y arrêta quelque temps et lui accorda beaucoup de priviléges et d'indulgences. Plus tard, en 1515, Léon X érigea ce siége en archevêché.

Turin possède un grand nombre de monuments religieux ; le plus remarquable est la cathédrale consacrée à saint Jean et construite vers le milieu du dix-septième siècle, sou Charles-Emmanuel II, d'après les dessins du père Guarino-Guarini.

La façade, décorée de pilastres, est ornée d'arabesques en marbre du meilleur goût et de trophées d'armes groupés avec bonheur. On remarque près

de la porte principale un collier de fer fixé à un
poteau où l'on attachait autrefois, dit la chronique,
les personnes qui refusaient de prendre place à la
table sainte dressée au temps pascal. L'église est
divisée en trois nefs surmontées de trois dômes po-
sés les uns au-dessus des autres et percés à jour.
Ces ouvertures produisent un singulier effet. La
tribune royale se trouve en face de l'orgue. Deux
escaliers de marbre conduisent à la riche chapelle où
l'on conserve religieusement une des plus précieuses
reliques de la Passion du Sauveur. Deux énormes
colonnes supportent le grand arc qui lui sert d'entrée. Entourée de nombreuses arcades posées sur
trente pilastres, elle est entièrement revêtue de marbre noir. Les colonnes sont accouplées, la base et les
chapiteaux sont de bronze doré. Cet aspect lugubre
est coupé par le contraste du pavé de marbre blanc
décoré d'étoiles de bronze. Le grand-autel, chargé
d'ornements, est entouré d'une balustrade dont les
douze pilastres supportent de petits anges en bronze
armés des instruments de la Passion. C'est là, au
milieu de cet autel qu'un grand cadre d'argent
oblong, couvert d'une glace et dans lequel se trouve
un autre cadre enrichi d'or et de pierres précieuses,
renferme le saint linceul. En voici l'historique.

Lorsque le corps du divin crucifié fut descendu
de l'arbre de la passion, un riche Juif, décurion et
disciple de Jésus, Joseph d'Arimathie, demanda le

corps de son maître à Pilate, qui le lui accorda. Alors Joseph l'enveloppa dans un grand linceul parfumé d'aloès et de myrrhe. Cette pièce de lin reçut aussitôt l'empreinte de sang et de sueur dont le divin corps s'était couvert sous les verges, les épines et la lance de la rédemption. Les historiens racontent que les chrétiens, forcés par Saladin de quitter Jérusalem sous le pontificat d'Honorius, emportèrent à l'île de Chypre le saint suaire et tous les objets sacrés dont ils étaient possesseurs. Ce fut à cette époque que Geoffroi, de la maison de Charni en Champagne, fit l'acquisition de cette précieuse relique, et la déposa dans l'église de Liré. Le fils de Geoffroi laissa à sa mort une fille, qui se nommait Marguerite, qui épousa Humbert, comte de La Roche, seigneur de Villars, de Saint-Hippolyte d'Orbes, et l'un des premiers gentilshommes d'Amédée Ier, duc de Savoie.

Alors une guerre terrible éclata entre les partisans des ducs de Bourgogne et les troupes des rois de France.

Désirant préserver les précieuses reliques, les chanoines de Liré les remirent à leur seigneur, qui les porta à Saint-Hippolyte, l'une de ses terres, en Bourgogne. François de La Palud, comte de Varambon, succéda à tous les biens de Humbert, mais Marguerite garda le sacré linceul. La paix d'Arras venait de rendre la sécurité aux chanoines de Liré. Ils réclamèrent les reliques ; Marguerite les leur rendit : en conservant toutefois le saint linceul, qu'elle regardait comme l'héritage de sa famille. Les chanoines lui intentèrent aussitôt un procès, qu'ils perdirent.

Peu de temps après, Marguerite se rendant en Savoie pour visiter son gendre, le comte de Varambon, fut attaquée par des voleurs qui pillèrent tous ses bagages. Les historiens du temps assurent que, sous la pression de ces misérables, des gouttes de sang jaillirent du saint linceul, et leurs mains se contournèrent. Effrayés de ces prodiges, les voleurs se jetèrent aux genoux de l'illustre voyageuse, lui restituèrent tout ce qu'ils lui avaient pris et s'enfoncèrent dans les montagnes pour y faire pénitence.

Marguerite reçut, à son arrivée à Chambéry, de grands honneurs, que le prince Louis et la princesse Anne d'Autriche, sa femme, lui donnèrent avec empressement. Le saint suaire, exposé aux regards publics, devint surtout l'objet de la vénération du peuple. Plus tard, lorsque Marguerite voulut quitter ses nobles hôtes, le prince se mit à ses genoux pour lui demander, avec larmes, le monument précieux des souffrances de l'Homme-Dieu. Marguerite se refusa à ces prières, disant que le saint suaire lui était mille fois plus cher que la vie. Mais les mulets chargés de ce précieux trésor, touchés, raconte un historien, des larmes du prince Louis, ne voulurent jamais dépasser les portes de la ville. Marguerite, persuadée que les desseins de Dieu se manifestaient par l'entêtement des mulets, se rendit au désir de ses hôtes et céda le saint linceul, qui fut aussitôt placé dans la collégiale. Ce trésor donna bientôt une grande renommée à cette église, qui, comblée d'indulgences, devint l'objet d'un culte européen. Des princes vinrent courber leurs fronts couronnés devant lui. François Ier l'invoqua avant la bataille de Marignan et remporta la victoire. Peu de jours après avoir conclu la paix avec la Suisse, il quitta sa vaillante épée et, prenant en main le bourdon de pèlerin, il fit à pied le voyage de Lyon à Chambéry pour venir lui rendre des actions de grâces.

Claudia, mère de Charles II, duc de Savoie, s'emparant ensuite de cette relique, la plaça religieusement parmi les plus précieux objets de son château de Billiat en Bugey; mais, sur leurs vives instances, appuyées par des menaces armées, Charles II s'empressa de la rendre aux vœux des habitants de Chambéry. Le même prince, accompagné de douze gentilshommes choisis parmi l'élite de sa noblesse, quitta Turin, traversa le mont Cenis et se rendit à pied jusqu'à Chambéry pour l'invoquer contre les ravages de la peste qui promenait la mort dans ses États. En 1533 le feu prit à la chapelle où elle était renfermée avec une telle violence, racontent les chroniqueurs, que le cadre d'argent fondait comme de la cire, mais les flammes en s'élevant formaient un arc-en-ciel autour du saint suaire et se répandaient en gouttes de rosée sur les personnes qui redoutaient d'être brûlées en portant des secours.

La relique de la rédemption fut présentée à la vénération des fidèles sans avoir éprouvé d'autres dommages que l'empreinte jaune de la fumée attachée aux plis.

Obligé par les éventualités de la guerre de quitter Chambéry, Charles II emporta le saint linceul à Verceil et mourut satisfait de l'avoir ainsi mis en sûreté. Profitant de sa mort, Charles de Cossé de Brissac s'empara de Verceil et voulut s'approprier la sainte relique; mais une force mystérieuse, invisible, arrêta sa main, et l'empêcha de s'en approcher.

Après le mariage d'Emmanuel avec Marguerite de France le saint suaire retourna à Chambéry, et le duc consacra cet heureux retour par une médaille.

Il n'y resta pas longtemps; le prince Emmanuel-Philibert le fit transporter à Turin, où, reçu avec une pompe plus que royale, il fut déposé dans l'église de Saint-Laurent jusqu'à ce que Charles-Emmanuel eût fait achever la magnifique chapelle qui devait le préserver des invasions des Français.

Ce fut alors que saint Charles Borromée résolut

CHAPITRE III.

un célèbre pèlerinage qu'il exécuta saintement. La noblesse, le clergé, le peuple l'accompagnèrent avec un recueillement parfait jusqu'aux portes de la ville. Arrivé là, le saint prit, au lieu de son vaste manteau, un habit qu'il retroussa, donna au peuple prosterné sa bénédiction ; et, le front couvert d'un chapeau à larges bords, la main armée d'un bâton de pèlerin, il embrassa ses compagnons de voyage et partit avec eux. Après quatre jours de route parcourue au chant des cantiques et dans l'exercice de longues prières faites en marchant et à haute voix, ils arrivèrent à Turin, où ils accomplirent leur vœu.

Les cérémonies de la Semaine-Sainte se célèbrent avec beaucoup de solennité dans l'église cathédrale de Saint-Jean. Toutes les confréries de pénitents, tous les ordres religieux, le peuple et la cour y font leur station. Turin possède une autre église remarquable aussi par l'origine de sa fondation. Le 6 juin 1403 une troupe de Dauphinois armés, envahissant la vallée de Suze, s'emparèrent d'Exiles et de quelques autres postes ; on envoya contre eux un détachement qui reprit Exiles. Les soldats, fort mauvais catholiques, se mirent à saccager l'église et à en dérober les vases sacrés. L'un d'eux, ajoute la chronique, poussa même l'impiété jusqu'à dérober l'ostensoir d'argent où se trouvait encore l'hostie consacrée ; il le cacha dans son bagage et le chargea sur un mulet. Le détachement rentra victorieux à

Turin; mais, arrivé sur une place publique, le mulet s'arrêta et refusa de marcher; sa charge se délia subitement d'elle-même, et l'ostensoir, se redressant aussitôt sur sa base, s'ouvrit aux yeux de la multitude ravie d'admiration; alors l'hostie consacrée s'éleva et se soutint en l'air jusqu'à l'arrivée de l'évêque, Louis Romagnano, qui accourut, à la tête de son clergé, sur les lieux où s'opérait ce prodige. Ce prélat, s'étant mis en prières, présenta un calice à la sainte hostie, qui, planant un instant dans une auréole, descendit lentement et s'y plaça sans aucune aide.

Pour éterniser la mémoire de cet événement, on fit bâtir dans le lieu même une chapelle fort petite mais dont les murs furent entièrement couverts d'albâtre d'une éclatante blancheur; mais, en 1607, les habitants transformèrent ce pieux édifice, trop modeste à leur gré, en un monument magnifique construit par le célèbre Vittozi.

La façade de cette église, appelée *Corpus Christi*, est d'un style remarquable de noblesse; l'intérieur est revêtu de marbre de différentes couleurs et surchargé d'ornements. Les chapiteaux, les corniches, les statues et la voûte du sanctuaire disparaissent sous une épaisse couche d'or qui détruit tout l'effet des tableaux. Près de la chaire, on lit, sur une grande table de marbre blanc entourée d'une grille, l'inscription suivante :

HIC DIVINI CORPORIS AVECTOR

JUMENTUM PROCUBUIT;

HIC SACRA SESE HOSTIA SARCINIS EMANCIPATA

IN AURAS EXTULIT

HIC SUPPLICES IN TAURINENSIUM MANUS

CLEMENS DESCENDIT :

HIC ERGO SANCTUM PRODIGIO LOCUM

MEMOR SUPPLEX PRONUS

VENERARE AUT VERERE.

DIE VI JUNII ANNO DOMINI MCCCCLIII.

Cette église est jointe à celle du *Saint-Esprit* ; on passe de l'une dans l'autre. On aperçoit à gauche en entrant le tombeau du général Rebender, mort en 1662. Les drapeaux qu'il avait enlevés aux ennemis étaient jadis suspendus aux voûtes de l'église. C'est dans cette église, à laquelle était annexé un hôpital pour les convertis, que le citoyen de Genève, Jean-Jacques Rousseau, chassé de la maison paternelle à dix-sept ans, abjura le calvinisme pour embrasser le catholicisme.

Parmi les autres églises que Turin possède en très-grand nombre, on remarque en première ligne l'église de la Sainte-Croix, fort belle rotonde ; Saint-Philippe-de-Néri, la plus fréquentée par sa position et l'une des plus riches en tableaux ; Sainte-Christine, bâtie par Juvara en 1717 ; les églises de la Conception et de la Visitation ; Saint-Charles-Borromée, qui possède une image miraculeuse de la Vierge apportée du Brésil et la tombe de Marie Broglio, mort en 1656 ; Saint-Dominique, dont la chapelle de la Vierge est entièrement revêtue de marbre : une inscription rappelle que la Vierge est apparue trois fois sur l'autel ; Saint-Amédée, bâtie par Juvara; la Consolata, pavoisée de nombreux ex-voto ; Sainte-Thérèse, fondée en 1764 par le duc Victor-Amédée; Saint-Joseph, qui doit sa fondation à la piété de madame Royale; Saint-Maurice ; Santa-Maria-di-Piazza; Saint-Solutor ; Saint-Augustin ; l'église de la Visitation; celle des Cordeliers, qui rapporte son institution à saint François lui-même, lors de son passage à Turin pour se rendre en France ; l'Oratoire de Saint-Paul, devant sa fondation à sept bourgeois de Turin qui jurèrent d'y maintenir la foi lors de l'occupation de l'armée française, composée en grande partie de soldats calvinistes. C'est dans cette église que la philanthropie catholique, prêtant sur gage sans intérêt, conçut la première l'idée des monts-de-piété, magnifique institution qui, déviée de son but primitif, est devenue aujourd'hui une vaste boutique d'usuriers autorisés par la loi... des hommes. L'église la plus moderne est la Grande-Mère-de-Dieu, dont la construction au delà du Pô a coûté, en 1814, une somme de deux millions quatre cent mille livres; sa forme est celle d'un temple antique, elle rappelle le Panthéon de Rome.

CHAPITRE III.

Outre ses églises, ses chapelles et son clergé nombreux, Turin possède vingt-deux maisons religieuses : treize d'hommes et neuf de femmes.

Pour les hommes :

1° Carmélites déchaussés.

2° Clergé régulier attaché aux hospices.

3° Clergé régulier de Saint-Paul, vulgairement nommé Barnabites.

4° Pères de la Compagnie de Jésus.

5° Pères de la Congrégation de la mission de saint Vincent de Paul.

6° Pères chartreux, — la maison est à Collegno, trois milles de la ville.

7° Frères des écoles chrétiennes.

8° Frères mineurs.

9° Frères mineurs réformés.

10° Mineurs capucins (deux maisons).

11° Frères convers de Marie.

12° Pères de l'Oratoire de Saint-Philippe-de-Néri.

13° Ordre des prédicateurs.

Pour les femmes :

1° Chanoinesses régulières de Latran.

2° Capucines.

3° Dames du Sacré Cœur de Jésus.

4° Sœurs de Charité fondées par saint Vincent de Paul.

5° Sœurs de la Charité sous l'invocation de Saint-Vincent-de-Paul.

6° Sœurs de Saint-Joseph.
7° Dominicaines.
8° Visitandines.
9° Religieuses de l'Adoration perpétuelle.

La religion catholique, qui de tout temps a été la religion de l'État, n'est pas la seule qui ait ses fidèles à Turin, la nation juive y compte quinze cents sectateurs groupés dans un quartier qui leur est destiné; ils ont leur synagogue et leur cimetière. La religion réformée n'y existe que de nom.

Il n'est donc pas surprenant de trouver dans cette ville, éminemment imprégnée de l'esprit catholique, ces nombreux établissements de charité et de bienfaisance à peu près inconnus ou insuffisants dans les cités où règne l'égoïsme de la philosophie voltairienne. Turin possède six principaux hôpitaux; ce chiffre est énorme pour une population de cent vingt mille habitants. L'hospice Saint-Louis, œuvre récente du chevalier Talucchi, figure une croix de saint André. Son église hexagone occupe le centre de l'édifice, de manière que les malades des quatre ailes peuvent suivre de leur lit les diverses phases de l'office divin. Les étrangers admirent surtout les couloirs latéraux, percés d'une porte secrète derrière chaque lit. Cette disposition permet aux infirmiers de dérober aux regards des malades la vue de leurs compagnons que la mort a choisis ou le transport de ceux qui doivent subir des opérations chirurgicales. Tous les lits sont en fer sur roulettes, et s'emboîtent exactement dans l'embrasure de la porte qui les dessert ; une fenêtre, placée près de chaque lit, sert de communication entre les malades et les infirmiers, qui vaquent à l'exercice de leurs fonctions sans occasionner le moindre dérangement, la plus petite incommodité dans les parties qui ne réclament pas leurs soins. L'architecte qui a conçu et exécuté cet admirable système a droit à la reconnaissance de l'humanité souffrante.

L'hôpital de la Charité reçoit, comme hospice, les pauvres des deux sexes de Turin, de ses faubourgs et de son territoire ; comme hôpital, il reçoit les pauvres infirmes ou malades des États-Sardes : particulièrement ceux qui se trouvent affectés de maladies contagieuses et syphilitiques. Cette seconde catégorie porte le nom de son fondateur Louis Boggetto. La première remonte à Victor-Amédée II, qui l'établit pour éteindre la mendicité dans ses États.

Cet excellent prince, ayant par de sages mesures purgé le pays de tous les mendiants étrangers, recueillit, le 7 avril 1717, huit cents indigènes, et consacra leur entrée dans cet hospice par une procession solennelle suivie d'un banquet qui leur fut offert au son des trompettes et servi par les pages et les dames de la cour. Le roi, la reine, madame Royale, le prince de Piémont et tous les princes du sang y présidèrent des fenêtres du palais. L'hôpital Saint-Jean est remarquable par la grandeur de ses proportions.

Le grand hôpital de Saint-Maurice et Saint-Lazare, admirablement tenu aux frais de l'Ordre, réserve vingt lits aux gardes du corps; tous les chevaliers peuvent s'y faire traiter dans des appartements séparés. Cet Ordre, dont le titre seul indique la fondation éminemment catholique, vient de créer, dans la partie protestante des États de Charles-Albert, un nouvel hospice destiné à soulager les souffrances de ceux qu'il regarde comme membres de la même famille malgré les divergences de religion. Il y a loin de cette conduite à celle des jacobins suisses, qui, coupables du crime de lèse-humanité, viennent de chasser les moines du grand Saint-Bernard après avoir profané et pillé leurs saintes demeures. Il ne manquait plus à ces pieux grenadiers de la charité chrétienne que les honneurs du martyre de la calomnie des hommes qui se disant libéraux les leur ont accordés du haut de la tribune française... Passons.

L'hôpital militaire, qui peut contenir quatre cent trente lits, et l'hospice de la Maternité, réuni d'abord à celui de Saint-Jean, dont il a été séparé en 1815, indiquent assez par leur nom le but de leur destination.

Outre ces six grands hospices, la capitale des États-Sardes possède en ses murs vingt-quatre autres fondations pieuses d'une grande utilité publique :

1° L'hospice des aliénés.
2° Société de Saint-Paul.
3° Mont-de-Piété.
4° Institut de bienfaisance.
5° Dispensaire ophthalmique.
6° Société des femmes accouchées.
7° Royal hôtel de la vertu.
8° Infirmerie des prisons.
9° Asile de mendicité.
10° Hospice des Rosines.
11° Royal asile de la Providence.
12° Conservatoire du Rosaire.
13° Monastère des pauvres orphelins.
14° Retraite des filles de militaires.
15° OEuvre de l'instruction de la mendicité.
16° Salle d'asile ou école des enfants.
17° OEuvre du refuge.
18° Hospice des catéchumènes.
19° Maison commune des veuves nobles.
20° Société de la Miséricorde.
21° Maison des sœurs de Sainte-Anne.
22. Petite maison de la Divine Providence.

23. Royale école normale des sourds-muets.

24. Royal établissement orthopédique.

Ces fondations pieuses, soutenues par le gouvernement et la bienfaisance publique, rendent d'immenses services à la chose publique.

Il n'existe pas une ville en Europe qui possède un si grand nombre et de si belles places que Turin. Vis-à-vis la place du Château, dont nous avons déjà parlé, se trouve la place de Victor-Emmanuel, située à l'extrémité de la rue de Pô et entourée de portiques spacieux; elle conduit au fameux pont de pierre construit en partie sous l'Empire par des Espagnols prisonniers de guerre.

La place d'Emmanuel-Philibert, au septentrion de la ville, quoique fort belle, est cependant moins vaste que celle que nous venons de citer. On trouve au sud la place Carline, de forme carrée et entourée de somptueux édifices; elle passe à juste titre pour le magasin général de la cité. C'est dans son enceinte que se tiennent les marchés au vin, au foin et au charbon.

La place Saint-Charles forme une quadrangulaire bordée comme celle de Victor-Emmanuel par de magnifiques portiques; les édifices qui les décorent sont des palais plutôt que des maisons particulières. Charles-Albert a puissamment contribué à son embellissement en y faisant ériger au centre la statue équestre en bronze d'Emmanuel-Philibert, ornée de

CHAPITRE III.

bas-reliefs également en bronze. Ce chef-d'œuvre de l'art, créé par Marocheti, célèbre sculpteur moderne, né à Paris d'un père Piémontais, représente l'image du vainqueur de Saint-Quentin s'efforçant de retenir l'élan de son cheval au moment où lui-même remet dans son fourreau la vaillante épée de bataille qui vient de lui donner son plus beau triomphe. Des deux bas-reliefs, l'un représente le champ de bataille au moment où le connétable, combattant en désespéré, est reconnu par son vainqueur; l'autre, Emmanuel-Philibert sur les rives de l'Authye, recevant sous sa tente les ambassadeurs qui lui apportent le traité de paix générale conclu et signé le 3 avril 1558 à Cateau-Cambrésis. Quatre figures allégoriques, de treize pieds de hauteur, forment les angles du socle et représentent les principales provinces des États de Philibert-Emmanuel : la Savoie, le val d'Aoste, le Piémont et le comté de Nice.

Les deux inscriptions suivantes servent de sommaire à ce poème de bronze :

EMMANUELI. PHILIBERTO.
CAROLI II. F
ALLOBROGUM. DUCI.
REX CAROLUS. ALBERTUS.
PRIMUS. NEPOTUM
ATAVO. FORTISSIMO

VINDICI. ET STATORI
GENTIS SUÆ.
AN. M.DCCC.XXXVII.

VICTOR AD AUG. VEROMANDUOR
SUBALP. REGIONE
IN VIRTUTIS PRETIUM. RECEPTA
URBEM. INGREDITUR
IURE. VETERIS. PRINCIPATUS
ET. CIVIUM. STUDIO. SUAM
POPULIS. PACEM
REDDITURUS.
XIX CAL. IAN. AN. M.D.L.XI

Ainsi que les principales villes de l'Italie, cet immense et magnifique musée de l'univers, Turin possède des musées dignes d'une grande capitale. Celui de zoologie, créé sous les auspices de Charles-Emmanuel III, se trouve dans l'ancien collége des Nobles, aujourd'hui le palais de l'Académie des sciences, l'un des plus grands et des plus beaux édifices de la cité; la porte d'entrée, peinte dans le style égyptien, est ornée de différentes figures d'animaux. On lit sur un encadrement soutenu par des cercopithèques :

RERUM
NATURALIUM
MUSEUM

La galerie du musée est fort longue, et sa voûte est divisée en plusieurs compartiments; elle renferme de nombreux échantillons des trois règnes de la nature. La partie minéralogique est la plus riche; elle fut confiée, en 1799, par l'Académie au célèbre Borson.

Le musée des antiques est non moins remarquable. On y voit un autel consacré par Memmius à Jupiter adolescent, armé de la haste et du foudre; un autel taurobolique élevé au principe de la génération par Sempronia Eutocia; une belle orgie de bacchantes portant des flambeaux, des masques, des thyrses, des serpents, des couteaux et des fruits; des faunes et des bacchantes couchés et abandonnés à l'ivresse; un autel consacré à Sylvain par Tossasius Symphorus; un autre élevé au même dieu par Varius Tenax; un autel consacré par Julius Marcellinus au Génie du municipe de Suze; deux Tritons posant la main sur un autel couvert de fruits; un Triton et une Néréide; plusieurs pierres milliaires; un homme nu entre deux taureaux qu'il a saisis par leurs cornes; Pholoé soutenant le jeune Achille sur le dos du centaure Chiron; de beaux trophées sur une frise; le fronton d'un tombeau construit dans la forme d'un temple; un sanglier mort; un cippe où l'on voit d'un côté Vénus ayant près d'elle un monstre marin, et au revers du groupe Hercule arrachant un pin pour s'en faire une massue; deux lions en marbre déchirant leur proie; la tombe de Quintus Minutius Faber; des inscriptions romaines et grecques, etc.

Le musée égyptien est, sans contredit, le plus riche et le plus beau de ce genre qui existe en Europe; c'est le roi Charles-Félix qui en a fait la précieuse acquisition en 1823 des mains du Piémontais Drovetti, alors consul de la France auprès du viceroi d'Égypte. On y voit les statues des anciens Pharaons, beaucoup sont colossales et tout d'une pièce; un grand nombre de statues de dieux, de déesses et d'animaux sacrés; une riche série d'instruments propres à l'exercice du culte; deux autels de granit noir; des tables de libation, également en granit; des vases sacrés de tout genre et de divers métaux; plus de deux mille scarabées, symboles vénérés des Égyptiens; plusieurs cassettes en bois de formes différentes, trouvées dans les tombeaux et contenant des idoles, des inscriptions, des titres, des noms et des légendes hiéroglyphiques; des sarcophages renfermant des momies, la plupart intactes; des caisses renfermant les corps momifiés de plusieurs animaux vénérés, tels que chats, ibis, éperviers, poissons et reptiles; une riche collection de papyrus, dont plus de deux cents parfaitement conservés rappellent les trois époques : celle de la domination perse, celle de Ptolémée et la domination romaine; des écrits tracés sur parchemins, toiles, bois, pierres calcaires et terres cuites; des fragments d'une table chronologique contenant une longue liste des anciens rois, avec la date et la durée de leur règne; enfin différents objets propres à l'usage de la vie commune, tels que toiles de lin et de coton, draps, chaussures de cuir et de maroquin; des vases de cuivre, d'albâtre, de terre cuite; instruments et ustensiles de toutes sortes.

Ce musée, unique au monde, serait à Paris si de mesquins conseillers de la couronne de France n'avaient détourné la Restauration d'en faire l'acquisition, qu'on lui avait offerte : c'est une faute à jamais déplorable.

L'Académie royale de Turin doit son institution à quelques savants qui se réunirent en 1759 chez le comte de Saluces pour publier des mémoires; d'autres personnages fort érudits s'adjoignirent à cette réunion, que Victor-Amédée III honora du titre d'*Académie royale des sciences*. Plus tard, Napoléon, maître de l'Italie, donna à ce corps illustre une organisation à peu près semblable à celle de l'Institut de France; l'Académie royale des sciences la perdit pour reprendre son ancien titre à l'époque de la restauration piémontaise. Outre l'Académie royale, Turin possède une Académie royale militaire, une Société royale d'agriculture et une Académie royale des beaux-arts.

Cet aperçu rapide de la ville de Turin, fait à vol

d'oiseau, prouve que les souverains du Piémont n'ont rien négligé pour donner à leur capitale une magnificence vraiment royale. Rome ne serait pas au-dessus de Turin, si elle n'avait la couleur vraiment antique qui manque à cette ville, ses temples, son Colisée, les sublimes constructions de Bramante, de Michel-Ange et de Raphaël; ses arcs de triomphe où les conquérants du monde faisaient passer leur char, leurs vaillantes armées et les rois esclaves; son Forum, son Capitole, ses ruines de bronze et de marbre, etc., etc.... Auprès de ses nombreux musées, de ses monuments religieux, de ses édifices d'utilité publique, Turin possède de fort beaux théâtres. Le Théâtre-Royal, construit en 1740 sur les dessins du comte Alfieri, est un des plus vastes qu'il y ait en Italie; la Scala de Milan et le San-Carlo de Naples peuvent seuls rivaliser avec lui en grandeur et en magnificence. Le Proscénium se présente admirablement, soutenu par deux grandes colonnes corinthiennes surmontées d'une corniche sans frise et d'autres ornements supportés par des cariatides. Six rangs de vingt-six loges règnent autour de la salle, au centre de laquelle la loge du roi mesure dix mètres de largeur; chaque rang est orné de petites statues en gaîne et dorées, qui produisent l'effet de cariatides. La salle peut contenir deux mille cinq cents spectateurs; chiffre énorme pour la disposition du théâtre, presque partout converti

CHAPITRE III.

en loges. Le fond de la scène, qui a trente-cinq mètres de profondeur, s'ouvre sur une cour de plain-pied, destinée au tir des feux d'artifice et à l'introduction des chevaux et des chars; enfin, on n'a rien négligé pour la magnificence du spectacle, la beauté des effets et le charme de l'illusion. Le Théâtre-Royal s'ouvre à la Noël et se ferme le mercredi des Cendres.

Le théâtre de Carignan vient en seconde ligne; la façade en est noble, simple et ornée d'un portique soutenu par des colonnes; sa décoration coquette sied infiniment à la toilette des femmes. Ouvert la plus grande partie de l'année, il contient treize cents spectateurs.

Le théâtre d'Angennes, qui peut contenir onze cents personnes, est délicieusement découpé à l'intérieur et présente une élégante simplicité à l'extérieur.

Le théâtre Sutera, brûlé dans la nuit du 21 février 1828, a été immédiatement relevé sur un plan plus riche et plus vaste, qui donne accès à sept cents spectateurs.

Outre une salle diurne, un cirque, il y a un théâtre de marionnettes toujours plein de spectateurs pour applaudir les spirituelles facéties de *Gianduia*, *premier sujet* de la troupe.

Ainsi que celles de toutes les villes de l'Italie, les salles de spectacle sont ordinairement fort mal éclairées; les antichambres des bonnes maisons de Paris sont plus resplendissantes. Cette rareté de luminaire tient à deux causes : 1° à la coquetterie des femmes, dont la piquante beauté ressort davantage dans l'ombre; 2° à leur paresse, qui leur permet de se présenter en public sans trop grands frais de toilette. Cependant, les jours de représentations extraordinaires, la scène change, le théâtre s'illumine, selon l'expression consacrée, à *giorno*, et les loges se garnissent de jeunes et belles femmes splendidement parées et se transforment en parterres de diamants et de fleurs.

La longueur du spectacle et la monotonie du répertoire convertissent les salles italiennes en salons de rendez-vous où l'on se réunit le soir pour parler affaires, pour s'informer des nouvelles du jour ou former des projets pour le lendemain; les théâtres sont aux indigènes ce que la galerie du Palais-Royal à Paris est aux provinciaux. On assiste aux représentations ordinaires avec une complète indifférence; personne n'écoute, chacun se tient renfermé dans sa loge, jusqu'au moment où quelque brillant prélude annonce un grand air, écueil ou triomphe du premier chanteur ou de la *prima donna*. Si le triomphe est constaté, si le succès a couronné les efforts de l'heureux artiste, le public enivré témoigne par des effets autrement significatifs que les applaudissements de nos lions parisiens gantés de jaune, son enthousiasme vraiment italique. Nous avons entendu rappeler jusqu'à dix-sept fois de suite un artiste; nous en avons vu un autre, Fanny Essler, marcher littéralement dans les fleurs, où son petit pied chaussé de satin s'enfonçait jusqu'à la cheville; nous l'avons vue, entre deux pirouettes et dans un tonnerre d'applaudissements, saluer cent quatre-vingt-quinze fois ses admirateurs. On rapporte un mot charmant de cette célèbre artiste, un mot qui prouve bien l'engouement dont elle était l'objet. A l'époque de sa première apparition à Rome, le souverain pontife régnant alors sur le siége de Saint-Pierre, surpris ou mécontent de la moisson d'or qu'elle récoltait chaque soir sur la scène du théâtre Argentine, s'écria : « Cette femme » gagne plus que six de mes cardinaux! — A qui » la faute, dit Fanny Essler en apprenant la bou- » tade du pape, Sa Sainteté devrait les faire » danser. »

Le théâtre joue un grand rôle dans les mœurs des habitants de Turin. Les Italiens ont dès longtemps reconnu l'influence prodigieuse qu'il peut avoir sur les arts et la littérature. En effet, le théâtre bien dirigé, dépouillé de toutes les ignobles excentricités dont nous l'avons affublé en France, le théâtre est une école où peuvent se former, mieux que partout ailleurs, les poètes, les écrivains et les orateurs. Louvois disait que les tragédies de Corneille de-

6.

vaient être jugées par un parterre composé de ministres et d'hommes d'État, et il appuyait cette proposition en prétendant que l'homme d'État assistant à une bonne tragédie apprenait à démêler la politique et les intérêts des empires, les ressorts qui font mouvoir les cabinets, les moyens et les passions qui peuvent sauver ou perdre les empires. « Une tragédie bien conduite, disait-il, est un » cours public de diplomatie. »

Terminons cette description rapide de Turin par une visite à la citadelle située à l'orient de la ville. Fondée en 1564 par Emmanuel-Philibert, elle forme un polygone régulier, flanqué d'importants ouvrages. Cette forteresse, exécutée par le célèbre ingénieur François Pacciotti, natif d'Urbin, lui valut une si grande réputation que Philippe II, roi d'Espagne, le fit demander au duc de Savoie et lui confia les travaux de la citadelle d'Anvers, construite à peu près sur le même plan. L'une des particularités les plus remarquables de la forteresse de Turin, c'est un puits dont les deux escaliers tournants ont une pente si facile et si douce que les chevaux pourraient descendre par l'un d'eux, s'abreuver et remonter par l'autre. Les ravages du temps l'ont considérablement détérioré.

Les environs de Turin sont délicieux; la chaîne de hauteurs qui s'élèvent derrière le fleuve forme une ravissante colline couverte de bois, coupée de vallées agrestes et parsemée de villas où les heureux de Turin viennent se réfugier, dans les plus grands mois de l'année, contre les chaleurs de l'été. C'est au pied de cette colline que les disciples de saint François ont fixé leur contemplative demeure.

De l'église des Capucins, qui est fort belle, on descend par un escalier jusqu'à un petit sentier qui conduit au château nommé la Vigne-de-la-Reine; cette villa princière n'a de remarquable que les jardins dessinés en amphithéâtre et ornés de fontaines. Le prince Maurice fit construire ce casino pour l'offrir à sa femme le jour de sa fête.

Une grande avenue, la plus belle promenade de la ville, conduit au Valentin, vaste château qui a pris son nom d'une fête bizarre célébrée tous les ans le jour de la fête de saint Valentin. Ce jour-là, les seigneurs et les dames de la cour se rendaient en grand gala à ce château, où les attendait un bal suivi d'un somptueux festin. Chaque cavalier avait le privilége de tutoyer sa dame, chaque dame prenait celui d'appeler *son Valentin* le cavalier qui la servait, et il était expressément défendu aux maris de servir leurs femmes.

Les anciens souverains du Piémont avaient plus de palais, plus de châteaux, plus de villas qu'aucun roi de l'Europe. La villégiature de *Mille fiori* (mille fleurs), chère au duc Emmanuel-Philibert, a été détruite à la fin du siècle dernier. Aujourd'hui la nicotiane remplace les brillantes fleurs dont l'abondance et la variété avaient fait donner à ce lieu le nom charmant qu'il porte encore. L'odeur nauséabonde du tabac a dissipé les suaves émanations des lis et des roses. Un peu plus loin encore, à six kilomètres de la ville, l'étranger admire Stupinigi, petit château que le duc Charles-Emmanuel fit construire à grands frais par Juvara, pour en faire un rendez-vous de chasse : la façade est bizarre ; le toit qui la couvre est couronné par la figure d'un cerf colossal en bronze ; la cour est entourée d'une balustrade dont les pilastres portent des trophées de chasse, habilement exécutés par le Bernero et Collini. Le grand salon qui donne sur la cour est composé de tribunes saillantes et de rentrées dont l'assemblage singulier présente un aspect extraordinaire.

Stupinigi possède une ménagerie d'animaux rares parmi lesquels se trouvent le superbe éléphant africain que le vice-roi d'Égypte a envoyé à Charles-Félix ; un lion de grande et forte race ; la plus belle et la plus grande autruche qui ait fait le voyage de l'Europe, etc., etc..... Les jardins n'ont rien d'extraordinaire ; ils conduisent à une belle forêt abondamment pourvue de cerfs, de daims, de faons et de toute espèce de gibier. Napoléon, traversant le Piémont pour aller essayer la couronne d'Italie, s'arrêta quelques jours à Stupinigi, dont il fut émerveillé. Un contemporain, un vieillard piémontais, nous a raconté à ce sujet l'anecdote suivante fort peu connue :

Un soir le grand capitaine, assis sur un tronc d'arbre renversé dans la forêt, rêvait, le front dans ses deux mains. Un de ses officiers, s'approchant, lui dit : A quoi songez-vous donc, sire ? — Je pensais à cet arbre, répondit Napoléon, à ce chêne qui s'élevait hier majestueux au-dessus des autres arbres de la forêt, et qu'un coup de vent, le souffle de Dieu, un coup de hache, la volonté d'un homme, a renversé aujourd'hui.

— Eh bien, après, sire ?...

— Après ? Ne voyez-vous pas que rien n'est vrai ici-bas, rien que ce Dieu à qui j'ai rendu ses temples, ses autels et ses ministres ? ne voyez-vous pas que la gloire humaine n'est qu'un mot qui ne signifie plus rien quand il résonne sur une tombe comme ce chêne a fait en tombant sur ce sol ? Dans la balance de l'éternité l'éclat de mon épée de consul et d'empereur ne fera pas plus de bruit que le bourdonnement de l'insecte qui vole autour de nous. Voilà quel était le sujet de ma pensée... Puis, après un moment de silence que l'officier n'osa interrompre, il ajouta : Un jour peut-être je reviendrai ici pour finir comme a fini Charles-Quint... En attendant, allons voir à Milan comment le diadème de l'Italie siéra à mon front. Le lendemain il partit pour la capitale de la Lombardie, mais il ne revint plus à

Stupinigi, le doigt de Dieu l'attendait sur le rocher désert de Sainte-Hélène, où, comme Charles-Quint, il mourut en chrétien, calme et résigné.

La Vénerie, qui se trouve également à fort peu de distance de la capitale du Piémont, était le plus beau château des rois de Sardaigne. Emmanuel II l'a fait construire d'après les dessins du comte de Castellamonte; plus tard Juvara et Alfieri y firent d'importantes et heureuses additions par ordre du roi Charles. La route qui conduit à cette royale demeure est plantée de mûriers blancs sur un espace de cinq kilomètres. L'intérieur était orné de tableaux représentant des chasses agréablement peintes par Jean Miel; ces toiles ont été déchirées par les baïonnettes françaises. Pourquoi donc la gloire militaire marche-t-elle toujours accompagnée des images de la destruction? Les jardins, habilement plantés, sont vastes; le parc destiné aux chasses est bien ouvert; l'orangerie est grande et fort belle. Cette ingénieuse inscription se lit sur la porte :

> Qui dell'orrido vento entro i frigori
> Flora conserva intotti e verdi i fiori.

A moitié chemin de Turin à la Vénerie, on trouve l'église de la *Madonna delle Campagne*, qui renferme le tombeau du brave maréchal Marsin, tué, ainsi que nous l'avons dit, sous les murs de Turin. A genoux sur le marbre tumulaire, nous avons lu avec émotion cette épitaphe :

CHAPITRE III.

FERDINANDO DE MARSIN
FRANCIÆ MARESCALCHO
SUPREMI GALLIÆ ORDINIS EQUITIS TORQUATO
VALENCIARUM GUBERNATORI
QUO IN LOCO
VII SEPTEMBRIS ANNO DOMINI MDCCVI
INTER SUORUM CLADEM ET FUGAM
VICTORIAM EXERCITUM VITAM AMISIT
ETERNUM IN HOC TUMULO
MONUMENTUM.

Au sommet de la montagne qui domine Turin, on aperçoit de toutes parts une église qui se détache en blanc sur le fond bleu de ciel du Piémont. Cette église, c'est la Superga, c'est l'accomplissement du vœu de Victor-Amédée. Commencé seulement en 1715, cet édifice ne fut terminé que seize années plus tard. Ce n'est point par un simple effet du hasard que la Superga s'est élevée sur la plus haute crête des collines qui bordent le Pô; le pieux fondateur, mesurant l'espace à la grandeur de sa reconnaissance, a voulu rapprocher du ciel la croix qu'il avait invoquée aux jours du danger, et qui avait sauvé sa capitale assiégée par une nombreuse et vaillante armée française.

La façade de ce monument est imposante. Elle présente sur la porte d'entrée cette inscription :

VIRGINI GENITRICI
VICTOR AMEDEUS SARDINIÆ REX
BELLO GALLICO VOVIT
PULSIS HOSTIBUS EXTRUXIT DEDICAVITQUE.

La coupole s'élève majestueusement derrière le fronton. Un portique carré, soutenu par huit colonnes d'ordre corinthien, forme le péristyle. Une lanterne, qui ressemble beaucoup à celle de l'Hôtel-des-Invalides de Paris, surmonte le dôme d'une ordonnance de seize colonnes composites. Ces colonnes, d'un beau marbre rougeâtre, sont torses jusqu'au tiers de leur hauteur; le corps de l'église s'élève sur un plan circulaire autour duquel sont distribués les autels; le principal, placé hors du cercle, en face du vestibule, et les deux latéraux sont ornés de grands bas-reliefs de marbre. Le pavé est arrangé, avec beaucoup d'élégance, en petits compartiments de marbre de différentes couleurs; la sépulture des rois se trouve dans les chapelles souterraines. A la droite de l'autel qui décore la chambre principale, s'élance une pyramide sur laquelle plane un Génie militaire tenant d'une main un portrait royal et de l'autre une trompette; c'est là que repose en paix la dépouille mortelle de Victor-Amédée II.

Les autres tombeaux n'offrent rien d'extraordinaire. Les rois ont voulu utiliser la congrégation des prêtres qui desservent la Superga. Elle est composée de douze chanoines choisis parmi les ecclésiastiques les plus exemplaires et les plus instruits : leur principale occupation est de préparer des sujets d'élite pour le sanctuaire.

L'aspect dont on jouit de la terrasse de la Superga est prodigieusement beau. De la lanterne de l'édifice la vue se porte, à gauche, jusqu'à la chaîne du mont Viso, d'où l'on voit le Pô dessiner son lit à travers les riches plaines du Piémont et de la Lombardie. Le regard se repose sur le pic de Rochemelon et sur les hauteurs neigeuses du mont Cenis, d'où s'échappe la *Doria Riparia*. En suivant le cours de la Dora Baltea on découvre le mont Rosa et le grand Saint-Bernard, à droite on aperçoit de vastes plaines semées de villes et de hameaux. Le cicerone qui nous accompagnait dans cette excursion, mon ami Alphonse Bonafous et moi, était un vieux brave dont le sang patriotique avait plus d'une fois coulé de ses veines pour la défense du pays ; il nous montrait avec fierté l'immense panorama qui se déroulait à nos pieds. Comme je m'étonnais de la richesse de la végétation, le vieux soldat nous dit avec animation : « Oui, ces terres sont belles et fertiles ; elles le sont parce qu'elles ont été ensemencées bien souvent par la gloire avec les ossements des ennemis de la patrie. »

Avant de reprendre le cours des événements, jetons un dernier regard sur Turin. La douceur paternelle du gouvernement qui préside à ses destinées, la bonté de ses souverains, l'esprit national qui anime tous les cœurs piémontais, joint à l'intelligence et à l'esprit qui caractérisent les Piémontais, ont fait fleurir dans cette ville les sciences, les lettres et les arts. Nous ne connaissons pas en Italie une province qui ait compté plus de célébrités en tout genre.

Il nous suffit de citer en première ligne le grand Alfieri, l'illustre géomètre Lagrange, le comte de Saluces, Michelotti, le docte physicien Beccaria, Allioni, savant botaniste; l'illustre chimiste Giobert, le commandeur Papacino d'Antoni, l'un des plus habiles officiers d'artillerie dont le comte Prosper Balbe a consacré la gloire; Pingone, le sage Gerdil, Bertholet, dont s'enorgueillit le collége des provinces; Charles Botta, le Tacite italien, dont un des fils a déterré l'antique Ninive; Albert Notta, l'écrivain qui a le plus illustré la scène italienne depuis Goldoni; Buniva, qui a transplanté le premier en Piémont la découverte de Jenner, et à qui les mères reconnaissantes ont érigé au Campo-Santo un monument funèbre dont elles voulurent seules faire les frais; Bonelli, laborieux entomologiste; Denina, bibliothécaire de Napoléon Bonaparte, et l'auteur des *Révolutions d'Italie;* Rolando, anatomiste et physiologiste tout à la fois; l'architecte Alfieri, dont tant de monuments légitiment la réputation; Juvara, qui a gravé son nom à tant d'édifices remarquables;

Pregliasco, dont le nom doit survivre aux travaux fugitifs qui l'occupèrent, etc., etc.

Terminons cette riche nomenclature d'illustres morts dont les noms vivront toujours, et passons à celle des contemporains qui ne sont pas moins célèbres, quoique leur gloire n'ait pas encore été consacrée par la tombe. Citons toujours en première ligne Plana, astronome et géomètre, l'une des gloires de l'Ecole Polytechnique ; le chevalier Avogadro, géomètre et physicien ; le chevalier Giulio, géomètre, économiste, et avant tout homme de bien; Mancobrea, officier de génie et du génie tout à la fois ; Albert de la Marmora, qui nous a initiés à tous les trésors de l'histoire naturelle de l'île de Sardaigne ; le professeur Cantu, dont les travaux sur l'iode lui assignent un rang élevé parmi les chimistes modernes ; M. Sobrero, disciple de Liebig et de lui-même ; MM. Abbene, Borsarelli, qui l'un et l'autre pratiquent les bonnes doctrines, etc. Le professeur Sismonda, directeur du musée de minéralogie, fondé par l'abbé Borson ; le docteur Morise, l'ingénieux auteur de la *Flore de Sardaigne*, dont le monde botanique attend avec impatience le dernier volume ; le jurisconsulte Colla, qui fait marcher de pair Flore et Thémis, et fait germer de ses propres mains les graines américaines que l'infortuné Bertero lui a envoyées la veille de son naufrage : à sa plume érudite, Técophila, sa fille, associe son gracieux pinceau ; Gallo, anatomiste et chirurgien ; Bellingeri, médecin-physiologiste ; Berutti, médecin renommé ; Bertini, l'un des premiers fondateurs de l'Académie royale de médecine, et l'auteur de l'*Hydrographie minérale des États-Sardes ;* Bonino, à qui l'on doit, entre autres travaux intéressants, une *Biographie médicale du Piémont ;* l'abbé Baruffi, qui consacre sa fortune à d'utiles voyages en des contrées lointaines, où il fait toujours chérir les noms de son roi et de sa patrie ; le comte Pettiti, économiste distingué que l'Institut de France vient de s'approprier, l'ami de son pays et l'ennemi de la loterie, qui s'éteint de jour en jour par l'extinction même des employés que le roi Charles-Albert ne veut point remplacer ; Mathieu Bonafous, membre correspondant de l'Institut de France, l'historien du maïs, dont les travaux agricoles ont rendu le nom cher à l'Italie et à la France, sa première patrie ; le comte Balbo, dont la marche progressive des événements réalise de jour en jour les espérances ; Cibrario, historien véridique, dont le nom est européen, ainsi que le succès de ses œuvres variées et consciencieuses ; les deux Cavour, l'un voué à l'étude de la philosophie religieuse, et l'autre entièrement adonné à l'économie politique et agricole ; le marquis d'Azeglio, qui marche à la tête de la presse politique ; Valerio, l'homme de cœur qui a soutenu pendant bien des années un journal hebdomadaire que la jeunesse piémontaise regrette chaque jour, Valerio, l'homme de conviction, qui rédige à cette heure un journal quotidien, dont le titre seul (*la Concordia*) ferait le salut de l'Italie, s'il était assez médité. Brofferio, au cœur incoercible, qui mêle spirituellement les choses sérieuses aux choses futiles, Brofferio, le Béranger des bords de l'Eridan : ses chansons, dans le dialecte piémontais, sont appelées à vivre plus longtemps que ce dialecte lui-même ; le comte Sclopis, écrivain et magistrat progressif ; le comte Avet, digne ministre de la justice, compatriote de Favre, et principal artisan des réformes judiciaires ; le chevalier Promis, bibliothécaire du roi, archéologue d'élite et profondément érudit ; le chevalier Muletti, peintre de fleurs, amant de Flore et de Bellone ; Bertolutti, poète classique, auteur de *Salvatore;* Romani, poète lyrique et le premier critique de l'italie ; Gioberti, dont le talent et le nom électriques remplissent l'Italie entière ; l'abbé Gazzera, l'indépendant et savant bibliophile ; Saüli, auteur et parleur spirituel ; Silvio Pellico, dont le nom populaire, tracé sur la pierre de ses prisons, est à jamais écrit dans l'histoire par la résignation et la confiance en Dieu.

Nous devons mentionner dans la série des artistes le professeur Biscarra, peintre d'histoire et directeur de l'Académie royale des beaux-arts ; Palaggi, tout à la fois peintre, sculpteur et architecte. Gonin, peintre spirituel et infatigable ; Louis Vacca, habile décorateur, dont les douze lustres n'arrêtent pas encore la vigueur de son pinceau; Serangeli, élève de David : plusieurs de ses œuvres ornent les galeries de Versailles; Righini, les deux Storelli, père et fils, artistes d'élite que la France a dérobés à l'Italie; le baron Gamba, paysagiste distingué, formé aux écoles d'Allemagne et de France; le comte de Benevelli, dont le génie fougueux aborde tous les genres avec un succès égal : la Société des amis des arts lui doit sa création et son installation dans sa propre demeure; le jeune Félix Rassat, le dernier élève de Redouté, à qui ce grand maître a légué sa palette : ce jeune artiste la conserve religieusement comme une précieuse relique; madame Sevesi, dont les miniatures font l'orgueil et la consolation de sa vieillesse; la comtesse Borghèse Masino qui cultive, protége et encourage la peinture classique; Palmiéri, fils du célèbre dessinateur de ce nom, et lui-même dessinateur et graveur habile.

On compte au premier rang des amateurs distingués le marquis Spinola, grand-chambellan de Charles-Albert; le comte d'Arache, possesseur d'une riche galerie qu'il a formée lui-même avec autant d'éclat qu'il met de mystère à voiler ses bienfaits; le marquis Massimo d'Azeglio, peintre et écrivain remarquable tout à la fois. Le chevalier César de Saluces est le Mécène de toutes les illustrations vivantes : les sciences, les lettres et les arts lui sont redevables des plus nobles encouragements : sa douceur et son urbanité de parfait gentilhomme facilitent à tous les genres de mérite les moyens et l'action de se produire. Le chevalier de Saluces peut être regardé comme l'expression vivace de la pensée de Charles-Albert, ce royal protecteur des lettres et des arts, qui doit être considéré lui-même comme le François Ier de ses États.

Ainsi qu'on le voit, les lettres et les sciences sont cultivées à Turin avec une ardeur remarquable. L'étranger qui traverse cette élégante ville aime à voir la vivacité d'imagination, l'entraînement qui caractérisent ses habitants. Une des causes principales qui contribuent à perpétuer le goût des lettres, c'est que l'enseignement n'est pas, comme ailleurs, abandonné par privilége à une seule classe de la société. L'Université compte parmi ses professeurs des hommes titrés et distingués par la noblesse de leur naissance autant que par leurs talents.

Une égalité parfaite, harmonisée par une estime réciproque, existe entre tous les professeurs, unis entre eux par l'accord d'un mérite apprécié et reconnu. A leur point de vue, la première noblesse est celle du génie.

Les habitants de Turin diffèrent sous beaucoup de rapports de ceux qui peuplent les grandes villes des autres provinces de l'Italie. Considérée de tout temps comme la nation la plus spirituelle de la Péninsule, la nation piémontaise reflète admirablement les bonnes traditions d'une noblesse nombreuse, et surtout celles d'une cour renommée à toutes les époques pour sa magnificence et sa dignité essentiellement royales. Les allures mesquines et bourgeoises des pouvoirs issus des révolutions n'ont point encore passé leur niveau sur les règles d'une étiquette qui, rejaillissant sur la société, contribuent à perpétuer dans son sein le code du bon goût, de la politesse et de l'urbanité.

Turin n'a pas, comme Paris, des salons périodiquement ouverts, où le talent, l'esprit, la fashion et la beauté se donnent rendez-vous à soirée fixe; le cercle intime existe seul à Turin; cependant les étrangers qui ont acquis un nom dans les arts, les lettres et les sciences, sont assurés toujours de trouver un parfait accueil chez la marquise de Saint-Thomas, la comtesse Masin de Valperga, la comtesse Scolpis... Revenons à Charles-Albert.

CHAPITRE IV.

Situation difficile. — Réformes et améliorations. — Avocat des pauvres. — Magnifiques institutions. — Burlesque sermon du vendredi saint. — Organisation militaire. — Différentes armes. — Mode d'avancement. — Ordres chevaleresques. — Réglement de vie de Charles-Albert. — La reine. — Visite à son oratoire. — Une fleur d'immortelle dérobée à sa couronne. — Expiation.

Tandis que le convoi funèbre de Charles-Félix se dirige lentement dans la riche plaine du Piémont, et gravit en silence les hauteurs du mont Cenis pour se rendre au palais de marbre qui l'attend à sa royale abbaye de Hautecombe, le prince de Carignan, devenu le roi Charles-Albert, monte les marches du trône et saisit d'une main la couronne, de l'autre le sceptre qui lui reviennent par le droit de la légitimité. Les temps alors étaient difficiles et alarmants : un de ses voisins couronnés venait de laisser tomber son diadème dans les barricades de sa capitale insurgée ; le plus beau trône de l'univers avait été brisé sous les pavés de la populace parisienne, mue, dirigée par une main occulte, mystérieuse, qui sait? La main de Dieu peut-être! La chute du trône avait remué le monde jusque dans ses entrailles. L'Europe, surprise, inquiète devant ces trois jours de juillet, ce Waterloo de la Restauration, combat sanglant où, seule de la Sainte-Alliance, l'Angleterre avait joué son rôle accoutumé, l'Europe, alarmée devant cette émeute triomphante qui semblait tout remettre en question, s'agite et s'émeut; elle compte ses bataillons; elle mesure les cadres de ses vieilles phalanges; elle parcourt du regard la route qui, deux fois, l'a conduite sous les murs de Paris; et au bruit sourd des armes, du Rhin au Danube, du Danube à la Newa, ce long cri se fait entendre : *Royautés, garde à vous!* De leur côté, semblables au cratère de leurs volcans lorsqu'ils se préparent à répandre leurs laves, les peuples de l'Italie bouillonnaient à la surface de cette révolution inouïe, unique dans les annales des nations; les yeux tournés vers la France, ils rêvaient indépendance et liberté, alors que, sur un autre point du globe, une autre nation rêvait en même temps secours et protection!... Que fit Charles-Albert, si difficilement placé entre l'Autriche armée de toute pièce, entre la France révolutionnée et révolutionnaire; que fit le nouveau roi du Piémont? Il dit à son peuple : « Enfants, j'espère en vous; croyez » en moi! » Et, rassurant sa royale épée dans sa main, il attendit. Fort de son droit, de ses intentions, de l'amour et de la confiance de ses sujets, assuré de se maintenir au dedans et de se faire respecter au dehors, il répare le passé, assure le présent et prépare l'avenir. Digne continuateur de l'œuvre de Charles-Félix, qui avait mis tous ses soins à favoriser les spéculations maritimes et la navigation en fondant une flotte importante, relative à l'étendue et aux ressources de la monarchie, Charles-Albert communique à Gênes l'incroyable activité que lui imprimait jadis son gouvernement oligarchique, et rend à son commerce l'éclat dont il brillait aux beaux jours de la république. Par ses soins habilement protégés, de nouvelles et importantes voies de communication s'ouvrent entre la Toscane, la Lombardie et le Piémont : cette dernière province devient bientôt l'entrepôt général des marchandises destinées à l'exportation.

Sa haute protection s'étend sur toutes choses : la société royale d'agriculture acquiert un nouvel essor ; sous la direction des hommes éminents qui la composent, elle prend de jour en jour plus d'importance, et ce principe de la prospérité publique devient bientôt la source du bien-être général. Des entreprises se forment pour livrer à la production les landes, les bruyères, toutes les parties incultes du royaume ; le desséchement des marais s'organise ; de vastes espaces remplis d'eau, recouverts d'une herbe inutile et malfaisante, se comblent peu à peu ; ces vastes nappes d'eau croupissante, trans-

formées en terre ferme, se couvrent de gras pâturages ; des métairies, des fermes nombreuses s'élèvent de toutes parts, et les fièvres intermittentes qui décimaient la population disparaissent pour toujours.

La culture du mûrier, cet arbre d'or, aliment des trois sources fondamentales de la prospérité publique : l'industrie agricole, manufacturière et commerciale, prend une extension inconnue jusqu'alors. Des encouragements donnés à propos, des médailles d'or décernées aux plus dignes assurent un produit de (année commune) 1,000,190 myriagrammes de soie, représentant une valeur de 42,758,000 francs.

En même temps l'intelligence s'applique à l'amélioration des races bovines, au croisement des bêtes laineuses, au perfectionnement des espèces chevalines. Des prix sont accordés par le roi aux vainqueurs des courses annuelles, auxquelles il ne manque jamais d'assister avec son auguste famille. Les résultats de ce noble patronage deviennent bientôt si satisfaisants, que les chevaux indigènes des haras royaux peuvent rivaliser aujourd'hui avec les chevaux anglais.

Charles-Albert n'oublie pas les sciences, les lettres et les arts ; sa pensée les confond dans le succès du mouvement régénérateur qu'il dirige. Des académies, un grand nombre de sociétés savantes et d'associations utiles répandent à flots dans la patrie commune les bienfaits de leurs lumières, de leur enseignement et de leur méthode. Cette source féconde, qui découle incessamment du cœur du roi, assure, dans son cours paisible et régulier, le crédit public, fils aîné de la confiance; elle favorise les transactions commerciales, elle fertilise la richesse particulière et le revenu de l'État; de toutes parts éclate l'amour du pays, ce sentiment patriotique qui produit les grandes et belles choses. L'ambition humaine, les intérêts particuliers s'effacent devant l'utilité publique; ainsi qu'en France, les citoyens se disputent les places et les emplois, mais non comme en France, ces emplois et ces places sont généralement gratuits. En Piémont l'honneur est chose estimée plus que l'argent! Hélas! aujourd'hui l'argent en France est estimé plus que toute chose. Aussi point de scandales en Piémont, point de ces ignobles tripots qui dégradent et flétrissent le caractère d'une grande nation, point de ces causes judiciaires qui salissent les pages d'une noble histoire, point de ces jugements qui frappent dans les hautes classes, et marquent au front les *illustres* comme la main du bourreau. En Piémont, nobles et peuple, riches et pauvres ne comprennent pas que le prestige de la fortune ait assez d'or pour pouvoir journellement mettre à prix une conscience, et qu'il y ait des consciences assez perverses pour se vendre et se prostituer au déshonneur : la considération publique, l'estime générale et leur propre estime, voilà quels sont à Turin les premiers honoraires ambitionnés par les hommes en place.

Ainsi, pendant qu'une noble émulation s'établit entre tous les pouvoirs et leurs administrés, le gouvernement poursuivant son grand œuvre, Charles-Albert fonde une exposition des produits de l'industrie et de l'agriculture nationales, et crée un grand nombre de médailles d'encouragement. L'histoire des provinces de la monarchie occupe également la sollicitude royale et devient l'objet d'une laborieuse investigation. Son Excellence de Pralormo propose au roi la création d'une commission chargée de diriger le travail d'une publication générale des matériaux et documents inédits sur l'histoire générale du royaume, et le roi, l'approuvant, institue aussitôt une commission historique nommée *Deputazione sopra gli studj di storia patria*. L'illustre et savant Prosper, comte Balbo, vice-président du conseil d'État, est nommé président de cette commission historique, qui entre immédiatement en fonctions.

Charles-Albert étend pareillement sa bienveillante protection sur l'histoire de la religion, étudiée dans ses monuments antiques; il provoque dans les diocèses de ses évêques la fondation des chaires d'archéologie chrétienne; en même temps il forme une junte d'antiquités et lui confie la conservation des monuments militaires, civils et religieux, souvenirs glorieux de la patrie. Il établit entre la France et les autres États de l'Europe le commerce d'un échange artistique, et le comité historique de Turin se met aussitôt en rapport avec le comité historique de Paris.

L'instruction publique, qui doit resserrer les liens de la famille et de la société, préparer en même temps des hommes forts, de généreux citoyens à la patrie, ne pouvait pas échapper à son attention. Du haut de sa sagesse, Charles-Albert, pensant avec raison que les principes de l'enseignement devaient seuls prémunir la fougue de la jeunesse contre les prestiges qui charment les débuts de la carrière humaine, s'appliqua à lui donner une impulsion religieuse. Dans ce sens, il prescrivit de nouveaux règlements pour les études.

Son esprit correct et droit, s'attachant aux classes inférieures, qui forment la base des États, organisa dans les siens la corporation des frères des écoles chrétiennes, cette institution populaire qui a pris ses premières racines en France. Depuis, ces protecteurs-nés de l'enfance, simples et modestes au fond du cœur comme l'habit qu'ils portent, ces bons frères accompagnent dans leur vie pénible les fils du peuple qu'ils instruisent et rendent meilleurs tout à la fois.

Donnons quelques rapides détails sur cette utile société, que la philosophie haineuse des disciples de Voltaire cherche vainement à ridiculiser. C'est à la fin du dix-septième siècle que l'abbé de Lasalle, chanoine de l'église de Reims, appelant à son aide un certain nombre de jeunes gens, ouvrit aux enfants du peuple des écoles gratuites. Comme la méthode appliquée dans ce temps à l'instruction ne permettait pas d'instruire simultanément un grand nombre d'élèves, il inventa le mode adopté depuis par un grand nombre d'instituteurs. L'école de l'abbé de Lasalle, entravée dès son origine, fit bientôt d'énormes progrès, malgré les obstacles et peut-être par les obstacles mêmes qui lui furent suscités. Ses disciples inondèrent les campagnes, et lui-même, parcourant les villes et les campagnes à l'exemple des premiers apôtres, instruisit les enfants des pauvres. Il mourut en 1719 avec la consolation d'avoir été utile à son pays, à la religion, et avec le titre de fondateur de l'instruction primaire en France. En 1725, Benoît XIII approuva les règles de cet institut, et la même année Louis XV lui accorda ses lettres patentes d'ordre religieux. La tourmente révolutionnaire l'emporta avec les autres corporations; mais Napoléon, la rappelant plus tard par un décret impérial signé le 17 mars 1808, lui accorda des fonds pour créer plusieurs maisons de noviciat. Depuis lors l'école des frères a pris des proportions immenses.

Aux frères des écoles chrétiennes, Charles-Albert joint l'institution des écoles universitaires, la création d'une chaire d'anatomie comparée, la fondation d'une école de gravure et de sculpture ; il donne un cabinet de médailles et de monnaies antiques à l'archéologie, chemin direct qui remonte à la chronologie et à l'histoire. Il ranime le sentiment de la peinture, il érige et dote magnifiquement des chaires de perspective et d'iconologie religieuse et mythologique. Il fait plus encore : il se dépouille lui-même ; il détache de son palais les magnifiques chefs-d'œuvre qu'on admire aujourd'hui au palais Madame et en forme la magnifique galerie de tableaux qui passe à juste titre pour l'une des plus belles de l'Italie. Ces chefs-d'œuvre de la peinture, originaux signés des noms des plus grands maîtres de Rome et de Florence, avaient été recueillis par les ducs et les rois ses prédécesseurs ; par un acte d'admirable abnégation, Charles-Albert en a doté sa capitale. Les artistes et les visiteurs étrangers peuvent les étudier et les admirer chaque jour.

Si nous portons nos regards vers une autre sphère, nous y découvrons une nouvelle série de bienfaits. Le paupérisme, ce ver rongeur de l'Angleterre, ce fléau de l'Italie, menaçait d'étendre ses immenses réseaux dans les plaines du Piémont, où mieux que partout ailleurs il pouvait abriter ses vices et sa paresse : Charles-Albert appelle à lui les hommes de bien pour concerter avec eux les moyens les plus propres à soulager, si elle est incurable, cette lèpre morale. Le marquis de Cavour se met à la tête de cette philanthropique association. Son zèle, sa sollicitude, son dévouement à toute épreuve, encouragés, protégés par l'influence royale, parviennent à créer un dépôt de mendicité, où grand nombre de pauvres infirmes reçoivent les secours que réclament leur condition malheureuse et leurs souffrances. La noblesse, la magistrature, la bourgeoisie, le clergé, le peuple s'unissent avec empressement à cette œuvre de charité chrétienne; des secours abondants arrivent de toutes parts, et d'autres dépôts sont aussitôt organisés dans les principales villes du royaume.

Charles-Albert, dont toutes les actions sont modelées sur les préceptes de celui qui a dit : *Laissez venir à moi les petits enfants*, a recueilli sous le toit doré de son palais, dans un très-vaste espace converti en salle d'asile, un grand nombre d'enfants pauvres arrachés à la misère et à la débauche. C'est là que le sourire du roi remplace le sourire de la mère et prend sous son auguste protection d'infortunées créatures nées en un jour de faute ou de malheur.

Le commerce devient aussi l'objet constant de sa bienveillance. De nombreux prêts à 4 pour 100 sont accordés sur les deniers de l'État aux manufactures, aux fabriques, aux maisons de commerce qui peuvent en avoir besoin dans un moment de détresse. En même temps le roi fonde une caisse d'épargnes pour les ouvriers; il assure aux auteurs les fruits de leur propriété littéraire. Comprenant que la multiplicité des communications est un élément de prospérité, il ouvre des routes, il construit des ponts et relie entre elles les branches éparses de ses provinces.

Convaincu que la mémoire des princes législateurs vit plus longtemps dans le cœur des peuples que le souvenir des rois conquérants, Charles-Albert s'empresse de réformer l'amas confus de lois hétérogènes qui régissaient le pays, pour grouper en un seul faisceau la législation nouvelle qu'il élève à un degré de perfection jusqu'alors inconnu dans ses États. Le 1ᵉʳ janvier 1838, il donne pour étrennes à ses sujets reconnaissants le code *Charles-Albert*, modelé en partie sur le code Napoléon.

Ce commencement de nouveau système législatif est bientôt suivi d'un code criminel mis en vigueur le 15 janvier 1840, d'après ce juste et naturel axiome de l'Évangile : *Que chacun soit rétribué suivant ses œuvres*. Mais une institution que Charles-Albert caresse de ses prédilections et pour laquelle il professe même un culte de vénération, c'est l'institution de l'*Avocat des pauvres*. Nos lecteurs nous sauront gré de mettre sous leurs yeux quelques détails de cette création, la plus belle et la plus libérale de toutes les créations de la terre.

Rien n'est plus simple que le mécanisme de l'institution. L'organisation judiciaire du Piémont est en quelque sorte, et sauf des exceptions dont l'expérience locale a nécessité l'opportunité, réglée sur celle de la France. Des sénats, tribunaux souverains, remplacent les cours royales et sont appelés comme elles à connaître souverainement des affaires criminelles et à décider en dernier ressort les affaires civiles dont l'importance est jugée grave. Sur un plan secondaire viennent les tribunaux de judicature-mage, et après eux les tribunaux de mandement, représentant, avec des attributions identiques, nos tribunaux civils et nos tribunaux de paix. C'est auprès de chacune de ces magistratures qu'est placée d'une manière égale, uniforme, la défense gratuite des indigents. Pour éviter sans doute les encouragements que cet immense privilége pourrait donner à l'esprit processif, le législateur a décidé que la défense gratuite ne serait accordée qu'aux individus reconnus véritablement indigents et parties d'une cause présentant par sa moralité des chances à peu près assurées de succès.

Le bureau des *pauvres* existe près de chaque sénat, dont il fait partie intégrante. Ce bureau est appelé à remplir les fonctions d'une nature pareille à celles que les lois françaises accordent aux conseils des pauvres. L'avocat des pauvres, magistrat d'un rang élevé, jouissant du titre et des prérogatives de sénateur, se trouve placé à la tête du bureau. C'est en lui que se concentre, pour ainsi dire, toute l'institution; car c'est lui qui accepte ou refuse l'admissibilité au procès, et c'est encore lui qui est chargé de plaider les moyens de la défense. Il est assisté dans ses fonctions par un certain nombre de substituts, jeunes avocats qui se préparent et se forment, sous sa direction, à devenir plus tard membres du parquet du sénat. Pour compléter leur stage, les avocats sont tenus, sans aucune exception, de fournir pendant une année leur collaboration gratuite au bureau des indigents. Le procureur des pauvres, chargé lui aussi de fonctions importantes, vient immédiatement après l'avocat des pauvres. C'est par lui ou par ses substituts que se font gratuitement les différents actes de la procédure. C'est encore à lui, mais sous la direction de l'avocat, que la loi confie le détail des affaires et la poursuite régulière des causes intentées au nom des indigents devant toutes les juridictions du ressort du sénat.

Ainsi que l'avocat des pauvres, le procureur des indigents est fonctionnaire public et il doit consacrer tout son temps à l'accomplissement consciencieux de ses attributions. A l'organisation de ce bureau appartient le soin de centraliser toutes les affaires dans l'étendue de la juridiction du sénat. L'indigent doit préalablement obtenir l'avis favorable de l'avocat des pauvres et l'autorisation d'user du bénéfice de la loi, quel que soit le tribunal appelé plus tard à statuer sur son procès. Ces formalités une fois remplies, l'affaire s'engage gratuitement en son nom jusqu'au jour du jugement définitif.

La première démarche du plaidant est de s'adresser d'abord au procureur pour lui soumettre ses premières explications; mais, avant toutes choses, il doit fournir le brevet qui constate son indigence. Ce certificat, délivré par le syndic de la commune, sur l'attestation par serment de deux citoyens notables, est l'objet d'une sérieuse attention. On peut réclamer au besoin des attestations; enfin on ne néglige aucune précaution pour empêcher la fraude de surprendre la foi du magistrat.

A l'aide des pièces que lui a remises l'indigent ou qui lui ont été envoyées par le président du tribunal, si le consultant ne réside pas dans la ville où siége le sénat, le procureur rédige une requête afin d'être admis à plaider. A la communication de cette requête adressée à l'avocat des pauvres, ce magistrat examine à son tour la validité de la demande et s'entoure de tous les éléments propres à obtenir une décision consciencieuse.

Lorsque l'avocat des pauvres décide que le procès sera soutenu, il renvoie, avec son avis favorable, la requête au président du tribunal et admet immédiatement le solliciteur indigent à user gratuitement du bénéfice de la loi.

Tous les actes de la procédure sont faits par le procureur des pauvres, et la cause plaidée par l'avocat, lorsque le procès s'instruit devant le sénat ou dans la ville qu'il habite.

Lorsqu'au contraire la cause est portée devant les autres tribunaux du ressort, le président, en admettant les débats, commet d'office un des procureurs et un des avocats du siége pour le représenter pendant le procès. Cette mission ne peut être refusée en aucun cas. La loi sarde prescrit à tous les avocats et à tous les officiers ministériels le serment de fidélité au roi et celui de servir gratuitement la cause des indigents. L'infraction à ce dernier constituerait un cas disciplinaire des plus graves.

L'avocat des pauvres conserve un droit de haute direction sur tous les procès intentés au nom des indigents, dans toute l'étendue de son ressort. Il a le pouvoir de les plaider lui-même, hors du lieu de sa résidence, s'il juge son intervention utile à la cause du client.

Tous les actes de la procédure sont faits sur un papier spécial et visé pour timbre : ce papier est remis, chaque année, par l'administration de l'enregistrement, au procureur des pauvres. C'est lui qui plus tard doit rendre compte de l'emploi qu'il en a fait, et qui a mission d'en fournir la quantité nécessaire aux procureurs chargés de le représenter dans les tribunaux autres que ceux de sa résidence.

Aussitôt qu'un indigent est admis au bénéfice des pauvres, l'enregistrement doit recevoir l'ordonnance du magistrat. A partir de ce premier acte un compte spécial est ouvert à chaque indigent nominativement, et chacun des actes de la procédure revêtu du numéro de l'affaire est enregistré au débet.

Les actes du ministère des huissiers sont faits gratuitement par chacun de ces officiers, commis alternativement dans ce but par le procureur des pauvres. Le coût de l'acte est porté en débet par l'huissier. La même formalité est remplie pour les actes du ministère du procureur et pour ceux des avocats; car dans les pays sardes il existe certains actes de procédure qui sont spécialement confiés aux membres du barreau.

Aucune taxe n'est accordée aux témoins, sauf à ce qu'ils soient remboursés plus tard, suivant l'issue du procès.

Les frais avancés pour les indigents restent au compte du trésor lorsque leurs procès sont perdus. Aucun émolument n'est alloué aux avocats, aux procureurs et aux huissiers, qui doivent donner gratuitement tout leur temps aux procès des pauvres.

La charge qui leur est imposée se borne là, puisque tous les déboursés, tous les frais prévus ou imprévus sont faits par le trésor.

Lorsque l'indigent gagne son procès, et c'est ce qui arrive ordinairement, les frais sont liquidés par les soins du procureur des pauvres, comptable obligé dans ces sortes d'affaires.

L'avocat, le procureur, l'huissier reçoivent les émoluments fixés par la décision souveraine du président du tribunal chargé du procès. La partie perdante est condamnée à payer les droits d'enregistrement et le coût du papier visé pour timbre.

Enfin, et chose admirable, prévue dans l'intérêt du pauvre! la piété de la loi veut que les procès des indigents soient toujours considérés comme affaires urgentes. Cependant, si, malgré l'intention de cette loi, la solution d'une cause se faisait trop longtemps attendre, une simple réclamation de l'avocat des pauvres suffirait pour que l'affaire fût immédiatement appelée, et le jour du jugement définitif irrévocablement fixé.

A ces attributions si hautes de l'avocat et du procureur des pauvres en matière civile, viennent s'en joindre d'autres, non moins importantes en matière criminelle. L'avocat des pauvres a le rang de sénateur, et il reçoit un traitement de 3,700 francs; les substituts ne touchent que 1,400 fr.

Le bureau des pauvres est spécialement chargé de la défense des indigents devant les tribunaux criminels. Toutes les procédures lui sont communiquées; les plaidoyers se font par un de ses membres, à moins que l'indigent n'ait eu la volonté de désigner un autre avocat; et dans ce cas-là même,

8.

par une conséquence de la sublimité de ses fonctions, l'avocat des pauvres conserve le droit de suppléer à ce que la défense de l'indigent aurait laissé de vicieux ou d'incomplet.

Telle est cette magistrature spéciale, cette législature miséricordieuse, qui se rapproche des institutions divines, qui sont tout amour et tout charité. Créée sous le duc de Savoie Amédée VIII, elle protégeait, depuis 1430, avec un zèle généreux, les droits du faible contre le puissant, lorsque la révolution française, franchissant les Alpes et portant au bout de son épée le flambeau de la civilisation, s'abattit comme un aigle sur les riches plaines du Piémont. Eh bien! le croirait-on ? cette révolution française, qui luttait corps à corps avec l'aristocratie, détruisit au nom de la liberté cette magnifique et libérale institution. Elle brisa sous le même pied, du même coup, les droits du riche et les droits du pauvre. Elle fut plus qu'injuste, elle renversa les derniers échelons de la société qu'elle voulait élever au niveau des plus grands.

N'importe, les droits du peuple sont impérissables lorsqu'ils ont passé par la main de Dieu. La république *éternelle* disparut un jour dans le pli pourpré d'un manteau de César. Ce César, après avoir échappé au poignard de Brutus, disparut à son tour dans le creux d'un rocher battu par les flots de l'océan ; le maître autrefois chassé de son palais, au delà des monts, reprit la route de son royal foyer, et le pauvre autrefois dépouillé de son plus beau privilége, de sa seule égalité devant les hommes, reconquit son bénéfice. L'avocat des pauvres, anéanti par la république, venait de ressusciter dans la monarchie.

L'avocat des pauvres se trouve aux portes de la France, en un pas l'indigent français du Pont-de-Beauvoisin peut frapper à la sienne, mais elle ne lui sera point ouverte ; il est Français, et en France il n'y a d'avocats des pauvres que pour les réprouvés qui ont volé sur les grands chemins ou assassiné dans les grandes villes. C'est beau, sans doute, c'est miséricordieux ; mais pourquoi cette loi, si favorable aux grands coupables qui n'ont pas un écu pour se choisir un défenseur, le serait-elle moins pour les honnêtes gens qui n'ont pas davantage pour défendre leur patrimoine, leur chaumière, leur champ menacés par un envahisseur ? Cela serait si facile cependant, et cela coûterait si peu ! Il suffirait de donner à l'avocat qui serait jugé digne de cette sublime fonction le titre et le rang d'avocat-général, ce qui constituerait une place d'avocat-général de plus dans chacune de nos vingt-sept cours royales. On pourrait facilement encore constituer d'une manière plus complète le bureau des pauvres à la cour de Paris ; la fonction de substitut de l'avocat des pauvres serait un noviciat judiciaire. Aucun émolument ne serait alloué à cette charge. Quant aux frais des avoués, ils se monteraient à fort peu de chose, surtout si les pertes des procès subissaient la proportion de ceux des États sardes. Durant ces dernières années, jamais le nombre des procès de cette nature, perdus dans le ressort du sénat de Savoie, n'a dépassé une moyenne de trois pour cent.

L'Afrique, cette glorieuse succursale de la France, jouit en quelque sorte des bienfaits de cette institution. Le maréchal Bugeaud a créé à Alger un avocat des pauvres, chargé spécialement de soutenir les intérêts des Arabes pauvres. Pourquoi la métropole ne jouirait-elle pas du même bénéfice ?... Pourquoi les pauvres n'auraient-ils pas un avocat pour plaider leur cause ? Le gouvernement serait bon juge s'il me faisait gagner la mienne.

L'administration de la justice civile et militaire devait aussi fixer l'attention du roi législateur, en attendant de plus importantes réformes. Charles-Albert accorde à la bourgeoisie un code de procédure civile avec la publicité des débats judiciaires; il s'efforce surtout d'abréger les lenteurs incroyables d'une procédure interminable et spirituellement caractérisée par un célèbre prédicateur Savoisien. La scène se passe à Chambéry; c'était un jour de vendredi-saint : le prêtre racontait du haut de la chaire sacrée les douleurs de la Passion du Sauveur des hommes; il disait « comment, traduit devant ses

» juges iniques, il fut condamné avant que les pro-
» cureurs-généraux de ce temps-là aient eu le temps
» d'instruire son procès. » L'auditoire, composé des
autorités de la ville et du sénat en corps, écoutait
religieusement les mouvements pathétiques de l'orateur, qui s'écria tout à coup : « Malheur à Jésus-
» Christ, mes très-chers frères, d'avoir eu pour
» condamnateurs des juges autant expéditifs! Si les
» juifs l'avaient traduit devant le sénat de Chambéry......, il ne serait point mort sur la croix, son
» procès ne serait point terminé, et il vivrait encore. »

De Villamarina, alors ministre de la guerre, et
vieux soldat de la grande armée napoléonienne, rédige, d'après l'inspiration royale, un code militaire
dont la texture offre la preuve que, dans un ministère fortement et nationalement constitué, il n'est
aucune partie, même accessoire, qui ne concoure
puissamment à former un ensemble parfait.

Au milieu de ce mouvement progressif, développé
avec bonheur et succès dans le royaume de Sardaigne, depuis l'avénement du prince de Carignan, le
roi Charles-Albert, essentiellement guerrier, devait
apporter tous ses soins à l'organisation militaire de
ses États; il n'a rien négligé pour donner à l'armée
tout le relief dont un peuple brave et naturellement
soldat pouvait être susceptible.

On le sait, dans les fastes militaires d'un pays,
ce sont les troupes qui résument en elles les moyens

d'action, et qui constituent la force des princes et des peuples intérieurement liés entre eux par des droits et des devoirs réciproques.

A ce point de vue, les troupes piémontaises ont été de tout temps fortes et puissantes ; de tout temps l'infanterie y a été renommée par sa discipline, son sang-froid et son courage. Un homme, qui se connaissait en choses de guerre, disait au commencement de ce siècle : « L'infanterie piémontaise est la première infanterie du monde. » Cet hommage rendu aux fantassins piémontais, par le plus grand capitaine des temps modernes, devrait être gravé en lettres d'or sur la première page de leur histoire.

L'infanterie doit être considérée comme l'âme du corps militaire, comme le levier de ses mouvements armés. Reléguée sur le second plan de la scène à l'époque du moyen âge, alors que les chevaliers, bardés de fer, remplissaient à cheval le premier rôle aux champs de bataille, l'infanterie européenne a retrouvé sous Philippe II, roi d'Espagne, sous Gustave-Adolphe, sous le grand Frédéric, et plus tard sous Napoléon, l'importance que lui avait fait perdre un instant la noblesse chevaleresque. Les peuples de l'antiquité reconnaissaient tellement l'utilité de cette arme, qu'ils en faisaient le centre de leurs opérations ; la cavalerie ne joua qu'un rôle secondaire dans leurs mouvements de guerre : c'est au douzième siècle que l'infanterie italienne acquit une consistance formidable, lors de l'établissement des communes. De nos jours encore, l'infanterie, privée du concours des citoyens titrés par la naissance où la fortune, qui servent de préférence dans les corps d'élite; l'infanterie, composée des enfants du peuple, est devenue l'expression de la puissance nationale.

Ce sont les princes de la maison de Savoie qui les premiers entre les princes italiens ont organisé une infanterie régulière et permanente. A peine la mémorable bataille de Saint-Quentin eut-elle ouvert à Emmanuel-Philibert les chemins de ses États retrouvés à la pointe de son épée, qu'il s'occupa de créer une force armée indépendante des villes et des seigneurs. Cette force, composée presque uniquement de fantassins, obtint de si grands priviléges, que de toutes parts on vint s'enrôler volontairement sous ses bannières.

Charles-Emmanuel Ier, son fils et son successeur, continua l'œuvre militaire interrompue par la mort de son père. Sous son règne, l'infanterie perfectionnée prit une attitude formidable qu'elle possède encore aujourd'hui.

Depuis la restauration de 1814, l'armée piémontaise est divisée en deux catégories, celle d'ordonnance et celle de temporaire. Les soldats de la première catégorie servent sous les drapeaux pendant huit années consécutives ; les hommes de la seconde engagés pour seize ans, ne font qu'une année de service actif. Après cette première année de présence au corps, les temporaires reprennent le chemin de leurs foyers, qu'ils n'abandonnent plus, à moins que des besoins urgents ou la patrie menacée ne réclament leur courage et de leur patriotisme. Ils n'ont jamais failli à cet appel de l'honneur fait au nom du pays. Un jour, c'était en 1840, un bruit sinistre se répandit en Europe; le vent qui venait de l'Orient était à la guerre : l'Angleterre armait ses nombreux vaisseaux; la France passait en revue ses troupes impatientes; la Russie, tranquillement appuyée sur les murailles de fer de ses bataillons, attendait; l'Autriche était prête : Charles-Albert rappela les nombreux temporaires qui devaient reformer les cadres de son armée et les constituer sur le pied de guerre. La plupart de ces braves se trouvaient à l'étranger, où ils avaient porté leur industrie; ils étaient sur le chemin d'une modeste fortune; n'importe : au premier roulement de tambour, ils se remirent en marche, et traversant, les uns les flots de la mer, les autres les vagues neigeuses du Mont-Cenis, ils saluèrent les frontières de leur pays et la vue de leur drapeau par le cri de Vive le roi!

Pendant les huit dernières années, les temporaires font partie de l'armée de réserve. L'excellence du système militaire est telle, qu'avec un budget restreint par le chiffre infime des impôts et six millions de sujets, Charles-Albert a trouvé le moyen, sans nuire à l'agriculture, sans grever son peuple, de lever une armée de cent cinquante mille hommes.

Un système semblable permettrait à la France d'avoir une armée active de neuf cent mille hommes, sans imposer davantage la fortune publique et particulière.

L'élément constitutif de cette admirable organisation, c'est la brigade. La brigade, commandée par un major-général, forme deux régiments; chaque régiment, commandé par un colonel, est composé de trois bataillons actifs et d'un quatrième de dépôt.

L'infanterie piémontaise compte dix brigades :

1re brigade, des Gardes.

2e brigade, de Savoie, 1er et 2e régiments de ligne.

3e brigade, de Piémont, 3e et 4e.

4e brigade, d'Aoste, 5e et 6e.

5e brigade, de Coni, 7e et 8e.

6e brigade, de la Reine, 9e et 10e.

7e brigade, de Casal, 11e et 12e.

8e brigade, de Pignerol, 13e et 14e.

9e brigade, de Savone, 15e et 16e.

10e brigade, d'Acqui, 17e et 18e.

Toutes les nations guerrières ont eu des corps d'élite, moins comme objet de distinction que pour moyen d'émulation. En temps de paix comme en temps de guerre, dans les villes de garnison ainsi que sur les champs de bataille, ces corps doivent servir d'exemple et de modèle : la garde de Napoléon a plus d'une fois forcé la victoire de se ranger sous les aigles de la France. Les princes de la maison de Savoie, estimant que l'utilité de ces troupes d'élite l'emportait sur les inconvénients attachés à leur création, ont formé, en 1659, le régiment des Gardes, en y incorporant tous les braves qui s'étaient distingués durant les longues guerres de la régence de madame Royale, et qui avaient mérité cette faveur en combattant comme des héros sous les ordres des plus vaillants capitaines du temps, tels que les Turenne, les d'Harcourt et les du Plessis-Praslin.

Le régiment des Gardes, qui remplace aujourd'hui la maison du Roi, porte pour uniforme la tunique et le pantalon bleus, les parements rouges, les galons, les ceinturons d'argent et le grand bonnet à poil.

Un régiment de volontaires, organisé en 1639 par don Carlo Umberto, marquis de Mulazzano, gouverneur de Mondovi et fils naturel du duc de Savoie Charles-Emmanuel Ier, fondu en 1660 avec le régiment du Chablais que Charles-Emmanuel avait créé en 1656 : tel est le noyau primitif de l'ancien régiment de Savoie qui forme aujourd'hui le premier et le deuxième de l'infanterie de ligne.

Ainsi que le régiment des Gardes, la brigade de

Savoie a toujours bien mérité de la patrie, qui se rappelle avec orgueil les nombreux services qu'elle en a reçus. Il n'y a pas un champ de combat en Piémont que les fils de la Savoie n'aient arrosé de leur sang. Leur drapeau, qui fut dans tous les temps celui de l'honneur; leur drapeau, toujours droit, haut et debout, ne s'est incliné devant aucune félonie; les balles de l'ennemi ont pu le trouer, mais le dompter jamais. C'est dans ce beau corps que le prince royal, le duc de Savoie, a voulu servir et qu'il a franchi la ligne hiérarchique sous les épaulettes de capitaine, de major, de lieutenant-colonel, de colonel et de général.

La tenue de l'infanterie piémontaise a subi de grandes modifications : telle qu'elle est aujourd'hui, elle peut être considérée comme irréprochable. Les hommes sont vêtus d'une tunique bleue, foncée en couleur, descendant à onze centimètres au-dessous du genou et serrée à la taille par un ceinturon noir auquel est fixé un sabre-poignard ainsi qu'une giberne mobile qui tourne à coulisse par le moyen d'un croc en fer. Deux rangées de boutons blancs parallèles rehaussent ce costume sévère, tout en carrant la poitrine du soldat. Le shako, formant un cône tronqué, relève la taille des hommes, et les protége contre les ardeurs du soleil en ménageant une certaine distance entre la calotte et le crâne. Contrairement à celui de l'infanterie française, le havre-sac est en cuir noir. La capote, qui est d'un gris jaunâtre, ne se roule pas sur l'extrémité supérieure du havre-sac, mais elle se ferme carrément sous le havre-sac même.

Les officiers portent pour marques distinctives d'énormes épaulettes en écailles d'argent massif, garnies de franges à graine d'épinards ou de gros bouillons suivant les grades respectifs. Ils sont armés d'une épée dite à la russe, et fixée par deux bélières à un ceinturon en cuir verni noir. Ce costume, simple et élégant tout à la fois, a résolu le problème longtemps cherché de l'élégance, de la simplicité et de l'économie.

La cavalerie piémontaise fait l'admiration de tous les étrangers par le choix des hommes et des chevaux autant que par l'élégante beauté du costume : son instruction ne laisse rien à désirer. Elle porte une tunique d'un bleu foncé et si courte qu'elle ne dépasse pas la naissance de la cuisse ; cette tunique, qui sied à ravir aux hommes sveltes et élancés, est serrée à la taille par un ceinturon de buffle blanc pour le soldat, et un galon d'argent à raies bleues pour les officiers. Un sabre presque droit, à garniture d'acier, est suspendu à ce ceinturon. Deux rangs de boutons blancs bombés se détachent sur la poitrine et forment deux lignes parallèles. Le pantalon de drap gris est bordé d'une bande aux couleurs du régiment. Les schabraques sont en drap bleu, garnies de larges bandes semblables à la couleur des parements. Un casque à calotte d'acier, surmonté d'un cimier doré, et orné sur le devant au point de jonction des jugulaires d'une brillante croix de Savoie en acier poli, complète cet uniforme, remarquable dans son ensemble et dans ses détails.

Les escadrons d'aile de chaque régiment sont armés de lances pavoisées de flammes bleues. Un gros pistolet d'arçon du nouveau modèle appelé *pistolone*, a remplacé la carabine, trop lourde pour être maniée avantageusement dans une charge.

L'armée piémontaise compte sept régiments de cavalerie :

1° Régiment de Piémont royal.
2°   »   de Savoie.
3°   »   de Nice.
4°   »   de Gênes.
5°   »   de Novarre.
6°   »   d'Aoste.
7°   »   de chevau-légers de Sardaigne.

Mais un des plus beaux corps de l'armée piémontaise, le plus beau peut-être, est celui de l'artillerie, dont la tenue sévère et magnifique ressemblerait beaucoup à celle de l'artillerie française sans les différences tranchées de la couleur.

La tunique bleue de ce corps d'élite est garnie de collets et de parements noirs en velours avec des passe-poils jaunes. Elle est moins longue que

celle de l'infanterie, et moins courte que celle de
la cavalerie. Deux rangées de gros boutons jaunes
bombés s'ouvrent en cuirasse sur la poitrine. Les
artilleurs se servent de la fourragère, et leur sabre
est attaché à un ceinturon en buffle jaune pour la
troupe, et en galon d'or pour les officiers. Le shako
est en feutre noir, garni de la croix de Savoie, et
surmonté d'un panache noir à plumes retombantes.
La tenue de cette arme est, pour les officiers surtout,
d'une richesse et d'une magnificence vraiment sur-
prenantes.

L'artillerie piémontaise se partage en douze batteries de bataille, deux batteries légères et une batterie de montagne. La batterie est de huit pièces,
formant six canons et deux obusiers.

Les troupes du génie, qui en fait d'instruction mé-
ritent le nom qu'elles portent, ont un costume à peu
près semblable à celui de l'infanterie ; elles ne diffèrent pour ainsi dire que par les garnitures.

Ces deux derniers corps se distinguent par leurs
lumières et par leurs travaux. Le génie est commandé par le baron Chiodo, ancien élève de l'École
polytechnique.

L'artillerie a l'honneur d'avoir pour général, directeur du matériel, S. A. R. le duc de Gênes, qui
s'occupe avec un zèle et une ardeur admirables de
toutes les parties de son commandement.

Cette arme savante, trouvant plus que les autres

les moyens de se signaler, produit un grand nombre d'officiers distingués, parmi lesquels nous devons citer en première ligne : le général Sobrero; le capitaine Charles Saint-Martin; le capitaine chevalier Cavalli, commandant des pontonniers, l'auteur d'un système de ponts, cité dernièrement avec éloge par les journaux militaires de la France, et l'inventeur de plusieurs perfectionnements dans la fabrication des bouches à feu ; le lieutenant Dufour, professeur de fortification à l'École d'application, directeur du musée d'artillerie qu'il a organisé, classé de ses propres mains, officier de beaucoup de savoir et d'intelligence ; le lieutenant Magnani Briotti et le capitaine Saint-Robert, tous deux professeurs à l'Académie militaire ; le lieutenant Sauhero ; le major chevalier Alphonse de la Marmora, commandant les batteries légères, et dont la modestie égale la haute capacité, etc., etc.

Un grand luxe de broderies et de dorures, dont le clinquant n'est cependant pas dépourvu de simplicité, caractérise la tenue des états-majors piémontais. Les officiers-généraux portent les aiguillettes au lieu des épaulettes qui sont en France les marques des grades respectifs. Le harnachement de leurs chevaux est magnifique ; il se compose d'une housse écarlate galonnée d'argent et décorée aux coins du chiffre royal surmonté d'une couronne.

La glorieuse croix de Savoie, brodée en argent,

se détache avec éclat sur les chaperons. Enfin toutes les garnitures sont en argent, sauf celles des généraux qui appartiennent à des armes spéciales.

L'uniforme des officiers de l'état-major général est la tunique de cavalerie avec les collets et les parements bleus brodés en or. Leurs boutons sont jaunes et leur ceinturon est un large galon d'or à raies bleues. Ils ont pour coiffure un chapeau surmonté d'un panache bleu à plumes retombantes ; ils sont armés d'un sabre garni en acier sans garde.

Le corps royal de l'état-major général s'enorgueillit d'avoir pour chef un brave qui a fait son apprentissage d'homme de guerre aux côtés de l'empereur Napoléon. M. Annibal de Saluces est digne d'être à la tête de ce corps dont les fonctions se bornent en temps de paix à celles d'ingénieurs topographes, et qui travaille en ce moment à une carte détaillée du Piémont.

Dans un but d'utilité que l'armée a parfaitement compris, Charles-Albert vient de décider que, pour arriver aux grades supérieurs, les officiers d'état-major devront servir dans l'infanterie et dans la cavalerie pendant deux années, au bout desquelles ils pourront être rappelés dans leur arme respective, d'après les décisions toutefois du conseil de promotion ; cette mesure aura le double but de compléter l'instruction pratique de ces jeunes officiers, l'élite de la noblesse des États sardes, et de niveler l'énorme distance que les préjugés ont élevée entre eux et leurs frères des autres armes. L'épaulette aussi bien que l'intelligence ennoblissent ; toute poitrine alors devient égale devant le boulet de l'ennemi.

Parmi les officiers les plus distingués de cette arme, on remarque en première ligne le comte Franzini, général-major; le colonel Porrino ; les lieutenants Borson, Avet, etc., etc...

Le corps des Bersaglieres, que la France a copié le jour où elle a créé ses bataillons de chasseurs de Vincennes, porte un uniforme qui se rapproche beaucoup de celui de l'infanterie. Il ne diffère d'une manière sensible que par le chapeau, qui est en cuir verni à larges rebords et à calotte sphérique. Un plumet vert en plumes de coq pour les officiers, et en plumes d'autruche pour les soldats, flotte au-dessus de cette singulière et originale coiffure. Les soldats sont armés de carabines, et ils se servent d'un cornet à poudre en guise de giberne. C'est le corps des Bersaglieres qui a inauguré la tunique adoptée par l'armée en 1836.

Ce corps ne forme qu'un seul bataillon, composé de quatre compagnies, dont l'instruction est portée à un tel point que chacune d'elles pourrait servir de noyau à la formation d'un nouveau bataillon.

Il serait difficile de trouver des tirailleurs plus rapides, plus adroits et plus intelligents. D'un coup d'œil sûr, ils ne manquent presque jamais le but qu'ils désirent atteindre. Le colonel Alexandre de la Marmora, officier des plus distingués, est le colonel commandant de ce corps d'élite.

Les régiments d'infanterie de ligne sont numérotés aux boutons et aux plaques du shako; ils sont en outre différenciés par la couleur des parements et des collets. Les régiments de cavalerie n'ont point de numéro; mais ils se distinguent, comme les régiments de l'infanterie, par la couleur des collets et des parements.

Les couleurs qu'on a choisies dans l'armée pour distinguer les régiments sont : l'écarlate, le cramoisi, le blanc, le jaune, et le velours noir.

Comme toutes les nations belliqueuses, le Piémont a son Académie d'armes, son École militaire, savante pépinière où la patrie recrute annuellement ses jeunes officiers. Elle contient deux cents élèves, qui passent là cinq années pour les armes communes, et six ans pour les armes spéciales. Les postulants y entrent de 14 à 16 ans, après avoir préalablement subi des examens qui se répètent chaque année, et dont la sévérité est telle, qu'il suffit d'échouer deux années consécutives pour être immédiatement rayé des contrôles.

Les sujets voués aux armes spéciales suivent le même cours d'études, jusqu'au moment de leur sortie avec le grade de lieutenant. De l'Académie militaire ils passent à l'École d'application, où ils prennent possession de leur spécialité.

Jusqu'à ce jour l'avancement de l'armée était entièrement dévolu à l'ancienneté; mais le comte de Broglia, le nouveau ministre, vient de faire paraître un règlement qui institue des conseils de promotion dans les corps et les divisions, de sorte que l'on pourra dorénavant proposer les officiers à l'avancement. D'après ce nouveau système, l'ancienneté conserve encore une grande part dans les promotions, pas assez cependant pour empêcher le mérite reconnu de parvenir et de recevoir ainsi la récompense dont il est digne. La proportion est d'un quart pour les places de capitaine et d'une moitié pour celles de major.

Les officiers reconnus incapables, soit par leur conduite, soit par leur ineptie, de prétendre au bénéfice de cette nouvelle loi, sont de droit exclus de tout avancement, soit par rang d'ancienneté, soit par la voie des promotions laissées au choix.

Les conseils de promotion, composés des officiers supérieurs de chaque corps pour les places de capitaine et de major, des officiers supérieurs de la division pour les emplois de colonel, ont donc entre leurs mains le sort de tous les officiers de l'armée. Puissent-ils comprendre la dignité de leurs fonctions, et ne jamais se laisser guider par des motifs étrangers à celui du service militaire! Les promotions de major à colonel sont dévolues au mérite; celles de colonel à général sont accordées dans une proportion d'un quart pour le mérite.

Telle est la composition de l'armée piémontaise, que les hommes de l'art ont placée au premier rang. Instruite, brave, d'un courage et d'un dévouement à toute épreuve, elle est appelée à jouer un grand rôle le jour où son roi, tirant son épée du fourreau, s'écriera : « A moi, les forts et les vaillants! » Ce jour n'est pas éloigné peut-être, car le dernier mot n'a pas encore été dit en Europe... Attendons.

Dans toutes les nations organisées, les princes guerriers ou législateurs ont, de tout temps, créé des ordres chevaleresques pour récompenser royalement les différents genres de mérite et les services qui concourent à la gloire et à l'utilité du pays. Huit mois après son avénement au trône, Charles-Albert institua l'ordre royal civil, qu'il a doté d'une pension à deux degrés, et qu'il accorde spécialement aux hommes remarquables dans les sciences, dans les lettres et dans les arts.

Huit années après il créa une médaille d'honneur à l'effigie de saint Maurice, espèce de croix de Saint-Louis, qu'on ne peut obtenir qu'après cinquante années de services militaires.

Outre ces deux ordres de récente date, les États

sardes en possèdent trois autres non moins honorables, quoique infiniment plus anciens :

L'ordre de l'Annonciade ;

L'ordre militaire de Saint-Maurice et de Saint-Lazare ;

L'ordre royal et militaire de Savoie.

Mais le plus important de tous est celui de l'Annonciade, représenté par un collier ou lacs d'amour, fondé en 1362 par Amé VI, que la couleur de ses armes avait fait surnommer le Comte Vert. L'origine de cet ordre rappelle une anecdote non moins galante que celle du fameux ordre de la Jarretière en Angleterre. Les historiens du temps assurent qu'une des plus jolies dames ayant tressé pour Amé VI un bracelet de ses propres cheveux, le comte de Savoie voulut en consacrer le souvenir par cette brillante institution.

Dans ces temps chevaleresques, l'amour pur était, ainsi que la religion, un des principes de cet ordre d'idées, de cette élévation de sentiments qui faisaient la base de la chevalerie.

Le mot F.E.R.T. quatre fois répété dans les lacs du collier, est encore enveloppé d'un sens inconnu, mystérieux. Quelques auteurs l'ont expliqué par ce mot de guerre : Frappez, entrez, rompez tout.

En 1518, le duc Charles III donna à cet ordre de nouveaux statuts, et lui enleva le cachet de son origine profane en lui imprimant un caractère religieux. Il ajouta quinze roses alternativement blanches et rouges aux quinze lacs du collier, et lui donna pour pendant un médaillon qui contient la représentation de l'Annonciation.

Cet ordre n'est invariablement composé que de quinze chevaliers, en comptant le roi et les princes.

Le second ordre est celui de Saint-Maurice, dont les chevaliers portent une croix tréflée suspendue à un ruban vert. Créé par Amédée VIII, il a été réuni à celui de Saint-Lazare par Emmanuel-Philibert. L'ordre royal militaire de Savoie a été institué, le 15 août 1815, par Victor-Emmanuel. Hâtons-nous d'arriver à quelques détails sur l'existence intime de Charles-Albert, sur son caractère, sur ses habitudes.

La vie simple et modeste du roi est de la plus excessive régularité; les heures de ses jours, toutes marquées par des bienfaits et le soin des affaires, se partagent entre le travail et la prière. Bon, affable, indulgent pour tous, il n'est austère que pour lui-même. Tous les matins levé avant l'heure où le soleil se lève lui-même, il commence sa journée par implorer, au sacrifice de la messe auquel il assiste régulièrement, la protection du roi du ciel de qui relèvent tous les princes de la terre; il lui demande, avec la ferveur et la piété de notre saint Louis, les grâces dont plus que jamais ont besoin aujourd'hui ces augustes martyrs enchaînés au trône, et portant au front la couronne d'or parsemée d'épines. Il le conjure d'éloigner loin de son peuple les vents qui soufflent à travers l'Europe en travail, les mauvaises passions, les rêves impies des utopistes, le mépris des saintes croyances, les miasmes pestilentiels de l'athéisme, sombre nuage rempli de tempêtes.

Après avoir entendu la messe, Charles-Albert travaille quelques heures dans son cabinet en attendant le déjeuner, qui consiste invariablement, pour lui, en un morceau de pain et un verre d'eau glacée. Après ce repas frugal et plus que monastique, il expédie les affaires courantes et travaille avec ses ministres.

Au milieu de la journée il descend dans ses jardins, qu'il parcourt à cheval, lorsque le temps le lui permet. Si le caractère de ce pieux monarque n'excluait toute idée de passion, on dirait qu'il a celle du cheval : le cheval est le seul plaisir qu'il affectionne; il passe pour le premier cavalier de son royaume. Après cet exercice salutaire, il rentre au palais et travaille jusqu'à l'heure du dîner, repas modeste, plus modeste peut-être que celui de ses plus pauvres sujets. Une soupe, un morceau de bœuf, du vin très-ordinaire, et rarement autre chose, voilà la carte invariable de sa royale table.

Il ne faut cependant pas croire que ce régime soit le régime de ceux qui l'entourent ; non, car, nous l'avons dit, Charles-Albert n'a de sévérité que pour lui-même. Sa maison, admirablement tenue, offre pour les autres toutes les exigences du comfort. Les meilleurs vins du monde remplissent les celliers de son palais, et son maître-d'hôtel est l'une des célébrités culinaires de Paris.

A neuf heures du soir, le roi se recueille en lui-même, il termine la journée comme il l'a commencée, dans la prière, et il se couche en paix, car chaque soir il peut se dire comme l'empereur romain : Ma journée n'est pas perdue. C'est régulièrement l'heure de son coucher; son lit est un vrai lit de camp, garni d'un simple matelas, dont ne voudrait pas sans doute le dernier de ses valets de pied.

Ce règlement subit à certaines époques de l'année quelques modifications, pendant le carême surtout. Alors la piété du roi s'impose de nouvelles et plus dures privations; elle exagérerait peut-être la pensée religieuse qui a fait de ces quarante jours un long sacrifice en mémoire du divin Rédempteur, si le souverain pontife et ses médecins ne l'avaient pour ainsi dire obligé d'arrêter son zèle et de modérer son sacrifice.

Charles-Albert a su acquérir une immense popularité, sans déroger cependant à cette noble grandeur que doit conserver toujours la majesté royale. Sa physionomie, froide et sévère même, porte cependant l'empreinte d'une grande bienveillance. Son sourire, ordinairement caché par d'énormes moustaches, révèle une grande douceur quand il se laisse voir; la bonté de son cœur, exprimée par l'harmonie de son geste, se reflète admirablement dans la franchise et la loyauté de son regard. Son ineffable piété, dégagée de toute idée mesquine, grande comme la religion qui la lui inspire, rehausse les vertus du roi. Une sage économie, loin d'entraver sa libéralité, lui donne au contraire un courant plus facile. Juste, prudent et ferme dans le conseil, il est doux et compatissant pour toutes les infortunes qui viennent frapper à sa porte. Une des premières salles de son palais est la salle d'audience : là, dans l'embrasure d'une croisée, Charles-Albert, ainsi que notre saint Louis autrefois à l'ombre du chêne de Vincennes, Charles-Albert reçoit trois fois par semaine, de deux à six heures, le plus infime de ses sujets comme le plus haut et le plus puissant de ses dignitaires; là, sans garde à ses côtés pour le protéger ou le défendre, tout oreilles pour entendre les secrets du malheur et du désespoir, il ouvre incessamment son cœur et accorde ses royales consolations à ceux qui viennent à lui l'âme ulcérée et les yeux mouillés de pleurs; là, toutes les distinctions du rang ou de la naissance s'effacent, tout le monde devient égal devant cette bonté souveraine qui se manifeste ouvertement à tous. Ce n'est pas comme en d'autres États, où les maréchaux, les pairs de France, les députés, les lieutenants-généraux, les officiers supérieurs, les préfets, les maires, les commissaires de police ont des droits de priorité et passent avant le malheur qui souffre, avant l'intelligence, avant le génie qui demande à donner un rayon de plus au soleil de la patrie; non, il n'en est pas ainsi dans le palais de Charles-Albert, où tout le monde peut se présenter sans lettre d'audience, ce palais cent fois plus accessible que l'antichambre du plus petit et du plus inepte de nos chefs de bureau; non, les heures de l'attente, les heures si tristes et si longues de la sollicitation, ne dépendent pas du caprice d'un huissier ou d'un valet intéressé : tous passent à leur tour devant cette légalité souveraine du palais royal de Turin : le clerc avant l'abbé, l'abbé avant l'évêque, le lieutenant avant le capitaine, le capitaine avant le colonel, le colonel avant le général, l'ouvrier avant le maître, le roturier avant le noble, la main rude et calleuse avant le gant jaune, le sabot avant la botte vernie, et la blouse de serge bleue avant l'habit habillé.

Certes, voilà une grande, une belle, une magnifique et sublime chose, Sire! vous n'êtes pas seulement le roi de vos sujets, vous en êtes le père; trois fois par semaine vous dépouillez votre front auguste de la couronne royale, pour devenir peuple et vous confondre avec les douleurs et les besoins du peuple; vous comprenez dignement la royauté, Sire, vous l'élevez à la sainteté de l'apostolat; vous la réhabilitez non-seulement aux yeux de Dieu, mais encore aux yeux des hommes. C'est bien...

c'est beau... c'est vraiment royal... Vous êtes un grand roi, Sire!

Tous les mercredis de chaque semaine, Turin se réveille au bruit sourd et cadencé du pas des bataillons qui se rendent, tambour et musique en tête, sur le champ des manœuvres situé aux portes de la ville. Alors, et tandis que les escadrons et les batteries se dirigent du même côté pour se mettre en ligne et prendre leur rang de bataille, Charles-Albert, entouré d'un nombreux et brillant état-major, sort de sa royale demeure; bientôt le canon se fait entendre, les trompettes, les tambours battent aux champs, les troupes présentent les armes, le monarque-soldat apparaît au front de son armée.

C'est là que par les plus affreux temps, aussi bien par le soleil qui brûle que par la pluie et la neige qui glacent, Charles-Albert, réunissant les trois armes, les initie en temps de paix à tous les secrets de la guerre.

Dans ces exercices, les chefs et les soldats passent successivement en revue les différents ordres de bataille qu'une division peut prendre devant l'ennemi, soit qu'il se présente sur le pied de l'attaque, ou qu'il se tienne sur celui de la défense. Ils étudient les ordres de marche et dispositions que les troupes de toutes armes prennent, soit dans les lignes, soit dans les colonnes; ils opèrent toutes les évolutions, tous les mouvements qui peuvent avoir lieu sur un champ de bataille. L'emploi des trois armes est rigoureusement étudié selon la nature de chacune relativement à la disposition du terrain ou aux hypothèses diverses qui peuvent se présenter en campagne.

L'action s'engage, le canon gronde sur toute la ligne, l'infanterie s'ébranle, la cavalerie couvre la plaine de ses escadrons ; appuyé par le feu des batteries, le corps d'attaque avance en échelons par sa droite, et lance sa réserve sur la gauche adverse, et ses escadrons de gauche contre l'aile opposée. Les charges de cavalerie contre cavalerie, de cavalerie contre infanterie, d'infanterie contre artillerie, se succèdent et se précipitent sans interruption pendant plusieurs heures, jusqu'à ce que le feu du canon s'éteigne et que le roulement du tambour marque la fin des hostilités simulées. Alors les troupes reprennent leurs positions primitives, régiment par régiment, elles reforment leurs lignes et défilent par divisions devant le roi, qui, bientôt après, toujours escorté de son resplendissant état-major, reprend au galop le chemin de son palais.

Voilà la peinture fidèle de la vie de Charles-Albert comme homme et comme roi : magnifique tableau, admirablement encadré par les plus belles qualités et les plus excellentes vertus de la plus belle des âmes.

D'un autre côté, la reine forme le pendant de ce

tableau dessiné par la main de Dieu. Ainsi que son royal époux, reine par la naissance et sainte par la pratique constante des vertus chrétiennes, Thérèse Benedicte est un modèle achevé de grâces et de perfections; noble et digne comme une princesse de la maison d'Autriche, elle tient beaucoup à l'étiquette. La cour de Turin lui doit en partie l'éclat qu'elle a conservé. Qui donne aux pauvres prête à Dieu..., Dieu lui rendra beaucoup, car Dieu seul connaît toutes les souffrances qu'elle soulage, tous les malheurs qu'elle répare, tous les chagrins qu'elle console, tous les désespoirs auxquels son efficacité rend l'espérance.

Son excessive libéralité se répand sur les églises, sur les maisons de bienfaisance, sur les institutions pieuses; elle accorde son patronage et sa protection à un grand nombre de maisons d'éducation, telles que le Sacré-Cœur, la Providence, etc., etc... Dans ces maisons, elle entretient secrètement plusieurs jeunes filles qui lui devront plus tard les bienfaits de leur éducation.

Un jour je visitais le palais qu'elle remplit et parfume de ses vertus; après avoir longuement admiré toutes les merveilles de ce délicieux séjour, et reposé mon cœur et mes yeux partout où je croyais voir l'empreinte de son regard et de son cœur, je fixais mon attention sur le tout petit oratoire où chaque jour elle se recueille, pieuse reine, loin des grandeurs de la royauté, loin des bruits et des plaisirs de la cour, pour rêver aux splendeurs de cette autre royauté que Dieu promet à ses élus. Je remarquai avant toutes choses son modeste prie-dieu, précieux souvenir sur lequel une reine, une sainte comme elle s'était agenouillée. Il y avait là, aux pieds d'un crucifix d'ivoire, une couronne d'immortelles, et auprès de la couronne et du crucifix deux bougies presque entièrement consumées; la reine et la sainte avait dû s'oublier en priant la veille. Je ne pus m'empêcher alors de porter ma lèvre aux pieds du crucifix d'ivoire, et ma main sur la couronne dont je détachai aussitôt une fleur.

— Que faites-vous donc, monsieur ? s'écria le cicerone qui m'accompagnait.

— Vous le voyez bien, lui répondis-je ; je cueille une fleur d'immortelle.

— Y pensez-vous, monsieur? si la reine le savait......

— Elle le saura bientôt peut-être; rassurez-vous.

— Qui le lui dira ?

— Moi-même.

— Alors c'est votre affaire, répliqua le cicerone de fort mauvaise humeur, et il ajouta : — Voici l'heure de fermer les appartements royaux ; partons.

Je rentrai à mon hôtel, et mon cœur ému inspirant ma plume, j'écrivis aussitôt ces quelques lignes que je vous offre, madame, en échange de la fleur que je vous ai prise, et vous suppliant de m'accorder indulgence et pardon.

A LA REINE THÉRÈSE BENEDICTE.

Le jour semblait douteux, et les lueurs éteintes
　　Des flambeaux consumés
Indiquaient à mes yeux les célestes étreintes
　　Que les cœurs enflammés
D'un amour tout divin éprouvent sur la terre,
Quand l'ange du Seigneur voltige autour de nous
Pour emporter au ciel la céleste prière
Que les reines du monde épanchent à genoux.

Alors, pauvre poète, étranger dans ce monde,
Moi, dont l'âme rêveuse en douleurs est féconde,
Je me sentis épris d'un ineffable amour
Pour tout ce qu'ici-bas semble à l'homme homérique,
Et je crus voir passer quelque chose d'épique
Devant mes yeux frappés par les soleils du jour.

Reine, fille des rois, c'était toi, ta pensée
Qui s'emparait ainsi de mon âme oppressée
　　Par le besoin d'aimer ;
C'était ton doux regard qui passait de lui-même
Au-devant de mon cœur en cet instant suprême,
　　Pour me charmer.

Ce doux regard brillait comme un rayon de flamme
　　Dans mes yeux, sur mon sein,
Et j'entendais ta voix résonner dans mon âme
　　Comme un écho divin.

C'était presque la nuit ; sous la riche tenture,
　　Les reflets expirants du jour
Se jouaient à travers la brillante ceinture
　　D'argent, de soie et de velour,
Qui ceignait saintement le pieux oratoire
　　Où ta grandeur,

Aux pieds du crucifix, s'isolait dans sa gloire
Pour le Seigneur.

L'autel était désert et le Christ solitaire.
Sous les lambris dorés
L'écho seul répétait ta fervente prière
Et deux noms adorés.

« Jésus-Christ, disait-il, et vous, vierge Marie,
» Gardez les peuples bons, éclairez leurs chemins ;
» Loin des écueils du jour, illuminez leur vie ;
» Séchez le fruit du mal qui germe dans leurs mains.
» Aux lèvres des méchants tarissez les paroles
» Qui flétrissent les cœurs,
» Comme les vents glacés qui brisent les corolles
» De nos plus belles fleurs.

» Raffermissez l'autel que l'athéisme incline,
» Sur le monde agité par de perfides voix ;
» Confondez les erreurs d'une fausse doctrine.
» Jésus-Christ, Fils de Dieu, relevez votre croix :
» Aux cœurs désespérés procurez l'espérance,
» Au mensonge rendez l'esprit de vérité ;
» Du malheureux qui pleure allégez la souffrance ;
» Aux grands, pour les petits, prêtez la charité. »

Ainsi disait l'écho. C'est alors qu'à ta place
J'ai prosterné mon front sur ton royal prie-dieu,
Et qu'au pied de la croix j'ai retrouvé la trace
De ta prière à Dieu.

Je t'ai priée alors, reine, comme un bon ange,
Un bon ange gardien.
J'ai suspendu ton nom, dans mon humble louange,
Bien au-dessus du mien,

Pour que Dieu, le trouvant au-devant de sa grâce,
Sur moi laissât tomber ce regard de bonté
Qui brille dans les cœurs égarés dans l'espace
Du doute et de l'obscurité……

CHAPITRE IV.

...... Et j'ai vu rayonner et resplendir dans l'ombre
Du soleil de Jésus les reflets lumineux,
Semblables à l'éclair qui perce la nuit sombre
    Quand il nous vient des cieux......

...... Et je ne doute plus ; j'aime, je crois, j'espère ;
Loin du monde j'attends un meilleur avenir :
Car je ne serai plus isolé sur la terre ;
J'emporte d'une reine un pieux souvenir.

Quel est ce souvenir ? Une simple immortelle
Que j'ai prise moi-même à la sainte chapelle
Où seule, devant Dieu, le cœur rempli d'amour,
Loin du trône, elle vient méditer chaque jour.
Reine, de vos vertus elle est le pur emblème
Et le gage certain de l'immortalité
Que doit trouver au ciel le noble diadème
    De votre majesté.

Ainsi, pardonnez-moi si ma main indiscrète,
Pour faire une relique a cueilli cette fleur.
En faveur du chrétien, accordez au poète
    Ce trésor de bonheur.
A genoux prosterné, dans une auguste enceinte,
Courbé pieusement près du trône du roi
Où la reine priait, j'ai cru voir une sainte,
Et je le crois encor ; reine, priez pour moi.

Le roi Charles-Albert, la reine Thérèse Benedicte, le duc de Savoie, adoré de l'armée, la duchesse de Savoie, son auguste compagne, adorée de tous ; le duc de Gênes, dont le noble cœur est au niveau de l'intelligence : tels sont les princes du Piémont, l'orgueil et l'espérance de la patrie.

CHAPITRE V.

La divine Providence. — L'abbé Cottolengo. — Bienfaisance du roi. — Cassette mystérieuse. — Le peintre Meyer. — Notre-Dame-de-Brou. — Une vengeance royale. — Une chanson matinale. — Les contrebandiers et une erreur de calcul. — Les bains de Saint-Gervais. — Prise bizarre d'un drapeau. — Le choléra. — Charles-Albert, génie de la consolation. — Un incendie. — Le sans-souci de Raconis. — Travaux utiles. — Un emprunt de 4 millions. — Chemins de fer. — L'ingénieur Brunel. — Gigantesque projet.

Les bonnes actions des souverains qui règnent paternellement sur leurs peuples sont, aux yeux de Dieu, les plus beaux fleurons de la couronne qu'il leur a prêtée pour faire le bien et représenter son autorité sur la terre. A ce point de vue, la couronne de Charles-Albert est le plus magnifique diadème qui ait jamais ceint une tête souveraine.

Il y avait, en 1831, à Turin un pauvre et modeste abbé qui s'appelait Cottolengo ; on le voyait chaque jour, à toute heure et par tous les temps, traverser les rues de la ville pour aller à la quête des souffrances et des douleurs du peuple, qu'il abritait lorsqu'il les avait rencontrées sous les toits de *la Divine Providence*, vaste établissement institué en 1829, sans autre secours que sa charité et l'aide de la Providence, dont il avait pris le nom, pour le donner à son œuvre.

Ses hôtes étaient nombreux, car la misère à Turin, comme dans toutes les grandes villes, est grande. Souvent son ingénieuse charité et les ressources qu'elle lui inspirait ne répondaient pas à leurs besoins ; alors il se remettait en course, et au nom de celui qui a dit : « Demandez et vous recevrez, » il allait frapper à la porte des riches et des puissants qui ne s'ouvraient jamais en vain pour lui.

Un jour cependant que derrière ces portes il n'avait trouvé aucun de ses associés en bonnes œuvres, il se présenta résolument à la porte du château royal ; mais ce jour-là n'était pas celui des audiences publiques. Un officier des gardes l'arrêta dans l'antichambre qui précède le cabinet de travail du roi.

« Où allez-vous ainsi, monsieur l'abbé ? lui dit-il.

» — Je vais voir Sa Majesté.

» — Mais vous savez bien que Sa Majesté ne re-
» çoit personne aujourd'hui : repassez demain.

» — Demain, monsieur l'officier, c'est bien long-
» temps attendre... Mes pauvres ont faim ; et quand
» ils n'ont pas de pain, j'ai faim aussi moi ; mes
» pauvres ont froid, car l'hiver est dur, et quand ils
» ont froid, je suis glacé ; laissez-moi voir notre bon
» prince aujourd'hui.

» — Impossible, monsieur l'abbé.

» — Je vous en prie, au nom de mes pauvres.

» — Impossible, vous dis-je.

» — Au nom du bon Dieu.

» — Vos prières sont inutiles ; revenez demain. »

Le pauvre abbé, honteux et confus, allait se re-

LE MARQUIS CÉSAR ALFIERI DI SOSTEGNO.

tirer, lorsqu'un valet de pied, tout habillé de rouge, vint à traverser l'antichambre. A sa vue, une inspiration subite lui rendit l'espérance.

« Mon ami, dit-il au valet, Sa Majesté est-elle
» seule dans son cabinet ?

» — Oui, monsieur l'abbé.

» — Eh bien, portez-lui ceci, et Dieu vous récompensera. » Disant ainsi, il déchira une feuille de son bréviaire, et sur la marge blanche il écrivit : Sire, vous êtes *la providence de la divine Providence*. A ce titre je viens vous demander cinq minutes d'audience. Puis il signa : L'abbé Cottolengo.

L'abbé était si connu et tant estimé à Turin, que le valet de pied n'osa lui refuser le service qu'il demandait; il ouvrit la porte du cabinet du roi, et lui remit la supplique du pauvre prêtre. Faites entrer, dit le roi, et l'abbé Cottolengo, rayonnant de joie, se précipita dans le cabinet royal.

« Je suis enchanté de vous voir, lui dit Charles-
» Albert ; parlez, mon cher Cottolengo : que puis-je
» faire pour vous être agréable ?

» — Pardon, Sire ; mais je dérange peut-être Vo-
» tre Majesté en ce moment ; je....

» — Non, mon cher abbé, vous ne me dérangez
» point, et vous serez toujours le bienvenu auprès
» de moi ; voyons, que désirez-vous ?

» — Sire, l'hiver est rude.

» — Je vous enverrai du bois.

» — Le pain est cher.

» — Je vous ferai donner de la farine.

» — Mes pauvres ne sont pas vêtus en raison de
» la rigueur de la saison.

» — Je les ferai habiller.

» — Leur petite cave est vide.

» — Je la ferai remplir... Est-ce tout, mon cher
» abbé?

» — C'est beaucoup trop déjà, Sire, et ma recon-
» naissance sera toujours au-dessous de vos bien-
» faits; Dieu seul pourra vous tenir compte de... Si
» j'osais cependant encore, Sire, je prierais Votre
» Majesté de... mais non, je n'oserai jamais.

» — Achevez donc, mon cher abbé.

» — Je prierais Votre Majesté de mettre le comble
» à ses bienfaits, en donnant le plus tôt possible des
» ordres pour qu'ils soient promptement accomplis.

» — C'est bien, nous verrons cela demain, après-
» demain, dans deux ou trois jours au plus tard...
» Au revoir, mon cher Cottolengo, allez et priez pour
» moi. »

L'abbé se retira à moitié satisfait, car il n'avait pas complétement réussi dans sa démarche : « Un » bienfait royal, murmura-t-il, ne devrait jamais » être remis au lendemain. »

La cathédrale était près de là, il y entra pour dire son bréviaire et prier pour ses pauvres qui avaient

froid et faim ; puis, comme la nuit approchait, il reprit la route de la divine Providence en se disant :
« Le bon Dieu ne nous abandonnera pas. »

Il avait raison de penser ainsi, car Dieu vint à lui par l'entremise de Charles-Albert. Il trouva à son arrivée à la *Providence* tout ce qu'il avait demandé au roi : du bois en quantité, de la farine en abondance, du drap pour habiller tous ses pensionnaires et du vin pour les griser au besoin un mois de suite. Mais quel ne fut pas son merveilleux étonnement lorsqu'ouvrant un petit billet à son adresse, il lut ces quelques mots :

« *Un service mérité ne doit jamais être remis au* » *lendemain,* voilà pourquoi je vous envoie les ba- » gatelles que vous m'avez demandées ; je donne des » ordres à mon intendant pour que chaque année, » à l'entrée de l'hiver, il vous soit remis la somme » nécessaire à ces fournitures.

» Charles-Albert. »

Une autre fois, le digne et respectable abbé Cottolengo se représenta au palais Royal ; mais ce jour-là, c'était le roi lui-même qui l'y avait mandé pour lui remettre la croix de chevalier de Saint-Maurice.

La manière dont un bienfait est accordé double souvent sa valeur. C'est ainsi que, recevant en audience particulière le célèbre Marochetti, quelques jours après que le génie de cet artiste eut doté la ville de Turin d'un chef-d'œuvre, Charles-Albert lui adressa des félicitations au sujet de la statue équestre d'Emmanuel-Philibert, puis lui dit en le congédiant : « Je vous charge, mon cher Marochetti, de tous mes » compliments pour madame la baronne Marochetti ; » veuillez en même temps lui remettre cette cassette » de ma part. » La mystérieuse cassette renfermait les lettres de noblesse du nouveau gentilhomme piémontais.

En chargeant de l'exécution du monument qu'on admire aujourd'hui sur la place Saint-Charles, Marochetti, alors établi en France, le roi du Piémont a donné une nouvelle preuve de la protection qu'il accorde aux beaux-arts, lors même qu'ils fleurissent sous un ciel qui n'est pas celui de la patrie. Sa bienveillance va les chercher au besoin jusque sur la terre étrangère.

Nous avons sous les yeux une lettre admirable inspirée à l'auteur par un profond sentiment de reconnaissance qui, s'il n'est pas à la hauteur du bienfait, prouve cependant que le bienfait n'est pas tombé sur une terre inculte et ingrate.

« Le marché, s'écrie-t-il, fait entre Sa Majesté et » moi, est équitable et généreux de la part du roi. » Je n'avais rien fait alors pour mériter d'être chargé » d'un monument de cette importance, et Sa Majesté » courait le risque de dépenser inutilement une » somme considérable en me fournissant l'occasion

CHAPITRE V.

» si précieuse de me faire connaître par un grand
» travail.

» J'ai toujours senti et je sentirai toujours tout le
» prix de la confiance que le roi a daigné m'accor-
» der, et aujourd'hui plus que jamais je sens le
» besoin de manifester ma reconnaissance pour le
» service immense qui m'a été rendu.

» *Signé*, Marochetti. »

Cette lettre est un juste hommage rendu à Charles-Albert, car c'est ce bon prince qui a deviné Marochetti dans son génie, qui l'a pris pour ainsi dire par la main pour le produire en relief sur la scène des plus célèbres statuaires.

Combien de grands artistes vivent ignorés dans leur intelligence, et meurent isolés dans leur génie, faute d'une main princière, faute d'un Mécène qui leur fournisse l'occasion de se faire connaître, les moyens de sortir de leur isolement ! Au génie comme à la fleur il faut du soleil ; il lui faut de l'air pour se dilater, de l'espace pour se répandre ; car sans air, sans espace, sans soleil, il s'étiole comme la fleur et devient improductif.

Il y a deux ans de cela, un navire étranger, portant un pavillon qui n'était pas celui des États sardes, aborda à pleines voiles dans le port de Gênes. Il y avait alors dans un palais de cette ville un prince, un roi, qui s'appelait Charles-Albert ; il y avait sur le pont de ce navire un artiste, un peintre qui se nommait Meyer; l'artiste fut présenté au roi qui lui commanda une grande toile. Le navire quitta le port pour continuer sa route vers les côtes de la France, et le prince quitta Gênes pour rejoindre sa capitale. Quelque temps après, l'artiste envoya au roi la toile qu'il lui avait confiée. Merveilleusement peinte, elle représentait une scène maritime. Que fit alors le roi? Il chargea son intendant d'expédier à l'artiste la somme convenue, et d'y joindre de sa part deux magnifiques épingles en diamant qui triplèrent la somme.

On voit aux portes de la petite ville de Bourg en Bresse une admirable église que les artistes considèrent comme un monument, chef-d'œuvre de l'art. Notre-Dame-de-Brou, à l'édification de laquelle coopérèrent, depuis 1511 jusqu'en 1536, plus de quatre cents artistes et ouvriers choisis parmi les plus habiles praticiens de France, de Flandre, d'Italie et d'Allemagne, a coûté 22 millions de francs.

Charles-Albert qui a hérité des actes et du pouvoir des illustres fondateurs de cette église, voulant leur consacrer un pieux souvenir, a doté, dès les premières années de son règne, le séminaire, conservateur de ce monument, d'une rente perpétuelle qui doit être employée à trois services funèbres, célébrés en mémoire de Marguerite de Bourbon, de Philibert le Beau et de Marguerite d'Autriche.

CHAPITRE V.

Marguerite de Bourbon fit le vœu de construire Notre-Dame-de-Brou ; Philibert II, duc de Savoie, en fut l'objet, et Marguerite d'Autriche, seconde femme de ce prince, l'exécuta.

Charles-Albert élève parfois la générosité jusqu'au sublime. Dès les premiers jours de son règne, il fut violemment attaqué par les passions mauvaises qui reposent leurs espérances sur les bouleversements de la société et sur les désordres qui doivent en être la conséquence. Pour arriver à leur but, tous les moyens leur sont bons ; le mensonge, la médisance, la calomnie deviennent les fidèles auxiliaires de leurs haines et de leurs colères : ils emploient tout alors, tout, hors le bien, pour saper les principes de la justice et du droit, pour dénaturer l'opinion publique, la pervertir et l'enchaîner au bout de leur plume trempée dans le fiel. Parmi les ennemis les plus acharnés du successeur de Charles-Félix, il y en avait un qui s'appelait Veyrat, nous pouvons le citer puisqu'il y a eu repentir et expiation. Jeune, ardent, plein d'imagination et ne manquant pas de quelque génie, ce publiciste rédigeait en France un journal, *l'Homme rouge*, dont les allures furibondes répondaient à son titre. Charles-Albert devint bientôt le point de mire des attaques de cette feuille ; mais, trop haut pour qu'elles l'atteignissent, Charles-Albert, montrant la place où battait son cœur, disait,

ainsi qu'un historique personnage : « Elles n'arrivent
» point jusque-là. »

L'Homme rouge et Veyrat, guidés par le génie de
la haine, poursuivaient leur chemin, lorsqu'un jour
la détresse arriva pour tous deux ; la haine, entravée
par une pénurie d'argent, s'éteignit ; *l'Homme rouge*
mourut, et Veyrat, abreuvé de tristesse, de dégoût,
accablé de privations, usé jusqu'à l'âme par ces
luttes incessantes de ces partis violents qui brisent
le corps et flétrissent le cœur, Veyrat, sollicitant
une royale absolution, quitta la France, reprit la
route de la Savoie sa patrie, et, changeant de plume,
écrivit avec verve *la Coupe d'exil*, au fond de laquelle il retrouva l'espérance et la consolation.

Plus tard il prit la direction du journal de Chambéry ; mais, ainsi que nous venons de le dire, la lutte
l'avait brisé ; sa pensée ne répondait plus à son énergie
d'autrefois ; sa plume, quoique toujours pittoresque
et colorée, tremblait dans sa main, sa main tremblait dans les mouvements fébriles d'une mort prochaine. Flétri par les violents orages des partis, Veyrat, triste et désillusionné, s'inclinait rapidement
vers la tombe. Les consolations de quelques amis
restés fidèles à sa mauvaise fortune, l'amour d'une
femme jeune, belle et tendrement aimée, les baisers
et le sourire d'un enfant, rien ne put arrêter les
progrès du mal... Pour comble de malheur, la misère, qui est le partage du génie quand le génie n'a

plus la force d'être manœuvre, l'affreuse misère vint se placer devant son agonie. Ce hideux spectre ne l'effraya point pour lui-même, il l'aurait volontiers embrassé comme l'image expiatoire des fautes qu'il déplorait; d'ailleurs il avait déjà tant souffert, que son courage était au niveau des plus grandes épreuves; mais, entre la misère et lui, mon Dieu, il y avait une femme, il y avait un enfant; et cette femme était la sienne devant Dieu, cet enfant était le sien devant son amour d'époux et de père. A cette vue son front devint plus pâle encore, son regard se troubla, des larmes s'échappèrent de ses yeux; il aurait maudit Dieu s'il n'eût retrouvé la piété consolatrice de son enfance; il serait mort de désespoir si une main mystérieuse, inconnue, pleine de bienfaits et de miséricordes, ne fût venue relever son courage et son espérance... pour les siens. De Turin, la main de Charles-Albert avait atteint la sienne; il mourut en chrétien, calme et résigné, chantant les louanges de Dieu son père, et celles de Charles-Albert son bienfaiteur.

Nous avons dit que le roi était le premier levé de son royaume; un jour cependant il fut prévenu par un artiste français qu'il avait mandé de Paris pour peindre la magnifique galerie des armures. Debout et au travail avant le jour, le Français, heureux, content de lui-même et de ses travaux, chantait, en préparant ses couleurs, une chanson fort en vogue en France et imitée des fables de La Fontaine. Après chaque couplet il quittait sa palette et ses pinceaux et exécutait à lui seul, en guise de refrain, les mouvements désordonnés de la danse à l'usage des étudiants qui vont à la Chaumière. Dans ce moment un bruit de pas se fit entendre et la porte s'ouvrit.

> Eh! bonjour, monsieur du Corbeau,
> Comment vous portez-vous?

reprit le joyeux artiste sans se déranger, sans faire aucune attention à la personne qui venait d'entrer et qui s'approcha de lui; c'était le roi! A sa vue, le jeune peintre, confus et troublé, pâlissant et rougissant tour à tour, balbutia quelques paroles d'excuses : « Continuez, mon ami, lui dit le roi ; j'aime le » chant de l'alouette; les chants du matin portent » bonheur aux heures de la journée, car ils annon- » cent une conscience en paix et tranquille. J'aime » aussi votre activité; l'activité de la jeunesse est » de bon augure pour l'âge avancé. Vous chantez » fort bien, mais vous dansez encore mieux, ne vous » déplaise. Je suis content de vous et de vos pin- » ceaux. » Puis, achevant de parodier spirituellement la morale de la fable, le roi ajouta : « *Quand* » *l'hiver sera venu*, je vous confierai quatre toiles pour » mon palais. »

Charles-Albert a tenu parole en donnant à l'artiste français une commande de vingt-cinq à trente mille francs.

CHAPITRE V.

L'année dernière je visitais les bains de Saint-Gervais, si pittoresquement situés au pied du Mont-Blanc, ce bel établissement d'eaux thermales qui deviendraient les bains privilégiés de l'Europe si leur efficacité était plus universellement connue. Je les admirais, non pas comme malade, heureusement pour moi, mais en artiste; je parcourais avec enchantement ses sites délicieux, ses ravissantes promenades en rendant toutefois justice à la direction du docteur de Mey, qui a fait de ces beaux lieux le rendez-vous annuel d'une réunion d'élite, lorsque, désirant prendre une tasse de lait, j'entrai dans une petite maison blanche sur la porte de laquelle j'aperçus une femme qui, malgré son âge avancé, portait empreinte sur sa figure ouverte la franchise, le bonheur et le contentement. Tandis que la bonne femme me servait le lait demandé, je remarquais, en faisant l'inspection des lieux, un crucifix de bois noir et, tout auprès, le buste en plâtre blanc de Charles-Albert.

— « Vous aimez donc bien votre roi, lui dis-je,
» ma bonne femme?

— » *Je le crois jarny bien que je l'aime*, je serais
» bien difficile de ne pas l'aimer.

— » Vous avez raison, car on dit que Charles-Al-
» bert est bon.

— » Bon comme le bon pain que le bon Dieu nous
» donne, mon beau monsieur, et pas plus fier, quoi-

» qu'il soit roi, *que mon garçon qui est dans la troupe.*
» Le connaissez-vous, monsieur?

— » Votre fils?

— » Non, le roi.

— » Je n'ai pas cet honneur, mais je l'aurai bien-
» tôt, car je compte me trouver à Turin dans quel-
» ques jours.

— » Allez le voir, et il vous recevra, voyez-vous,
» aussi facilement que vous seriez reçu chez le curé
» de notre village; il m'a reçue, moi qui vous parle
» et qui ne suis pourtant qu'une pauvre femme, sans
» bonnes manières et sans beaux habits.

— » Vous avez vu le roi?

— » Lui-même, comme je vous vois en ce moment, et de mes deux yeux encore.

— » Vous lui avez parlé?

— » Comme je vous parle.

— » Et il vous a répondu?

— » *Mieux que ça, monsieur.*

— » Quoi donc, alors?

La bonne femme reprit avec émotion : « Oui, j'ai
» vu le roi; oui, je lui ai parlé; oui, il m'a répondu,
» et ce jour-là j'étais bien à plaindre, allez, bien
» triste, bien malheureuse! Mon garçon venait de
» partir pour l'armée, j'étais restée seule auprès de
» mon homme malade et infirme. Le bon Dieu me
» l'a repris depuis... Qu'il ait son âme en paix! Le
» travail manquait à mon courage, car la saison

» avait été dure pour les pauvres gens, la récolte
» mauvaise, et le pain coûtait cher. Ce n'est pas
» tout : une nuit, des voleurs ou des contrebandiers,
» c'est tout un, pénétrèrent dans notre chaumière.
» Ils la mirent, ainsi que *mon homme et moi, nus
» comme ver.* Ils auraient mieux fait de nous tuer.
» Dieu seul ou le roi pouvaient nous secourir. J'ap-
» pris le lendemain que Charles-Albert venait d'ar-
» river à Chambéry. J'allai voir monsieur le curé,
» qui me promit d'avoir soin de mon malade; il me
» remit quelques sous, et je partis... Deux jours
» après j'étais à Chambéry, je voyais le roi et je lui
» contais en pleurant notre malheur. Et le roi me dit
» *comme ça :* Ne pleurez pas, ma bonne femme, je
» n'aime pas voir pleurer mon peuple, car ses lar-
» mes retombent sur mon cœur. Voyons, calmez-
» vous et dites-moi l'estimation des pertes que les
» contrebandiers ou les voleurs vous ont fait éprou-
» ver. *Ah! monsieur le roi, que je lui répondis*, je
» ne saurais pas trop vous dire; mais ces pertes sont
» immenses, irréparables peut-être ; elles peuvent
» bien monter à 60 francs.

— » A 60 francs, grand Dieu ! fit le roi.

— » *Vous voyez bien, que je fis à mon tour*, qu'elles
» sont irréparables.

— » Ne vous trompez-vous pas dans votre calcul ?

— » Oh ! non, j'ai tout compté au plus juste. Je
» ne parle même pas de notre vieux coq.

— » Vous voyez bien, reprit Charles-Albert, que
» vous avez oublié quelque chose ! dans votre calcul
» il manque deux zéros. Et le roi, me congédiant,
» me fit remettre ce jour-là même une somme de six
» mille francs, une fortune de prince, en bons louis
» d'or.

» Je revins à notre village, plus vite que je ne
» l'avais quitté. Ma chaumière est devenue maison ;
» j'ai des poulets devant ma porte, du vin à votre
» service dans mon cellier, une vache, un âne et un
» porc dans mon étable, et le bonheur dans mon âme.
» Vive Charles-Albert! c'est à lui que je dois tout
» cela. »

J'avais bu ma tasse de lait. Non-seulement la bonne femme ne voulut pas recevoir les quelques sous que je lui présentais, mais elle me força d'accepter un verre de son petit vin blanc, que l'anecdote précitée me fit trouver délicieux. Je choquai mon verre contre le sien, et tous deux ensemble nous bûmes à la santé du roi Charles-Albert.

Le soir, au salon des Bains, je racontai cette histoire aux baigneurs, qui partagèrent mon admiration pour la reconnaissance de la bonne femme et la bienfaisance du bon roi.

Les environs des bains de Saint-Gervais sont, ainsi que toutes les frontières, inondés de contrebandiers ; ce n'est pas le directeur des bains qui les enrichira. M. de Mey pousse le respect et l'obéissance aux lois du pays, qu'il habite pendant huit mois de l'année, à ce point qu'il a constamment refusé l'immense bénéfice que lui offrirait la contrebande chargée de ses fournitures et de ses provisions. Le magnifique établissement thermal des bains de Saint-Gervais mérite, sous tous les rapports, le haut patronage du roi et de la cour de Turin.

C'est aux bains de Saint-Gervais que nous avons appris un fait extraordinaire, arrivé quelques mois auparavant au camp formé près de Genève par les milices du canton. Le nom de Charles-Albert y figurant, nos lecteurs nous permettront de le leur citer.

Dans ce temps-là, deux Savoyards du Chablais, passant près du camp de Genève pour y rejoindre leur régiment en garnison à Chambéry, furent accueillis par les cris de : *Soldats du roi des marmottes.* Les deux Savoyards ripostèrent en disant : *Soldat genevois, quand je te vois rien je ne vois,* et ils ajoutèrent que la journée ne se passerait pas avant que les soldats du roi des marmottes ne leur eussent appris de quelle manière ils manœuvreraient si jamais un combat s'engageait entre les Savoyards et les Genevois. *Un bon averti en vaut deux,* dit un proverbe; mais ce ne fut pas en cette occasion. Les miliciens, premiers auteurs de la provocation, rentrèrent au camp, et les Savoyards se dirigèrent vers un cabaret pour y attendre la nuit en buvant cet excellent petit vin du Chablais, qui a inspiré aux habitants d'Évian cette phrase qu'ils ont ajoutée à *leur prière* du matin et du soir :

« Notre Père, qui êtes aux cieux, donnez-nous » notre pain quotidien *et la petite goutte à boire.* » Quand la nuit fut arrivée, nos deux soldats se dirigèrent en silence vers le camp de Genève, et, protégés par l'ombre de gros nuages noirs interceptant l'éclat des étoiles, ils se glissèrent le long des tentes jusqu'au pied de celle où le drapeau cantonnal était arboré. Là, sans perdre une minute, l'un d'eux, parvenu au point culminant, en détacha le drapeau, le mit entre ses dents et rejoignit son camarade pour gagner au plus tôt l'entrée du camp, qu'ils traversèrent au milieu d'une grêle de balles; les miliciens les avaient découverts. Vainement ils se précipitèrent à leur poursuite, vainement le tambour roula le signal d'alarme; les deux soldats savoyards arrivèrent à Saint-Julien aux applaudissements de toute la population, qui les aurait volontiers portés en triomphe si l'autorité n'avait cru devoir les jeter en prison. Leur conduite, qui pouvait briser des relations amies, était-elle coupable? méritait-elle une récompense? Telle fut la question qu'on adressa à Charles-Albert.

Son gouvernement reconnut que la dignité genevoise méritait une réparation : on la lui offrit; mais l'ingénieux esprit de ce canton suisse sauva sa dignité sans compromettre son amour-propre, en répondant qu'il ne pouvait exiger une réparation, attendu que le prétendu drapeau enlevé n'était qu'un mauvais chiffon mis au rebut.

Quelque temps après, les deux soldats de Charles-Albert furent nommés sous-officiers. Bon, égal et généreux pour tous, pour ses amis comme pour ses adversaires, si, ce dont nous devons douter, il s'en trouve un dans les États sardes, Charles-Albert est admirable de courage et de dévouement, non pas de ce courage échauffé par le bruit de la bataille, enivré par les prestiges de la gloire, mais de ce courage bien plus difficile qui consiste à se présenter sans défense devant un péril qu'on ne peut ni prévoir ni combattre, le courage de l'abnégation personnelle et du dévouement.

Un bruit sinistre venait de se répandre dans les États de Charles-Albert ; ce bruit propagé par la peur s'avançait, rapide comme l'éclair, de hameau en hameau, de village en village, de ville en ville, semant partout la consternation et le désespoir.

Le choléra venu de France, traversant des plaines ensemencées de cadavres, le choléra avait passé le Mont-Cenis pour s'abattre sur les riches campagnes du Piémont et sur les palais de marbre de la ville de Gênes : la mort, sa compagne inévitable, frappait sans pitié, sans distinction, à la porte de ces palais, aussi bien qu'à celle des pauvres habitants des campagnes ; tout se brisait sous son implacable niveau, tout jusqu'aux secours de la médecine, qui, vaincue par le fléau de Dieu, reconnaissait son impuissance.

Partout où le choléra passait, les fossoyeurs ouvraient un vaste cimetière, partout on fuyait son approche : un homme seul le suivit pas à pas, s'arrêtant où il s'arrêtait, se mettant au besoin entre lui et la victime, pour détourner le tranchant de sa faux, et pour cicatriser les profondes blessures qu'il faisait dans le sein des familles.

Cet homme, ce génie de la consolation plutôt, c'était un prince, c'était le roi, c'était Charles-Albert. A Alexandrie, à Gênes, sa présence ranima les esprits ; il organisa des ambulances ; il indiqua à chacun le poste qu'il devait occuper, le ministère qu'il devait remplir, le devoir qu'il devait exercer, les services qu'il pouvait accorder, et lui-même, le premier, il donna l'exemple de cette vertu divine que le Sauveur des hommes a semée sur la terre, la charité !

Dans une autre circonstance, moins fatale à la vérité, le roi donna une nouvelle preuve de l'intérêt immense qu'il porte à son peuple. Le tocsin grondait dans les rues de Turin, un violent incendie venait d'éclater dans la ville. Charles-Albert sortit de son palais à pied, et, l'un des premiers rendu sur le théâtre du sinistre, confondu dans la foule, il dirigea les secours des citoyens, organisant les chaînes, faisant manœuvrer les pompes, et communiquant à tous son zèle et son activité. Bientôt les progrès du feu se ralentirent, et l'édifice embrasé de toutes parts fut cependant en partie sauvé.

Aux yeux de Charles-Albert, la chaumière du paysan a son inviolabilité comme le palais du haut et puissant seigneur, avec cette différence pourtant qu'on doit à l'un la protection, dont l'autre peut se passer. C'est ainsi que lui-même un jour respectant les droits d'un cultivateur de Raconis, a rappelé l'exemple d'un puissant monarque baissant pavillon devant l'obstination d'un meunier de Sans-Souci. Raconis est la délicieuse villa où Charles-Albert se rend dans les plus fortes chaleurs de l'été pour s'abriter sous de frais ombrages contre les ennuis de la splendeur royale. C'est là que, loin du tracas des affaires, loin de cette étiquette obligée qui place les princes, aux yeux du public, sur un piédestal où toutes les poses sont étudiées, Charles-Albert peut redevenir lui; c'est là que, loin de la vie royale, il peut vivre de la vie commune, cette vie si douce, si calme, si paisible, qu'a si bien chantée Horace! Mais les rois ont leur ambition comme le plus humble de leurs sujets; un matin, Charles-Albert rêva celle de réunir autour de son château les terres éparses qui l'environnaient.

Tous les propriétaires s'empressèrent d'accepter le prix qui leur fut offert pour leurs domaines, tous excepté un seul, un paysan, qui refusa opiniâtrément, malgré de grands avantages, le petit champ, la modeste cabane que le roi voulait acheter.

Quelques courtisans engagèrent Charles-Albert à passer outre, en alléguant la raison de l'utilité publique. « Vous vous trompez, messieurs, leur dit le » roi en riant : *les juges de Turin* pourraient bien » trouver que c'est une raison de *fantaisie particu-* » *lière.* » Le paysan de Raconis a donc gagné son procès, sans qu'il ait eu besoin de le plaider ; le meilleur avocat des États sardes, c'est le cœur droit et juste du roi.

Dans le même temps, Charles-Albert, s'occupant des affaires publiques de son royaume, continuait à le percer par de nombreuses voies de communication. A cet effet, le 12 janvier 1844, il émettait, pour faire face aux dépenses des routes ordonnées en Sardaigne, un emprunt de quatre millions de livres : cet emprunt, émis par coupons de mille livres au porteur à cinq pour cent, était remboursable en vingt-quatre ans, par tirages annuels.

D'un autre côté, il mandait à Turin le célèbre ingénieur Brunel, et lui confiait la construction des chemins de fer qui devaient être commencés aux frais de l'État sur une ligne principale reliant Gênes à Alexandrie, et se bifurquant de ce dernier point sur Milan, Arena et Turin.

Plus tard, il se proposait d'établir ces lignes de fer, de manière à desservir les intérêts généraux de la Péninsule; et, malgré le peu de sympathie que cette pensée d'unité italienne trouvait auprès du gouvernement lombardo-autrichien, il ne persistait pas moins énergiquement dans l'exécution de son système.

Déjà les travaux sont commencés sur une ligne qui reliera le port de Gênes aux régions situées sur l'autre versant des Alpes en Suisse et en Savoie; déjà les ingénieurs ont attaqué de front le colosse du Mont-Cenis, menacé d'être percé de part en part sur un espace de plus de douze mille mètres. Ce projet gigantesque une fois exécuté, les Alpes cesseront d'être un obstacle aux relations entre des contrées que cette longue chaîne semblait séparer comme une chaîne éternelle.

Cette entreprise énorme, qui ne serait dépassée que par la percée projetée de l'isthme de Panama, suffirait seule pour illustrer un règne moins glorieux et moins utile au pays que celui de Charles-Albert.

En attendant, désireux de développer de plus étroites, de plus intimes relations avec la France, Charles-Albert a ordonné la réouverture de la grande route qui, en passant par le mont Genèvre, le col de Sestrières et Fenestrelles, réunit le midi de la France, du côté de Briançon, aux plus belles provinces de la haute Italie. Cette route, construite sur une très-grande échelle par Napoléon, avait été négligée jusqu'à ce jour.

D'après ces actes, tous empreints d'un sincère et profond amour pour son peuple, comment Charles-Albert ne serait-il pas aimé, béni et vénéré par tous ses sujets? Attendons encore, et son nom, confondu à celui de Pie IX, retentira en Italie comme un écho de celui que Dieu accorde aux royaux bienfaiteurs de l'humanité. Attendons...... ce jour est proche.

CHAPITRE VI.

Journée du 30 octobre 1847. — Bruits divers. — Lecture d'un numéro de la *Gazette Piémontaise*. —Nouvelles réformes. — Explosion de reconnaissance. — Journée du 31 octobre. — Délire, enthousiasme. — Illuminations. — Promenades aux flambeaux. — Singulières rencontres. — Faits divers. — Une adoption. — Baiser de réconciliation. — Un carabinier.— Un étudiant. — Un beau joueur. — Un vœu de mort. — Un vieux sergent. — Les trois messes. — Voilà 25 sous. — Journée du 3 novembre. — Le roi sort de son palais. — Arc de triomphe improvisé. — Un groupe français. — Émotion et départ du roi. — Bénédiction de drapeaux. — Hôtel de Villamarina. — Défilé général. — Chœur de femmes. — Fête au théâtre. — L'hymne de Charles-Albert. — Chaîne d'union. — Une ode. — Joie des provinces. — Loi sur la liberté de la presse. — Réflexions.

Le 30 octobre 1847, le peuple de Turin se leva comme à l'ordinaire, confiant toujours en la bonté de son roi, mais sérieusement préoccupé des affaires générales de l'Italie.

Les plus impatients, parmi ce peuple si loyal, si bon et si dévoué, ne pouvaient jeter un regard au delà des Apennins, sans éprouver au cœur un profond sentiment d'envie à la vue des progrès promis et des réformes accordées à leurs frères de la Toscane et de Rome. « Nous sommes Italiens comme » eux, et nous sommes les enfants de la même patrie; » pourquoi donc ne participerions-nous pas aux » mêmes avantages, aux mêmes bénéfices ? »

Ainsi pensaient les plus impatients, lorsque les mieux informés vinrent à eux et leur dirent : Frères,

réjouissons-nous, ce jour sera pour tous l'aurore
d'une ère nouvelle; car notre aimé souverain a résolu d'entrer largement et sans arrière-pensée dans
la voie des réformes. C'est ainsi que, dans le conseil
qu'il a présidé hier, il a décidé la publicité des débats en matière criminelle; l'abolition des juridictions exceptionnelles qui existaient encore en matières civiles; la création d'une cour de cassation;
l'unité judiciaire et administrative introduite dans
toute l'étendue du royaume, même dans l'île de Sardaigne; les pouvoirs de la police plus restreints et
mieux définis; la réforme de l'administration communale et provinciale; les actes de l'état-civil que
possédait le clergé rendus à l'autorité civile; enfin,
un nouveau règlement relatif à la liberté de la
presse.

Voilà ce que les rares initiés aux choses publiques
se disaient doucement à l'oreille, à voix basse, mais
sans aucune certitude; car le secret en avait été si
bien gardé, qu'il eût été difficile de pouvoir formuler
une opinion positive sur la vérité ou la probabilité
de ces nouvelles mesures.

Cependant, tout à coup, à quatre heures du
soir, le peuple se répandit en masse dans les rues,
mais calme encore et silencieux. Bientôt les places
publiques se couvrirent de groupes, les cafés s'em-
plirent, et des orateurs dans les groupes, dans les
cafés, annoncèrent qu'à son titre de roi, Charles-

CHAPITRE VI.

Albert venait de joindre celui de Père du peuple.

Pendant ce temps-là, d'autres citoyens lisaient à haute voix l'article suivant, que venait de publier le journal officiel :

« Dans le conseil de cabinet tenu hier, Sa Majesté
» a daigné donner la sanction définitive au code de
» procédure criminelle basé sur le système de la
» publicité des débats.

» Avisant, en même temps, à rendre plus simple
» et plus régulière l'organisation de la justice, Sa
» Majesté a supprimé les juridictions exceptionnelles
» du conseil et des auditeurs généraux de l'ordre de
» Saint-Maurice et de Saint-Lazare, de l'auditoriat-
» général de cour et des chasses royales, de la royale
» délégation pour les causes de l'économat général et
» des magistrats de la santé.

» En renvoyant à leurs juges naturels les affaires
» que les anciennes lois avaient réservées aux susdits
» tribunaux d'exception, Sa Majesté déclare aboli
» tout privilége de droit civil, non-seulement pour
» les particuliers, mais aussi pour le patrimoine
» royal.

» Par suite, est abolie la juridiction de la chambre
» royale des comptes, tant en matière civile qu'en ma-
» tière criminelle, à l'exception du contentieux admi-
» nistratif, et les affaires ainsi détachées de cette
» compétence seront portées sans exception devant
» les juges ordinaires.

» La juridiction ordinaire étant ainsi rétablie dans
» l'étendue naturelle de ses attributions, elle est
» appelée à l'unité de jurisprudence par la création
» d'une cour de cassation, laquelle, instituée avec
» tous les moyens de remplir dignement sa haute
» mission, est environnée de la considération qui
» s'attache à la première magistrature du royaume,
» et tiendra le premier rang après le conseil d'État.

» Dans ces vues d'unité pour le gouvernement du
» royaume de Sardaigne, le conseil suprême résidant
» à Turin étant aboli, ses attributions ont été rangées
» dans la compétence de la cour de cassation pour
» les matières judiciaires, et dans celle du conseil
» d'État pour les autres.

» Ces réformes importantes de l'ordre judiciaire
» ont été accompagnées d'une complète systémati-
» sation du contentieux administratif.

» Ont été institués juges ordinaires en ces ma-
» tières les conseils d'intendance à qui sont attribuées
» les catégories d'affaires qui, par leur nature, res-
» sortissent au contentieux, et qui avaient appartenu
» à d'autres juridictions. Un ministère public est
» établi près de chaque conseil pour mieux garantir
» la juste application des lois.

» La chambre des comptes, déclarée tribunal d'ap-
» pel suprême pour le contentieux administratif,
» indépendante, par sa nature, de la cour de cas-
» sation, maintiendra dans sa partie l'unité de ju-

CHAPITRE VI.

» risprudence, et reprendra, dans cet ordre d'attri-
» butions, ce haut degré d'importance et de consi-
» dération qu'elle eut dans le passé sous d'autres
» rapports.

» L'office de procureur-général, qui cumulait les
» attributions du ministère public avec celles de re-
» présentant des finances royales, ne retiendra plus
» que la première et la plus élevée de ces attribu-
» tions : il sera le centre du ministère public et de
» tous les conseils d'intendance.

» Les revenus royaux seront dorénavant repré-
» sentés par un avocat du patrimoine royal, qui ne
» pourra prendre part aux votes du tribunal, et ne
» jouira d'aucun privilége dans l'instruction des
» causes.

» Ont été aussi déterminées les formes tutélaires
» selon lesquelles les autorités de police doivent pro-
» céder, lorsque, pour la conservation de l'ordre et
» du repos public, elles auront à dissoudre des ras-
» semblements dangereux. Là, sont d'un côté fixées
» les limites de l'action de la police, et de l'autre
» sont énoncées les peines que l'autorité judiciaire
» pourra prononcer contre les résistants aux som-
» mations légales.

» Sa Majesté, ayant agréé le travail qui avait été
» mis depuis longtemps à l'étude conformément à
» ses ordres, et qui a pour but de faire jouir la po-
» pulation de ses États d'un système d'administra-

» tion communale et provinciale capable d'assurer
» et de favoriser l'existence, la vie morale et la pros-
» périté des communes et des provinces, a daigné
» donner sa sanction définitive aux bases de la nou-
» velle organisation.

» Cette organisation établit, d'abord, une libre
» élection des conseillers communaux parmi les élec-
» teurs divisés en différentes catégories. Elle confère
» aux conseils la faculté délibérative dans toute son
» étendue ; elle investit les syndics de tout le pou-
» voir exécutif ; elle crée des officiers du cens qui au-
» ront chacun un petit district dans leur ressort
» d'inspection, tant pour la conservation du cadastre
» que pour le contrôle de l'administration commu-
» nale ; elle abolit enfin parmi les administrateurs
» toutes les distinctions de classes, et prescrit le choix
» des syndics dans le sein des conseillers mêmes.

» Les provinces sont déclarées des êtres moraux
» administrés par les conseils provinciaux, qui se-
» ront permanents et délibérants.

» Les conseillers provinciaux seront nommés par
» Sa Majesté sur une liste présentée par chaque com-
» mune de la province d'après le mode indiqué par
» la loi, et en partie parmi les syndics des communes
» principales.

» La suppression des officiers de salubrité a donné
» lieu à l'établissement de règlements destinés à sau-
» vegarder la salubrité publique de la manière la

» plus conforme à la condition actuelle du pays et
» la plus en harmonie avec l'organisation adminis-
» trative en vigueur.

» Un conseil supérieur établi dans la capitale, et
» présidé par le secrétaire d'État au département de
» l'intérieur, veillera aux affaires sanitaires de tout
» le royaume. Un nombre égal de conseillers placés
» sous sa direction, mais présidés par des intendants,
» aura des attributions analogues dans les provinces.

» Ces conseillers adresseront à l'autorité centrale
» des rapports sur les services des hôpitaux et autres
» établissements publics, ainsi que sur le service de
» ce genre exercé dans les villes par les médecins,
» chirurgiens, sages-femmes, phlébotomes salariés
» par les villes ou par les établissements de charité,
» ainsi que sur les pharmacies attachées à ces éta-
» blissements.

» Une autre branche d'administration non moins
» essentielle et non moins délicate a été l'objet d'im-
» portantes réformes; c'est celle de la police.

» La direction suprême de la police est détachée
» du ministère de la guerre pour être jointe au mi-
» nistère de l'intérieur. S. M. a jugé à propos d'en
» décharger les commandants des troupes, en tant
» que la police est étrangère au service militaire, et
» de la confier aux intendants, en conservant seule-
» ment les gouverneurs de province comme centres
» d'autorité dans leurs divisions respectives.

» Il est en outre décrété que, dans le conseil
» d'administration, il y aura des sénateurs préfets;
» que les avocats fiscaux généraux ou les avocats
» fiscaux, qui les remplaceront, seront rapporteurs
» d'office, et que les personnes contre lesquelles des
» mesures de police seraient invoquées auprès des
» conseils d'administration, seront appelées pour
» faire valoir leurs raisons.

» Les conseils continueront à élire les membres
» des conseils d'un arrondissement ou d'une division
» administrative.

» Les conseils et les réunions éliront leurs prési-
» dents.

» Il y aura deux conseillers d'État extraordinaires
» par arrondissement, qui seront choisis par le roi
» parmi les membres des congrès d'arrondissement.
» Ils seront convoqués au moins une fois chaque
» année.

» En procédant à l'organisation municipale, il a
» été décrété que les actes de l'état civil seront tenus
» par l'autorité civile; indépendamment de ceux que
» les curés tiendront dans leurs paroisses sous le
» rapport ecclésiastique.

» Enfin S. M. a daigné donner sa sanction à un
» règlement relatif à la presse, et dans lequel, prenant
» en considération le progrès toujours croissant de
» l'instruction publique, et voulant donner un nou-
» veau gage de sa confiance paternelle envers ses

» sujets, ainsi que de son désir constant de propager
» les lumières, elle a voulu qu'il fût donné plus de
» latitude aux règlements en vigueur au sujet de la
» censure, autant que le comportent les intérêts de
» la religion, de la morale et de la marche régulière
» des affaires publiques. »

Plus de doute alors : les réformes depuis si longtemps attendues, depuis si longtemps désirées, n'étaient plus à l'état d'espérance, à l'état de lointaine réalisation. Elles formulaient un fait accompli; la signature royale s'était apposée au bas du décret réformateur, qui donnait plus que la vie à tout un peuple, puisqu'il ouvrait à ses droits les limites d'un autre monde, le ciel de la liberté.

En accordant ces nouvelles réformes par le mouvement spontané de sa grande âme, de lui-même, de sa propre volonté, sans entrer dans la voie fatale des concessions exigées, imposées impérieusement par les clameurs de l'émeute ou les menaces de l'insurrection, Charles-Albert venait d'obéir à la pensée paternelle de son cœur. Ainsi qu'il le disait lui-même, surpris et ravi des témoignages d'amour dont il devint bientôt l'objet : « Je ne mérite pas ces trans-
» ports! Pourquoi ces acclamations et ces excès de
» reconnaissance? En décrétant ces réformes, je n'ai
» point cru accorder une grâce, j'ai voulu rendre
» justice. »

Quoi qu'il en soit, cette nouvelle immense se

répandit bientôt d'une extrémité de la ville à l'autre, entraînant sur son passage une population délirante et frénétique d'enthousiasme. On voulait à l'instant même célébrer ce grand jour par des fêtes ; mais on les remit au lendemain, pour leur donner un caractère plus grandiose et plus universel.

Le 31 octobre, le soleil se leva comme le peuple de Turin, brillant et radieux. Pas un nuage au ciel, pas un nuage au front du peuple ; le ciel de Dieu, comme le front du peuple, était limpide et pur, car Dieu sans doute lui prêtait toutes ses magnificences pour le faire participer aux fêtes des hommes de paix et de bonne volonté qui chantaient Noël pour les réformes, Noël pour Pie IX, Noël pour Charles-Albert, Noël pour l'Italie.

Ainsi que la veille au soir, les rues se peuplèrent d'une foule immense et parée comme aux jours des grandes solennités ; la brillante jeunesse de Turin, parcourant les portiques de la place du Château et ceux de la rue du Pô, engageait les citoyens à se préparer à l'illumination du soir ; les dames elles-mêmes, prêtant leur nature facile et impressionnable à l'élan général, laissaient tomber de leurs mains dans les boutiques, quelquefois même dans les mains qu'elles trouvaient plus près des leurs, de petits billets ainsi conçus :

« Ce soir, trente et un octobre, tous les bons ci-

» toyens de Turin sont invités à illuminer leur mai-
» son, afin de manifester leur unanime enthousiasme
» pour les réformes annoncées hier soir dans la *Ga-*
» *zette Piémontaise.* Et vive le roi! et vive le prince
» réformateur! et vive l'Italie! »

A six heures et demie du soir la ville de Turin ceignit un immense diadème de feu. Les palais des riches et des puissants, les monuments civils et religieux, les hôtels publics et particuliers, les plus opulentes demeures jusqu'aux plus modestes maisons disparurent dans une auréole dont les mille rayons illuminèrent au loin les rives du Pô. Les quartiers les plus sombres, les rues les plus désertes, le quartier des juifs, brillèrent comme un soleil.

Dès les six heures quatre-vingt mille personnes parcouraient en bandes, et en groupes plus ou moins nombreux, tous les quartiers de la ville, éclairant leur marche par de nombreuses torches, s'arrêtant sur les places, devant les hôtels des personnages populaires et criant à chaque pas : « Vive Charles-Al-
» bert! vive le prince réformateur! vive le père des
» Piémontais! » Ces cris, répétés incessamment par quatre-vingt mille voix, se croisaient, se répandaient au loin et se répétaient au milieu d'unanimes et continuels applaudissements.

Ce soir-là, le peuple de Turin ne fit qu'une seule et même famille de frères. La noblesse, cette noblesse piémontaise ordinairement si fière, si hautaine, si entichée de ses parchemins et de ses quartiers, la noblesse, la roture, la bourgeoisie, le commerce, la magistrature, la classe ouvrière, l'église et l'armée fraternisaient, se pressaient les mains, se félicitaient, s'embrassaient sans distinction de fortune, de rang, de position, d'âge et de naissance; l'égalité la plus parfaite présidait à cette solennité vraiment populaire et harmoniée par l'accord intime de tous les citoyens.

Nous avons vu des officiers en uniforme, des prêtres en soutane, des moines en capuchon, conduire des bandes le flambeau à la main, former des groupes, les arrêter devant les édifices les plus riches en illuminations, et faire retentir les cris adorés de vive Charles-Albert! Nous avons vu un officier porté sur les épaules de simples soldats s'arrêter devant un capucin suspendu sur les épaules robustes d'hommes du peuple, et confondre dans un baiser réciproque l'église et l'armée, l'autel et le trône ; nous avons vu un noble baron donner le baiser de paix et d'union à un fachini qui, la veille peut-être, avait ciré ses bottes. C'était plus que de la joie, plus que du bonheur : c'était l'ivresse, c'était le délire poussés au dernier paroxysme de l'enthousiasme.

Et cependant, dans cette foule enivrée, parmi ce peuple hors de lui qui depuis si longtemps ne s'était pas retrouvé en masse sur la place publique, il n'y a pas eu le moindre désordre à déplorer, pas le plus petit accident à regretter. Le peuple de Turin a été admirable de calme et d'esprit, sublime de convenance et de dignité.

Oubliant tout à coup les rancunes et les haines qu'aux jours de ses tristesses et de ses épreuves il avait tracées en lignes de compte, il a refoulé jusqu'au fond de son cœur le souvenir du passé pour se réjouir uniquement de la joie du présent et de l'espoir de l'avenir ; nul cri de colère ou de vengeance n'est sorti de sa poitrine et de son cœur ; ses lèvres n'ont trouvé que des paroles de réconciliation et d'oubli.

S'il a stationné devant le palais du gouverneur de la ville, devant l'établissement d'un ordre religieux peu sympathique; s'il a forcé, par ses acclamations, M. de Latour et les religieux de paraître à leurs croisées, il l'a fait moins pour jouir de leur dépit peut-être, que pour prouver à l'un et aux autres le désir qu'il avait de voir s'éteindre toute rancune au commencement d'une ère nouvelle cimentée par l'amour.

C'est également inspiré par un semblable motif de haute convenance et de délicatesse, que ce peuple si bon, si loyal et si digne, a évité de jeter les élans de son enthousiasme contre l'hôtel sombre et inanimé de l'ambassadeur d'Autriche.

Il a porté plus loin encore le sentiment de délicatesse qui caractérise si bien la nation piémontaise :

il n'a proféré qu'un seul cri, celui de *Vive Charles-Albert!* Il a compris qu'il ne devait point ce jour-là partager sa reconnaissance, qu'il devait en rapporter l'expression entière à celui qui venait de l'appeler si généreusement au bonheur d'une ère nouvelle.

Telles furent les fêtes solennelles de cette mémorable journée du 31 octobre; comme elles n'étaient que le prélude d'autres fêtes plus magnifiques encore, une nouvelle manifestation fut arrêtée pour le 3 novembre.

En attendant ce jour, qui est chaque année celui du départ de Charles-Albert pour Gênes, le peuple, quoique plus calme dans les manifestations de sa joie, n'en continua pas moins à l'exprimer le 1ᵉʳ et le 2 novembre.

Cette expérience ne se borna pas à de vaines paroles, à des éclats plus ou moins sonores; elle fit éclore des faits de vertu et de générosité qui reposent agréablement l'esprit et le cœur.

Combien, en ces deux jours, de misères secrètes furent secourues! combien de tristesses furent adoucies, et de désespoirs consolés!

Une jeune femme, dont la modestie nous a défendu de citer le nom, se présente à la clarté des illuminations de son hôtel, à la porte d'une maison basse, tristement éclairée par quatre bouts de chandelles; la misère de la famille que cette maison abritait s'était faite assez riche ce soir-là pour se per-

mettre ce luxe de réjouissance. « Mon ami, dit
» cette jeune femme au chef de la famille, je sais
» que vous êtes honnête homme, bon père, excellent
» époux; mais vous êtes pauvre, mais votre femme
» est malade, mais vos enfants n'ont pas de bois pour
» se chauffer, pas de pain pour se nourrir à leur ap-
» pétit : voilà vingt-cinq louis pour votre femme et
» pour vos enfants ; les pauvres comme les riches
» doivent se réjouir aujourd'hui, ainsi le veut Charles-
» Albert. » Et déposant sa bourse pleine sur le berceau d'une petite fille qui pleurait, cet ange de consolation disparut au cri de Vive le roi !

Une autre jeune femme, dont la vie, gracieux
printemps, est parfumée comme le calice d'une fleur
du mois de mai, apprend que, dans la nuit du 1 au
2 novembre, on a trouvé un enfant abandonné sur
le parvis de l'église de Saint-Charles : « Je m'en
» charge, dit-elle; je l'adopte, je serai sa marraine. »
Et, comme cet enfant était un garçon, elle le fait
baptiser sous le nom de Charles, disant que le
prénom du roi devait porter bonheur.

Dans la matinée du 2 novembre, un frère va trouver son frère que des affaires d'intérêt avaient éloigné de son affection depuis plusieurs années : « Frère,
» dit-il en lui présentant la main, rends-moi ton
» amitié..... ; elle est nécessaire à mon bonheur :
» puis, comme tout le monde, je veux être heureux
» aujourd'hui; » et, se précipitant dans les bras l'un

de l'autre, les deux frères retrouvent les doux liens de la famille dans le baiser de la réconciliation.

« Vous m'avez arrêté la semaine dernière, » dit un jeune homme à un carabinier qui l'avait conduit en prison quelques jours avant, parce qu'il criait plus fort que les autres : Vive Pie IX ! « Vous m'a-
» vez brutalisé. C'est égal, bon carabinier, je vous
» pardonne. Voici ma main. Vive Charles-Albert ! »

« Veux-tu que nous nous grisions ce soir? dit un
» étudiant à un de ses camarades : il faut que notre
» amour pour Charles-Albert aille jusqu'à l'ivresse.
» Veux-tu?

— » Je le veux bien, mais.....

— » Tu acceptes?

— » Je refuse.

— » Pourquoi?

— » Parce que je ne dois toucher la pension de la
» *paternité* que le 10 courant.

— » Eh bien! après?

— » Eh bien, je n'ai que six livres; je préfère
» acheter une bannière, une cocarde bleue, pour la
» fête de demain, et vive Charles-Albert! »

« J'ai perdu cette nuit quarante-cinq louis, dit
» un jeune homme *qui n'était pas étudiant*; mais,
» comme le jeu était pour les pauvres, vive Charles-
» Albert! »

« Mort aux Autrichiens! s'écrie un fachini, en
» portant à ses lèvres un verre plein. — Laisse-les

CHAPITRE VI.

» donc vivre aujourd'hui, lui répond son camarade,
» en portant également son verre rempli à la hau-
» teur de sa bouche; laisse-les vivre, pour que nous
» ayons le plaisir de les *frotter* demain, et vive Char-
» les-Albert! »

Un vieux sous-officier qui avait fini deux fois son temps, se présente au capitaine de sa compagnie, et lui dit : « *Ça va bien comme cela*, mon capitaine; » et, faisant le geste de tirer un coup de fusil, il ajoute : « Pensez-vous que, le printemps prochain, » *cela aille mieux encore ?*

— » C'est possible, mon vieux !
— » Eh bien ! je reste avec les camarades.
— » Hier, ne voulais-tu pas ton congé?
— » C'est vrai, mais hier n'est pas aujourd'hui;
» et puis, voyez-vous, mon capitaine, y a longtemps
» que je n'ai pas senti la poudre; quoique vieilles,
» mes dents sont encore assez bonnes pour déchirer
» une cartouche : je reste au régiment, et vive
» Charles-Albert! »

« Monsieur l'abbé, je viens vous prier de dire trois
» messes pour le repos de l'âme de mon mari, dit
» une vieille femme au curé de sa paroisse, en lui pré-
» sentant ses honoraires. — Gardez votre argent, lui
» répond le digne prêtre, je dirai les trois messes
» que vous me demandez, et vive Charles-Al-
» bert! »

Un vieillard assis sur une borne au coin de la

rue tendait sa main aux passants, en demandant l'aumône du bon Dieu : — « Tenez, mon ancien, lui » dit un ouvrier en blouse : voici vingt-cinq sous, » c'est le gain de ma journée ; mais je suis jeune, moi, » bien portant, et vive Charles-Albert ! »

Oui, vive Charles-Albert ! parce que c'est un noble et illustre prince ; oui, vive Charles-Albert ! Que ce cri soit celui de l'union intime du peuple avec le souverain, le cri de l'ordre public et de la paix, le cri de combat et de ralliement si quelque jour le canon gronde sur les frontières du Piémont ; oui, mille fois vive Charles-Albert ! parce que, fils et pensée de Pie IX, il porte en son cœur, dans son courage et dans son dévouement à la patrie commune, la fortune de l'Italie.

Le 3 novembre, ainsi que nous l'avons déjà dit, était le jour fixé pour le départ du roi, attendu le 5 à Gênes.

Dès les sept heures du matin, la ville présentait un aspect étrange, inaccoutumé. Les bruits confus, indéfinis, que produisent les masses agglomérées, avaient remplacé le calme des jours ordinaires : la place de Victor-Emmanuel et la rue du Pô étaient pleines de joyeux travailleurs et de femmes alertes qui pavoisaient la façade des palais, qui couvraient de tentures, de devises et de guirlandes les maisons devant lesquelles Charles-Albert devait passer. Ces palais et ces maisons, magnifiquement ornés de draperies de velours et de soie brochées d'or et d'argent, entremêlées d'inscriptions, de femmes et de fleurs, présentaient un spectacle magnifique.

A huit heures, la population turinaise parcourait la ville en habit de fête, le front rayonnant de bonheur et la poitrine pavoisée d'une énorme cocarde bleue. Hommes et femmes, enfants et vieillards, noblesse et peuple, maîtres et ouvriers, militaires et prêtres, religieuses et capucins, tous se trouvaient au rendez-vous donné par la reconnaissance.

A huit heures et demie, trois mille jeunes gens, l'élite de la jeunesse turinaise, s'avancèrent en bon ordre sur une ligne de dix hommes commandés par un chef de peloton, portant tous à la main un drapeau rouge ou bleu traversé par la croix blanche de Savoie, avec cette devise : Vive le roi Charles-Albert et ses réformes! Ils défilèrent sur la place du Château, et se rangèrent en bataille dans la rue du Pô jusqu'à l'entrée du pont, s'échelonnant et formant une double haie.

A neuf heures et demie le roi sortit de son palais, escorté par un nombreux et brillant état-major, au milieu de ses deux fils. Contre son ordinaire, il n'était point dans sa berline de voyage ; il avait appris la veille qu'on se proposait de dételer les chevaux de sa voiture et de le porter en triomphe. C'était pour soustraire sa modestie à cet honneur qu'il parut à cheval.

A sa vue, un seul cri, mais un cri immense, prononcé par quatre-vingt mille voix, et se prolongeant simultanément sur toute la ligne comme par une commotion électrique, s'éleva dans les airs : Vive le roi ! vive Charles-Albert ! Au même instant, les trois mille drapeaux, se rapprochant les uns des autres, formèrent un magnifique arc de triomphe sous lequel le roi passa lentement, la tête nue, le front découvert, saluant de droite et de gauche son peuple, ivre de joie et d'amour, de bonheur et de reconnaissance.

Les dames, groupées à toutes les fenêtres, répondaient aux cris de vive le roi qui partaient de la rue, par les cris de vive Charles-Albert ! et faisaient flotter au vent leurs mouchoirs et leurs écharpes. Le royal cortége s'avançait avec peine à travers les flots de cette mer d'hommes qui faisaient le flux et le reflux sur son passage, lorsque tout à coup le cri de vive Charles-Albert! prononcé cette fois en langue française, attira l'attention du roi, qui, se tournant vers le groupe d'où l'acclamation était partie, nous salua avec empressement. Sur la place de Victor-Emmanuel, un chœur de cinq cents musiciens entonna l'hymne à Charles-Albert, composé la veille par G. Bertoldi.

La figure de Charles-Albert était pâle et portait les traces de la fatigue ; son sourire, quoique toujours gracieux, semblait empreint de souffrance ; cependant son émotion montrait à tous que la joie de son peuple reconnaissant avait trouvé le chemin de son âme, si bonne, si aimante, si pleine d'amour et de bonnes intentions.

A dix heures un quart, le roi arriva à Rubatto ; c'était là qu'il avait donné à ses voitures l'ordre de l'attendre : alors il descendit de cheval, salua avec la plus vive émotion les nombreuses personnes qui l'avaient accompagné jusque-là, et se jeta rapidement dans sa berline pour cacher à leurs regards les pleurs qui s'échappaient de ses yeux. Les jeunes gens, armés de drapeaux, se réorganisèrent en pelotons et reprirent le chemin de la ville aux cris toujours répétés de vive le roi !

Ils étaient arrivés à la hauteur de l'église des Capucins, lorsque l'un d'eux, un étudiant en médecine, leur montrant la croix qui couronnait le monastère, s'écria : Frères, voilà le signe qui a jadis affranchi les esclaves et sauvé le monde ; c'est le signe du salut et de la liberté. Allons déposer à ses pieds, pour les faire bénir, ces bannières, signes de notre salut et de notre régénération. Allons, répondirent les jeunes gens, et tous ensemble ils gravirent la montée qui les conduisit rapidement à l'église.

Un prêtre était à l'autel ; c'était un vieillard, un capucin, dont la majestueuse figure ressortait en relief sur une longue barbe blanche ; il commençait seulement la messe. Les jeunes gens s'agenouillèrent, et ils attendirent en priant la fin du saint sacrifice. Quand la main du prêtre se leva sur eux pour les bénir, ils relevèrent leurs drapeaux, disant : Bénissez-nous, père ; mais bénissez en même temps ces bannières ; elles viennent d'abriter le front de notre roi bien-aimé : sanctifiées par votre main, elles protégeront le nôtre. Bénissez-les, et bénissez-nous, père.

Alors la main tremblante du vieillard se relevant sur le front religieusement courbé de cette admirable jeunesse, implora, pour eux, les bénédictions du ciel. Ce moment fut magnifique ; je ne l'oublierai jamais. Je ne vous oublierai pas non plus, jeunes gens des écoles de Turin ; car, dans ce moment solennel, vous avez été beaux, très-beaux.

Le prêtre reprit à pas lents le chemin de la sacristie, et les jeunes gens, redescendant la colline, reprirent en bon ordre celui de la ville. Arrivés dans la rue du Pô, ils s'arrêtèrent devant l'hôtel de l'ancien ministre de la guerre, l'illustre Villamarina, et le saluèrent des plus vives acclamations ; de là, ils se dirigèrent sur la place du Château et défilèrent devant tous les ministres, qui répondirent à leurs cris par les cris de vive le roi !

Plus loin, un nombreux chœur de femmes, parmi lesquelles quelques-unes portaient des bannières, chantait devant l'hôtel-de-ville l'hymne de Charles-Albert.

Ce beau chant accueillit l'arrivée des jeunes gens,

qui se découvrirent spontanément, et y ajoutèrent leurs voix.

A midi, tout était rentré dans le calme et l'ordre. Si ce n'était l'expression de la joie, du bonheur qui rayonnait sur toutes les figures, les cocardes azurées qui pavoisaient toutes les poitrines, les tentures de soie et de velours, les draperies rouges, bleues, jaunes et blanches qui décoraient toutes les façades, on se serait cru dans un jour ordinaire. Admirable population que cette belle population de Turin, qui, passant à un changement de politique si grand, sans secousse, sans excès, sans haine et sans vengeance, entre tout d'un coup dans la révolution pacifique du progrès sans cris de guerre, sans refrain de Marseillaise, et qui oublie, en ce jour de réconciliation du présent avec le passé, qu'il a pu se trouver entre le peuple et la couronne des conseillers aveugles et imprudents opposés aux réformes.

Honneur donc aux Piémontais de Turin ! Ils ont prouvé, par leur sagesse, que depuis longtemps ils étaient mûrs et préparés pour les bienfaits de la liberté! Honneur et reconnaissance à Charles-Albert qui les a compris !

La fête du 3 novembre, interrompue quelques heures pour les préparatifs des réjouissances du soir, reprit bientôt son caractère imposant et majestueux. Le théâtre Carignan avait annoncé un spectacle solennel par l'exécution de l'hymne de Charles-Albert. Aussi bien longtemps avant l'heure indiquée pour le lever du rideau, et pendant que la ville reprenait son immense auréole de feu, la salle s'était déjà transformée en un vaste et magnifique parterre de femmes, de fleurs et de diamants.

L'élite de la société de Turin, qui se groupait dans les loges splendidement éclairées *à giorno ;* la jeunesse, qui occupait en masse le parterre et préludait aux chants de l'hymne par les cris de vive le roi ! le drapeau piémontais, la bannière ligurienne, la croix de Savoie, qui flottaient au-dessus de toutes les loges ; la cocarde bleue qui resplendissait sur toutes les poitrines, formaient un ensemble admirable, magique : on aurait dit une fête du ciel.

A sept heures, le rideau se leva par le cri trois fois répété de vive le roi ! et l'orchestre commença l'ouverture de la *Semiramide*, opéra de Rossini, qui devait ouvrir le spectacle ; mais à peine fut-elle terminée, que le parterre impatient, se levant en masse, exigea sur-le-champ l'exécution de l'hymne qui, d'après l'ordre du programme, ne devait être chanté qu'à la fin du deuxième acte. Le régisseur annonça que les chœurs, se rendant à la juste demande du public, allaient se mettre en mesure de la satisfaire.

En attendant, les spectateurs eux-mêmes entonnèrent ainsi la cantate de Bertoldi :

« La cocarde azurée sur la poitrine, Piémontais

CHAPITRE VI.

» palpitants de bonheur, fils d'un prince chéri,
» Charles-Albert, nous venons à tes pieds pour cla-
» mer, dans un immense cri d'amour : Vive le roi!
» vive le roi! vive le roi!

» Nous sommes tous les fiers enfants de l'Italie;
» nous sommes forts et libres par l'action et la vo-
» lonté; nous abhorrons les tyrans plus que la mort;
» plus que la mort nous craignons l'esclavage ;
» mais à un prince clément, notre père, nous
» sommes heureux d'obéir. Vive le roi! vive le
» roi! vive le roi!

» Pour accomplir ton vaste dessein, tu as at-
» tendu le message de Dieu. Ton antique vertu
» était digne de le comprendre; aussi du jour,
» Charles-Albert, où tu t'es ligué avec Pie IX, le
» grand acte s'est écrit au ciel. Vive le roi! vive le
» roi! vive le roi!

» Si l'étranger nous menaçait, monte en selle et
» saisis ton glaive; sous notre glorieux drapeau, et
» fiers de notre cocarde, nous nous lèverons tous avec
» toi, et nous nous élancerons au combat en répé-
» tant ce cri : Vive le roi! vive le roi! vive le
» roi! »

Enfin le rideau se releva sur une centaine de musiciens rangés en bataille sur la scène, derrière un double rang de femmes, disposé sur le premier plan et faisant partie...

Ce moment fut magnifique. Une triple salve d'applaudissements et trois acclamations de vive Charles-Albert ! saluèrent cette armée chantante, interrompue à chaque strophe par des cris de joie vraiment frénétiques.

Le bel hymne du poète T. Guidi, mis en musique par le maëstro Gaëtano Magazzari., cet hymne, dont voici la pensée principale heureusement ramenée à la fin de chaque strophe : *Charles-Albert a le plus splendide et le plus puissant des sceptres, il a conquis le sceptre de l'amour*, fut répété huit fois de suite, et n'a été un instant interrompu que par le ballet, seule partie du programme qui ait pu être exécutée.

L'harmonie des chants, l'éclat des lumières, les transports de l'enthousiasme avaient enivré tous les spectateurs! Un instant, toutes les dames, se levant dans leurs loges, formèrent, avec leurs mouchoirs et leurs écharpes blanches, une quadruple chaîne d'union qui, partant des deux extrémités de la scène, vint aboutir au centre marqué par un immense drapeau national. Pendant ce temps-là, et comme pour consacrer ce symbole d'union, cet arc-en-ciel de la paix, mille voix répétèrent : Vivent nos frères de Savoie! Vivent nos frères de Gênes! Vivent nos frères de Nice et de Sardaigne! Vivent tous les enfants de Charles-Albert! C'était bien réellement une seule famille de frères qui fêtait ce soir-

CHAPITRE VI.

là le chef de l'État, le père du peuple, le prince réformateur, Charles-Albert.

Fils de la France, étranger, et pour cela même acteur secondaire, nous avons joué cependant notre rôle dans ces scènes d'enthousiasme qui présidaient à la régénération d'un peuple. Nous improvisâmes, à la lueur des illuminations, l'ode suivante, publiée quelques jours après dans une revue de Turin :

> Sire, écoutez ces cris de délire et de fête
> Qui s'élèvent du peuple, et planent sur le faîte
> De vos palais de feu ;
> Le peuple avec amour autour de vous s'élance,
> Car il n'espère plus... votre œuvre de clémence
> Vient d'exaucer son vœu.
>
> Sire, sur votre peuple en cet instant suprême
> Promenez vos regards— et votre diadème —
> Car cet instant est beau.
> Avec son roi le peuple en ce jour communie,
> Dans son âme de père il retrempe sa vie
> Et reprend son niveau.
>
> Le roseau devient chêne auprès de votre trône;
> Plus brillant que jamais, son noble front rayonne
> De l'auguste clarté
> Que le Pontife saint qui règne sur le Tibre
> Et sur tout l'univers, demande à Rome libre
> Pour Votre Majesté.
>
> Sire, soyez béni comme vous devez l'être ;
> Vous êtes plus que roi, vous êtes plus qu'un maître
> Pour vos fiers Piémontais ;
> Vous êtes presque un dieu sur leur vaillante terre,

Car vous donnez la vie, et vous êtes le père,
Sire, de vos sujets.

Vous avez sur leur front mis en lambeau le voile
Qui cachait à leurs yeux ceints d'un bandeau l'étoile
De la légalité,
Que Jésus a fait luire un jour de son calvaire
En jetant à César, des plis de son suaire,
Ce cri : la liberté !

La liberté pour tous ! aux princes la puissance,
Le sceptre qui protége, et la sainte balance
Qui mesure les droits ;
Au peuple le respect, l'amour, la confiance,
La liberté d'agir, le soin de sa défense,
Et sa part dans les lois.

Aujourd'hui votre peuple a tous ces avantages,
Grand prince, et votre main a chassé les orages
Loin de votre beau ciel.
Votre nom, prononcé par la reconnaissance,
Sur des ailes d'amour rapidement s'élance
Au sein de l'Éternel.

Honneur et gloire à vous ! car plus qu'une victoire
Ce jour a consacré votre nom dans l'histoire ;
Sire, vous êtes grand !
Près du pape immortel que l'univers vénère,
Sire, vous avez pris désormais sur la terre
Un magnifique rang.

Votre nom près du sien, comme un écho sonore,
Auprès de tous les noms qu'on aime et qu'on adore,
Commence à retentir.
Buriné sur l'airain, sur le bronze ou la pierre,
Éternel il sera dans l'immortelle sphère
Des âges à venir.

Parti de Turin, le mouvement électrique des manifestations d'amour et de reconnaissance en l'hon-

neur de Charles-Albert ne tarda pas à embraser les diverses provinces des États sardes, où la nouvelle des lois organiques du 29 octobre parvint avec la rapidité de l'éclair. Bientôt ce ne fut partout que fêtes et réjouissances. Les villes, les bourgs et les villages s'illuminèrent. Des feux de joie couronnèrent le sommet des montagnes, et répandirent leurs immenses clartés dans les plaines qu'ils dominent. Le cri de vive le roi! partait de tous les cœurs, le baiser de paix courait sur toutes les lèvres, car le bonheur est expansif.

Ces manifestations redoublèrent, s'il fut possible, quand on apprit que le départ du roi pour Gênes n'avait aucunement suspendu le travail des réformes promises. Dès les premiers jours de novembre, la nouvelle loi sur la presse nécessitant la création d'une commission supérieure de censure siégeant dans la capitale et de commissions particulières pour chaque province, Charles-Albert nommait les présidents et les membres de la commission de la capitale et ceux de la commission des provinces. Ces nominations étaient bientôt suivies, elles-mêmes, des articles principaux de la loi de la presse, l'une des plus importantes accordées par les réformes du 29 octobre.

En effet la presse, interprète de la pensée, est l'expression du progrès intellectuel, moral, scientifique, religieux et littéraire. La presse est le diapason qui doit établir l'accord parfait entre tous les membres de la famille humaine et les faire concourir au bien de la société. Sans l'harmonie de la presse il ne peut y avoir que des efforts isolés, dépourvus d'ensemble, agissant dans des situations divergentes et jetant le doute dans l'économie générale du corps social.

La presse enregistre les progrès de chaque jour, elle pose pour ainsi dire des jalons à la marche progressive des lumières et de l'intelligence. Elle conduit à la vertu par la publicité de l'éloge et de la récompense ; elle fait détester le vice par la flétrissure et la flagellation publique du blâme. D'une part elle encourage, de l'autre elle réforme. La presse est destinée à maintenir entre les gouvernants et les gouvernés les rapports indispensables à l'harmonie de l'État. La liberté d'examen et de discussion dissipe les ténèbres de l'erreur ; elle fait jaillir la lumière, prévient les fautes et corrige l'imperfection ; elle signale enfin le but vers lequel les efforts communs doivent converger. Voilà ce qu'est la presse quand elle se renferme dans les limites de la justice et de la bonne foi. Voilà quelles sont ses suites et sa mission sainte. Mais elle a ses devoirs, elle a des bornes qu'elle ne doit jamais franchir.

Elle doit avant tout respecter, isoler de ses discussions ardentes et passionnées, les trois principes constitutifs de la société politique et nationale, à savoir : l'autorité souveraine, la morale et la religion. De ces trois principes immuables, sacrés, découle la nécessité, l'obligation de respecter l'honneur, le caractère, la vie privée et la personne du prince aussi bien que celle des citoyens. Elle doit maintenir entre le peuple et le chef de l'État les éléments harmoniques indispensables au cours régulier des choses.

Du jour où la presse méconnaîtrait ses devoirs et dépasserait ses droits, il n'y aurait plus liberté, il y aurait licence et oppression ; la presse deviendrait criminelle et tyrannique.

Nous croyons devoir citer en entier le dispositif de la loi sur la presse, accordée par Charles-Albert. Ce précieux document appartient à l'histoire de l'Italie moderne, le voici :

« CHARLES-ALBERT, par la grâce de Dieu, roi de
» Sardaigne, de Chypre et de Jérusalem ; duc de
» Savoie, de Gênes, etc., etc. ; prince de Pié-
» mont, etc., etc.

» Ayant considéré que les populations confiées à
» notre gouvernement ne le cèdent à aucune autre
» de l'Italie en intelligence et en instruction, et
» que l'on peut ainsi donner, sans inconvénient,
» une base plus large aux dispositions qui règlent
» la révision des ouvrages destinés à être publiés
» par la presse, nous sommes de plein gré entré
» dans cette voie. Nos sujets, nous aimons à le croire,
» trouveront dans une pareille détermination une
» nouvelle preuve de la juste confiance que nous

» leur accordons, et de notre constant désir de favo-
» riser, autant qu'il est en nous, la propagation des
» lumières et la marche progressive des sciences et
» de la littérature.

» C'est pourquoi, par les présentes, de notre
» science certaine et autorité royale, et sur l'avis
» de notre conseil, nous avons ordonné et ordonnons
» ce qui suit :

» Article 1er. — L'impression de tout écrit, alors
» même qu'il concernerait des objets d'administra-
» tion publique, est permise moyennant autorisation
» préalable de l'autorité chargée de la révision.

» Cette autorisation sera accordée pour tout ou-
» vrage ou écrit qui ne portera pas atteinte à la re-
» ligion ou à ses ministres, à la morale publique,
» aux droits et aux prérogatives de la souveraineté ;
» et qui ne renfermera rien d'offensant contre le gou-
» vernement ou contre ses magistrats, contre le
» caractère ou la personne des princes régnants ou
» même étrangers, contre leur famille ou leurs re-
» présentants, ou contre l'honneur des particuliers ;
» et qui enfin ne sera point de nature à entraver la
» marche du gouvernement dans ses rapports inté-
» rieurs ou extérieurs.

» Art. 2. — Les actes du gouvernement ne pour-
» ront être édités qu'après leur publication officielle.

» Art. 3. — Pour l'établissement d'un journal ou
» de toute autre publication périodique, on devra

CHAPITRE VI. 205

» demander une autorisation à la secrétairerie d'État
» pour les affaires de l'intérieur, qui ne l'accordera
» qu'après avoir pris nos ordres.

» Les concessionnaires ne pourront, à peine de
» nullité de la cession, céder la faculté qu'ils ont
» acquise, sans en avoir de même obtenu l'autorisa-
» tion, ainsi qu'il est dit ci-dessus.

» Il ne sera permis d'imprimer des journaux po-
» litiques que dans des chefs-lieux de division.

» Art. 4. — Un programme sera annexé à toute
» demande tendant à obtenir l'autorisation d'établir
» un journal. Ce programme indiquera le titre que
» le journal doit porter, les matières qui y seront
» traitées et les moyens dont on peut disposer pour
» soutenir l'entreprise ; on y désignera aussi la per-
» sonne qui se charge de la direction, ainsi que les
» principaux collaborateurs, le nombre des publica-
» tions périodiques, et enfin la quantité de feuilles
» que chacune d'elles doit contenir.

» Art. 5. — Le directeur du journal sera exclu-
» sivement responsable de l'accomplissement des
» conditions portées par les présentes. Avant de don-
» ner cours à la publication du journal, il sera tenu
» de déposer dans la caisse des dépôts et consigna-
» tions une somme qui sera fixée par le décret d'au-
» torisation, et qui ne pourra être au-dessous de deux
» mille livres, ni excéder trois mille livres.

» Les journaux purement scientifiques ou litté-
» raires sont dispensés du dépôt.

» Art. 6. — La révision sera exercée par une
» commission supérieure et par des commissions
» provinciales.

» Art. 7. — La commission supérieure siégera
» dans notre capitale, et sera composée d'un prési-
» dent et de huit membres : sept suffiront pour dé-
» libérer.

» Elle statuera en appel sur les déterminations des
» commissions provinciales.

» Art. 8. — Les commissions provinciales seront
» établies dans les chefs-lieux de province. Elles
» seront composées, à Turin et à Gênes, de cinq
» membres, y compris le président, et dans les au-
» tres provinces de trois membres, y compris de
» même le président : celles de cinq membres pour-
» ront délibérer avec l'intervention de trois mem-
» bres.

» Art. 9. — Les membres de la commission su-
» périeure ainsi que ceux des commissions provin-
» ciales seront nommés par nous, sur la proposition
» de la grande chancellerie.

» Ils demeureront en charge trois ans ; ce terme
» expiré, ils pourront y être maintenus.

» Art. 10. — Les ouvrages ou écrits destinés à
» être publiés seront présentés aux bureaux des
» commissions provinciales, sauf toutefois ce qui est

» établi par l'alinéa de l'art. 467 du Code pénal, en
» ce qui concerne les plaidoyers ou autres actes re-
» latifs à des procès.

» Art. 11. — Un des membres fera l'examen du
» manuscrit : si l'approbation ne lui paraît présenter
» aucune difficulté, il y apposera sa signature, qui
» vaudra approbation. En cas contraire, il fera son
» rapport à la commission, qui statuera à la majorité
» des suffrages.

» Art. 12. — Le rapport à la commission sera
» toujours nécessaire lorsqu'il s'agira d'écrits con-
» cernant des matières politiques.

» Art. 13. — Tout ouvrage qui aura été rejeté
» par un bureau de révision ne pourra plus être pré-
» senté à un autre bureau : l'approbation que l'on
» obtiendrait par ce moyen sera sans effet.

» Art. 14. — L'approbation donnée par les bureaux
» de révision, ainsi qu'il est dit ci-dessus, ne por-
» tera aucun préjudice aux actions, quelle qu'en
» soit la nature, que des tiers pourraient, à raison
» de la publication, avoir le droit d'exercer envers
» l'auteur ou l'éditeur de l'ouvrage ou écrit ap-
» prouvé.

» Art. 15. — Tout propriétaire d'imprimerie dont
» les presses serviront à publier un ouvrage ou un
» écrit quelconque sans que l'autorisation en ait été
» accordée, conformément à ce qui est établi par les

» présentes, encourra les peines portées par les arti-
» cles 468 et 470 du Code pénal.

» Art. 16. — L'insertion dans un journal d'un
» article qui n'aura pas été approuvé emportera la
» condamnation du directeur à une amende qui
» pourra, selon les circonstances, être portée de
» deux cents livres à deux mille livres.

» En cas de récidive, le directeur sera de plus
» condamné à la peine de l'emprisonnement, qui
» pourra s'étendre de quinze jours à deux mois, et
» à la suspension de son journal pour une période
» de temps qui ne sera pas au-dessous de six mois
» et ne dépassera pas une année.

» Si la récidive se répète, on prononcera en outre
» la suppression du journal, et le condamné sera dé-
» claré incapable de prendre la direction d'autres
» feuilles publiques.

» Art. 17. — Si l'amende dont il est parlé en l'ar-
» ticle précédent n'est pas acquittée dans les huit
» jours à courir de la signification du jugement de
» condamnation, le payement de ladite amende s'ef-
» fectuera sur les sommes déposées conformément à
» l'article 5; et tant que le dépôt n'aura pas été in-
» tégralement rétabli, la publication du journal de-
» meurera suspendue.

» Art. 18. — Toute personne qui, sans avoir
» obtenu l'autorisation nécessaire, publiera ou fera
» publier un ouvrage ou écrit quelconque, au moyen

» de presses particulières ou de toute autre machine
» servant à l'impression, sera condamnée à la peine
» de l'emprisonnement d'un mois à trois mois, et à
» une amende qui pourra s'étendre de cent livres à
» mille livres. En cas de récidive, la peine de l'em-
» prisonnement sera de trois mois à six mois, et
» l'amende de mille livres à deux mille livres.

» Art. 19. — Seront condamnés à la même peine,
» graduée selon la nature des cas, ceux qui se se-
» ront rendus coupables, de quelque manière que ce
» soit, des infractions mentionnées en l'article pré-
» cédent.

» Art. 20. — Dans les cas prévus par les arti-
» cles 16 et 18, tous les exemplaires complets ou
» incomplets qui auront été imprimés en contraven-
» tion aux dispositions des présentes seront con-
» fisqués.

» Dans le cas de l'article 18, on devra pareille-
» ment confisquer la presse ou les presses, ainsi que
» toute autre machine qui aura servi à commettre
» l'infraction.

» Art. 21. — Si, dans les ouvrages imprimés, on
» a altéré le manuscrit approuvé, le coupable en-
» courra les peines portées pour la publication d'ou-
» vrages qui n'ont pas reçu d'approbation.

» Art. 22. — Les peines établies dans l'article qui
» précède auront lieu sans préjudice de l'action pé-
» nale ou de l'action civile que le ministère public,

» ou toute autre personne intéressée pourrait inten-
» ter à raison du contenu de l'ouvrage ou de l'écrit
» qui aurait été publié sans approbation.

» Art. 23. — Les tribunaux ordinaires connaî-
» tront seuls de toute contravention à la présente loi.

» Art. 24. — Les dispositions relatives aux ou-
» vrages ou écrits publiés au moyen de la presse
» sont également applicables aux dessins ou autres
» œuvres artistiques dont la publication a lieu au
» moyen de la gravure, de la lithographie ou de
» tout autre mécanisme.

» Art. 25. — Un exemplaire de chaque ouvrage
» publié par la presse continuera à être déposé aux
» bureaux et aux bibliothèques auxquels semblable
» remise a été faite jusqu'à ce jour.

» Un autre exemplaire devra en outre être remis
» à la commission provinciale par qui l'ouvrage aura
» été révisé.

» Art. 26. — Le timbre auquel seront assujettis
» les journaux formera l'objet de dispositions spé-
» ciales.

» Art. 27. — La commission actuellement éta-
» blie pour la révision des livres et gravures est
» supprimée.

» Les juges-mages et autres délégués particuliers
» cesseront pareillement d'exercer leurs fonctions en
» ce qui concerne la révision.

» Dérogeons à toute loi ou disposition contraire

CHAPITRE VI.

» aux présentes, et mandons à notre sénat de Sa-
» voie et à notre Chambre des comptes de les enre-
» gistrer, et à tous ceux à qui il appartient de les
» observer et faire observer, voulant qu'elles soient
» insérées dans le Recueil des actes de notre gou-
» vernement, et qu'aux copies imprimées à l'impri-
» merie du gouvernement en Savoie foi soit ajoutée
» comme à l'original; car telle est notre volonté.

» Données à Turin, le trente octobre, l'an de grâce
» mil huit cent quarante-sept, et de notre règne le
» dix-septième.

» CHARLES-ALBERT.

» Vu : Des Ambrois.
» Vu : De Revel.
» Vu : De Collegno.

» Avet. »

Voilà quelles sont les bases sur lesquelles repose le nouveau système de publicité établi dans les États sardes. Leur application immédiate n'est point aveuglément abandonnée au caprice de l'arbitraire, à la décision d'une volonté particulière; non : Charles-Albert a voulu qu'il y eût un tribunal spécialement chargé de seconder dans toute leur étendue ses intentions généreuses; et pour donner encore une plus grande liberté à la pensée, il a créé un tribunal supérieur destiné à statuer en appel sur les déterminations des commissions provinciales.

Ordre et progrès, tel est l'esprit de cette loi nouvelle : *ordre*, c'est-à-dire la sagesse appliquée au mouvement et à l'action ; *progrès*, c'est-à-dire le mouvement et l'action appliqués le plus possible à la *perfectionnabilité humaine*. La seconde de ces deux propositions est la conséquence de la première. Sans ordre, point de progrès possible ; car tout est désordre, et le désordre c'est la confusion, la cacophonie.

La pensée de l'homme a donc besoin d'être régularisée, d'être maintenue dans les limites de la prudence et de la raison ; car, si ces limites étaient franchies, la pensée s'égarerait infailliblement dans les sphères de l'inconnu. A ce point de vue, les heureuses innovations de Charles-Albert portent à un éminent degré le cachet de la sagesse alliée au sentiment du véritable progrès intellectuel et social.

CHAPITRE VII.

Établissement d'une Cour de cassation. — Ses règlements. — Union douanière.—Bases du traité conclu entre les États de l'Église, les États sardes et la Toscane. — Fondation d'une banque à Turin. — Ses statuts. — Continuation des réjouissances publiques. — Naïveté du peuple. — Vive le nouvel uniforme de Charles-Albert! — Plus de conscrits !

Dans le même temps, Charles-Albert pourvut, par une ordonnance royale en date du 2 novembre, au choix du premier et du second président de la Cour de cassation, à ceux des douze conseillers, de l'avocat-général et du substitut de l'avocat-général.

Son Excellence le comte Gaspard Coller, premier président du sénat de Piémont, et commandeur de l'ordre de Saint-Maurice et de Saint-Lazare, était appelé à la présidence de la Cour de cassation, qui recevait pour vice-président Son Excellence Joseph Gromo, premier président et commandeur de l'ordre précité.

Étaient en outre nommés conseillers : Joseph Musio, président du magistrat de l'Académie royale ;

Le chevalier Laurent Piccolet, avocat fiscal, général près le sénat de Casal ;

Le comte Ignace Costa de la Tour, président et régent du consulat de Turin ;

Le chevalier et comte Joseph Siccardi, sénateur et chef de bureau de la grande chancellerie ;

Le chevalier François Crettin, avocat fiscal, général près le sénat de Nice ;

Le baron Maurice Bichi, sénateur au sénat de Piémont ;

Le baron Jean-Antoine Tolla, juge au magistrat de l'Académie royale ;

Le chevalier André Alvigini, sénateur au sénat de Gênes ;

Le chevalier Joseph Lavagna, collatéral à la Chambre royale des comptes ;

Le chevalier Jean Garbiglia, sénateur au sénat de Piémont ;

Le chevalier Mathias Arminjon, sénateur au sénat de Savoie.

Le comte Bermondi, conseiller d'État, et le comte Charles Persaglio, sénateur au sénat de Piémont, étaient nommés : le premier, avocat-général ; le second, substitut de l'avocat-général, avec titre, grade et ancienneté de conseillers.

L'édit suivant, en date du 30 octobre, déterminait les attributions et approuvait les règlements relatifs à la procédure de la même Cour.

« Charles-Albert, par la grâce de Dieu, roi de
» Sardaigne, etc....

» Après avoir établi l'unité de la législation ci-
» vile et de la législation criminelle, il nous restait
» à garantir l'uniforme application de la loi.

» Mu par cette pensée, et déterminé comme nous

CHAPITRE VII.

» le sommes à ne faire intervenir notre autorité
» royale que lorsque l'intérêt général l'exige, et en
» dehors de toute contestation judiciaire, nous avons
» cru convenable d'ouvrir une voie légale pour faire
» annuler les jugements rendus en dernier ressort
» qui présenteraient une violation manifeste de la
» loi.

» Si la lumière et la sagesse de nos magistrats,
» toujours si dignes de la confiance que nous n'avons
» cessé de leur accorder, ont longtemps contribué à
» rendre moins pressant le besoin de cette utile ré-
» forme, il n'en est pas moins vrai qu'un caractère
» d'irrévocabilité trop absolu attribué à ces décisions
» à la fois erronées et inattaquables, quelque rares
» qu'en puissent être les cas, serait de nature à
» blesser autant le sentiment de la justice que l'au-
» torité souveraine de la loi, seule règle des tribu-
» naux.

» Voulant, en conséquence, obvier aux inconvé-
» nients qui peuvent résulter d'un tel état de choses,
» nous avons adopté le système qui nous a paru le
» plus propre à concilier l'inviolabilité de nos déter-
» minations législatives avec les égards dus à la
» dignité des tribunaux ; et à cet effet, nous avons
» résolu d'instituer dans notre capitale une Cour de
» cassation à laquelle sera déléguée la haute mission
» de maintenir l'unité de doctrine, et de ramener
» incessamment à l'exécution des lois toutes les par-

» ties de l'ordre judiciaire qui tendraient à s'en
» écarter.

» C'est pourquoi, par le présent édit, de notre
» science certaine et autorité royale, et après avoir
» eu sur ce l'avis de notre conseil, nous avons or-
» donné et ordonnons ce qui suit :

» Art. 1er. — Une Cour de cassation est établie à
» Turin.

» Art. 2. — Elle est composée d'un premier pré-
» sident, d'un second président, et de seize con-
» seillers.

» Il y aura auprès de la même cour un avocat-
» général personnellement chargé des fonctions du
» ministère public, et cinq substituts qui participe-
» ront à l'exercice des mêmes fonctions, sous la
» direction de l'avocat-général.

» La Cour de cassation se divise en deux chambres.

» La première chambre connaît des pouvoirs en
» matière civile, et la seconde des pouvoirs en ma-
» tière criminelle : chacune d'elles est composée d'un
» président et de huit conseillers.

» Le premier président préside la chambre civile
» et même l'autre chambre, quand il le juge conve-
» nable. Il préside de plus les audiences solennelles
» ainsi que les chambres réunies dans les cas déter-
» minés par la loi ; si quelque empêchement s'y op-
» pose, elles sont présidées par le vice-président.

» Art. 3. — Les conflits d'attribution sont jugés
» par les chambres réunies.

» Art. 4. — Hors les cas où la réunion des chambres
» est expressément ordonnée par la loi, si, eu égard
» à la nature des affaires, le premier président croit
» convenable de les réunir, il nous en sera fait rap-
» port par le chef du département de la grande chan-
» cellerie, qui recevra et transmettra nos ordres à
» ce sujet.

» Art. 5. — Les membres qui doivent composer
» les chambres seront, chaque année, désignés par
» nous.

» Art. 6. — Chaque chambre, siégeant isolément,
» ne pourra juger qu'au nombre de sept juges au
» moins.

» Les deux chambres réunies ne pourront juger
» qu'au nombre de quinze membres.

» Art. 7. — Si, à raison de quelque empêche-
» ment, une chambre n'est pas composée d'un
» nombre de juges suffisant, le premier président la
» complétera en prenant dans l'autre chambre les
» membres nécessaires pour pouvoir délibérer.

» Art. 8. — Les arrêts seront rendus à la majorité
» absolue des suffrages; ils seront toujours motivés,
» soit qu'ils prononcent, soit qu'ils rejettent la cas-
» sation.

» Art. 9. — Les séances seront publiques, l'avo-
» cat-général y assistera.

» Art. 10. — Le recours en cassation n'aura lieu
» que contre les jugements rendus en dernier ressort
» contre lesquels il n'existera pas d'autre voie.

» Art. 11. — Le recours en cassation ne sera point
» reçu :

» 1° Contre un jugement dont on aurait pu appe-
» ler, et que l'on aura laissé passer en force de chose
» jugée, faute d'avoir interjeté appel dans le délai
» fixé par la loi ;

» 2° Contre les jugements définitifs auxquels le
» recourant aura acquiescé, soit expressément, soit
» tacitement, par le payement volontaire des frais ou
» par tout autre acte fait sans contrainte et sans ré-
» serve, en exécution du jugement en dernier ressort ;

» 3° Contre les jugements en dernier ressort sujets
» à opposition ; mais, le délai de l'opposition expiré,
» les jugements seront susceptibles d'être attaqués
» par voie de cassation.

» Art. 12. — Le recours en cassation contre les
» jugements ou ordonnances préparatoires et d'in-
» struction ne sera ouvert qu'après le jugement dé-
» finitif, et conjointement avec le pourvoi contre ce
» jugement. L'exécution volontaire de tels jugements
» ou ordonnances ne pourra, en aucun cas, être
» opposée comme fin de non-recevoir.

» La présente disposition ne s'applique point aux
» jugements ou ordonnances, non susceptibles d'ap-
» pel, rendus sur la compétence.

» Art. 13. — Si le chef de l'arrêt ou du jugement
» contre lequel il y a ouverture à cassation est in-
» dépendant des autres, le pourvoi ne pourra être
» formé que contre ce chef. Si, au contraire, le chef
» de l'arrêt ou du jugement contre lequel il y a ou-
» verture à cassation est le principe des autres chefs,
» la cassation de toutes les dispositions pourra être
» demandée.

» Art. 14. — Ne seront sujets à cassation ni les
» jugements rendus en matière criminelle, correc-
» tionnelle et de police, par le conseil de l'amirauté,
» ni ceux rendus par les conseils de guerre de terre
» ou de mer, si ce n'est pour cause d'incompétence
» ou d'excès de pouvoir. En pareil cas, le recours
» sera adressé à la grande chancellerie pour être
» transmis à la Cour de cassation, après avoir pris
» nos ordres.

» Toutefois il n'y aura jamais ouverture à cassa-
» tion contre les jugements prononcés, soit en temps
» de paix, soit en temps de guerre, par les con-
» seils de guerre extraordinaires, ou, en temps de
» guerre, par les tribunaux militaires de terre ou de
» mer, quels qu'ils soient.

» Art. 15. — Les moyens de cassation en matière
» criminelle, correctionnelle et de police, sont déter-
» minés par les dispositions contenues dans le livre 2,
» titre 11 du Code de procédure criminelle, et sont
» jugés suivant les formes qui y sont établies.

» Art. 16. — En matière civile, il y aura lieu au
» recours en cassation toutes les fois qu'un juge
» ment en dernier ressort contiendra une contraven-
» tion formelle à la loi.

» Il y a contravention formelle à la loi :

» 1° Si le juge est incompétent, ou s'il a excédé
» son pouvoir;

» 2° S'il a consacré par son jugement une viola-
» tion ou omission de formes, ou si lui-même l'a
» commise;

» 3° S'il a prononcé contre une disposition ex-
» presse de la loi;

» 4° S'il y a contrariété de jugements rendus entre
» les mêmes parties et sur les mêmes moyens, en
» différents tribunaux ou en différentes chambres
» d'une même cour.

» Dans ce cas, la demande en cassation sera di-
» rigée contre le second jugement, comme contraire
» à la chose jugée par le premier.

» 5° Dans tous autres cas qui seront déterminés
» par la loi.

» Art. 17. — Il n'y aura pas ouverture à cassa-
» tion contre les jugements rendus en dernier res-
» sort par les juges de mandement dans les matières
» civiles, ou par les juges de semaine devant les tri-
» bunaux de commerce, si ce n'est pour excès de
» pouvoir, ou dans l'intérêt de la loi.

» Dans ce dernier cas, on appliquera la disposi-
» tion de l'alinéa de l'art. 21.

» Art. 18. — En matière civile, le recours en cas-
» sation n'aura aucun effet suspensif, à moins qu'il
» n'ait été autrement prescrit par la loi.

» Art. 19. — La Cour de cassation ne connaît
» pas du fond des affaires portées devant elle.

» En cas d'annulation pour cause d'incompétence,
» l'affaire sera renvoyée par-devant le juge compé-
» tent; dans tous les autres cas, elle sera renvoyée
» à un tribunal ou juge de la même qualité que celui
» dont le jugement aura été annulé, et elle le dési-
» gnera.

» Lorsque le jugement annulé pour des motifs
» autres que l'incompétence aura été prononcé par
» une Cour, le renvoi sera fait à la même Cour, com-
» posée de juges qui n'auront pas concouru à rendre
» le jugement annulé.

» La Cour de cassation pourra même, si les cir-
» constances de la cause l'exigent, la renvoyer à une
» Cour autre que celle qui a rendu l'arrêt annulé :
» elle n'usera de cette faculté qu'avec la plus grande
» réserve et sans préjudice de ce qui est établi par
» les art. 602, 603 et 604 du Code de procédure
» criminelle.

» Néanmoins il n'y aura pas lieu au renvoi :

» 1° Lorsque la cassation aura été prononcée à
» raison de contrariété de jugements : en ce cas, le

» premier jugement sera exécuté selon sa forme et
» teneur;

» 2° Lorsque le jugement annulé aura mal à pro-
» pos reçu l'appel d'un jugement en dernier ressort :
» en ce cas, la Cour ordonnera que le jugement
» dont l'appel avait été reçu soit exécuté. Cette dis-
» position est pareillement applicable en matière cri-
» minelle, correctionnelle et de police;

» 3° Dans tous autres cas déterminés par la loi.

» Art. 20. — Le ministère public sera entendu
» dans toutes les affaires soumises à la décision de
» la Cour de cassation.

» Art. 21. — Si aucune des parties n'a recouru
» dans le délai fixé, l'avocat-général pourra, après
» ce délai expiré, dénoncer d'office à la Cour de cas-
» sation, les arrêts et jugements en dernier ressort
» qu'il croira devoir être annulés dans l'intérêt de
» la loi.

» Lesdits arrêts ou jugements seront annulés, s'il
» en est le cas, sans que les parties puissent former
» opposition à leur exécution.

» Art. 22. — Si, dans le cas prévu par l'article
» précédent, un arrêt ou jugement rendu en ma-
» tière criminelle, correctionnelle ou de police, est
» annulé pour violation ou omission de formes ou
» pour le motif qu'on a appliqué au condamné une
» peine plus forte que celle déterminée par la loi,
» le ministère public près la Cour en donnera sans

CHAPITRE VII.

» délai avis au chef du département de la grande
» chancellerie, qui nous en fera le rapport et pren-
» dra nos ordres à ce sujet.

» Art. 23. — Lorsqu'après la cassation d'un pre-
» mier arrêt ou jugement rendu en dernier ressort,
» le second arrêt ou jugement rendu dans la même
» affaire, entre les mêmes parties, procédant en la
» même qualité, sera attaqué par les mêmes moyens
» que le premier, la Cour prononcera, chambres
» réunies.

» Si le second arrêt ou jugement est annulé pour
» les mêmes motifs que le premier, on se confor-
» mera, en matière civile comme en matière cri-
» minelle, à ce qui est établi par le premier et le
» second alinéa de l'art. 616 du Code de procédure
» criminelle.

» Art. 24. — La manière de se pourvoir en cas-
» sation ou en révision et de procéder par-devant la
» Cour en matière criminelle correctionnelle et de
» police, est réglée par les dispositions du Code
» de procédure criminelle, liv. 2, tit. 11, chap. 1,
» 2 et 3, et forme de plus l'objet du règlement par-
» ticulier annexé au présent, lequel contient en
» outre des dispositions spéciales en ce qui con-
» cerne la procédure de cassation en matière
» civile.

» Art. 25. — Il y aura près de la Cour de cassa-
» tion un secrétaire, deux substituts-secrétaires et

» six commis expéditionnaires. Le secrétaire et les
» substituts-secrétaires seront nommés par nous.

» La Cour nommera les expéditionnaires sur une
» liste triple de candidats présentée par le secrétaire,
» qui pourra les révoquer avec l'agrément du pre-
» mier président.

» Art. 26. — Nul ne pourra être proposé pour les
» charges de président, de conseiller ou d'avocat-
» général, s'il n'est âgé de quarante ans et n'a
» exercé des fonctions judiciaires ou suivi le bar-
» reau pendant dix ans.

» Les substituts devront être âgés de trente ans
» et avoir exercé des fonctions judiciaires ou suivi
» le barreau pendant six ans au moins.

» Le secrétaire devra avoir l'âge de trente ans
» accomplis, le grade de docteur en droit, et avoir
» exercé pendant cinq années des fonctions judi-
» ciaires ou la profession d'avocat, ou même les
» fonctions de secrétaire d'une Cour.

» Les substituts-secrétaires devront être âgés de
» vingt-cinq accomplis et avoir obtenu le grade de
» docteur en droit. Sont néanmoins dispensés de ce
» grade ceux qui auront exercé pendant cinq ans
» les fonctions de secrétaire près d'une Cour ou
» d'un tribunal de préfecture.

» Art. 27. — Les avocats près la Cour de cassa-
» tion seront nommés par nous et choisis parmi les
» membres du barreau qui, depuis dix ans, auront

» exercé la profession d'avocat. Le nombre en sera
» déterminé.

» Ils pourront également postuler devant les Cours
» et les tribunaux.

» Art. 28. — Il y aura près la Cour de cassation
» cinq huissiers qui seront nommés par nous. Ils
» instrumenteront exclusivement pour les affaires
» qui sont de la compétence de cette Cour dans
» l'étendue de la ville où elle siége; ils pourront
» exploiter concurremment avec les autres huissiers
» dans toute la province de la résidence de ladite
» Cour.

» Art. 29. — Le rang, le costume et les appoin-
» tements des membres de la Cour de cassation se-
» ront l'objet de déterminations spéciales.

» Art. 30. — La commission de révision créée
» par notre édit du 13 avril 1841 cessera ses fonc-
» tions le jour où la Cour de cassation sera in-
» stallée.

» Art. 31. — Jusqu'à la formation et mise en
» vigueur du Code de procédure civile qui s'élabore
» conformément à nos ordres, les attributions don-
» nées à la commission de révision par notre édit
» précité du 13 avril 1841 et par le règlement ap-
» prouvé par nos lettres-patentes du 30 juillet
» même année, sont conférées à la Cour de cassa-
» tion établie par le présent édit, qui les exercera

» selon les règles et les formes observées jusqu'à ce
» jour.

» Les pourvois introduits par-devant ladite com-
» mission, sur lesquels il n'aura pas encore été sta-
» tué définitivement lors de l'installation de la Cour
» de cassation, seront portés par-devant elle et con-
» tinueront à avoir leur cours, conformément à ce
» qui est établi par l'édit et par le règlement men-
» tionnés ci-dessus.

» Art. 32. — Les dispositions du présent édit,
» ainsi que celles contenues dans le règlement an-
» nexé et visé de notre ordre par notre premier se-
» crétaire d'État pour les affaires ecclésiastiques, de
» grâce et de justice, dirigeant la grande chancel-
» lerie, auront effet à partir du 1er mai 1848.

» Art. 33. — Toutes dispositions des lois anté-
» rieures sont abrogées en ce qu'elles auraient de
» contraire au présent édit et au règlement y an-
» nexé.

» Mandons à notre Sénat de Savoie et à la Cham-
» bre des comptes d'entériner le présent édit avec
» le règlement y annexé, voulant qu'ils soient insé-
» rés dans le recueil des actes de notre gouverne-
» ment, et qu'aux copies imprimées à l'imprimerie
» du gouvernement en Savoie foi soit ajoutée comme
» à l'original; car telle est notre volonté.

» Donné à Turin le trente du mois d'octobre, l'an

» de grâce mil huit cent quarante-sept, et de notre
» règne le dix-septième.

» CHARLES-ALBERT.

» Vu : Des Ambrois.
» Vu : De Revel.
» Vu : De Collegno.
» Avet. »

Tandis que ces réformes, toutes marquées au coin de la sagesse, et imprégnées d'un ardent amour du peuple, régularisaient toutes choses, réglaient les devoirs et assuraient les droits des citoyens, le gouvernement de Charles-Albert, réuni aux plénipotentiaires des États de l'Église et de la Toscane, jetaient les bases d'une union douanière entre ces trois États.

Cet acte, dont la portée politique est immense, était le pas le plus considérable qu'avait encore fait l'Italie dans la voie du progrès, de ce progrès sage et décidé qui a trouvé son point de départ au Quirinal, son point d'appui dans le cœur et dans la généreuse et puissante pensée de Pie IX, de Charles-Albert et de Léopold.

Augmenter par des moyens réguliers, sans secousses, sans irritation, sans violences, la force et l'indépendance des gouvernements italiens; effacer le souvenir des luttes du moyen âge qui les ont si longtemps divisés par des frontières de cadavres et des fleuves de sang ; rappeler aux citoyens de ces divers gouvernements qu'ils sont les fils d'une même mère, l'Italie, les enfants d'une seule patrie, l'italie, les membres d'une même famille, l'Italie ; leur rappeler incessamment, d'après l'infaillibilité de l'Écriture, que toute famille, que tout royaume divisé porte en son sein des symptômes de mort ; rétablir enfin l'unité italienne ; en former un faisceau compacte, indissoluble, voilà le désir constant, la volonté immuable des trois princes qui marchent à la tête du mouvement italien ; voilà la signification textuelle du traité que nous croyons devoir reproduire.

» Monsignor Corboli Bussi, prélat domestique de
» Sa Sainteté, et M. le chevalier Martini, chambellan
» de S. A. I. et R. le grand-duc de Toscane, s'étant
» réunis le 3 novembre au ministère des affaires
» étrangères de S. M. le roi de Sardaigne, ont signé
» la déclaration suivante :

» Sa S. le souverain pontife Pie IX, S. M. le roi
» de Sardaigne et S. A. I. et R. le grand-duc de
» Toscane et duc de Lucques, animés sans cesse du
» désir de contribuer par leur union à tout ce qui
» peut accroître la *dignité et la prospérité de l'Italie,*
» persuadés en outre que la base vraie et essentielle
» de l'union de l'Italie consiste dans la fusion des
» intérêts matériels des populations qui forment leurs

CHAPITRE VII.

» États respectifs ; convaincus, d'un autre côté, que ce
» sera là le moyen le plus efficace pour accroître,
» avec le temps, l'industrie et le commerce natio-
» nal ; confirmés d'ailleurs dans ces sentiments par
» l'espoir de l'adhésion des autres souverains de
» l'Italie, ont pris la résolution de former entre leurs
» États respectifs une union douanière.

» A ces fins, les soussignés, en vertu des pleins
» pouvoirs donnés à chacun d'eux par son souve-
» rain, déclarent ce qui suit :

» Article 1er. — Une union douanière est arrêtée
» en principe entre les États du Saint-Siége, le
» royaume de Sardaigne, la Toscane et Lucques.

» Cette union devra s'effectuer à l'aide de com-
» missaires, délégués par les hautes parties contrac-
» tantes et chargés de procéder à la formation d'un
» tarif uniforme de droits et à l'établissement d'un
   principe équitable de distribution de produits
» communs.

» Art. 2. — Dans la formation du tarif dont parle
» l'article précédent, ainsi que dans les révisions
» subséquentes de ce tarif, révisions qui devront
» avoir lieu périodiquement, selon le mode qui sera
» convenu, on s'efforcera de marcher vers la plus
» grande liberté commerciale qui sera compatible
» avec les intérêts respectifs des États contractants.

» Art. 3. — L'époque et le lieu de la réunion
» en congrès douanier des commissaires des divers

» États seront fixés aussitôt que les intentions défi-
» nitives de S. M. le roi des Deux-Siciles et de
» S. A. R. le duc de Modène, relativement à l'union
» douanière, seront connues. »

Suivent les signatures.

La création de ce zollverein italien n'est pas seulement un événement immense au point de vue politique, il présente un intérêt énorme à la question commerciale.

Placée d'un côté entre l'union allemande, de l'autre entre l'association italienne, l'Autriche devra nécessairement abdiquer ses répugnances et opter pour l'une des deux. Quant à la France, elle ne peut qu'applaudir à cet acte, qui réunit les populations divisées de l'Italie sous une même législation douanière. L'Italie deviendra pour elle un marché qui lui présentera par la suite de grands avantages.

Le gouvernement français doit tout faire, il ne doit rien négliger pour tirer parti de cette nouvelle situation.

En attendant, et pour donner plus de développement aux transactions commerciales de ses États, Charles-Albert autorisait, par lettres-patentes royales du 16 octobre, l'établissement dans la ville de Turin d'une banque d'escompte, de dépôts et de comptes-courants, sous le titre de *Banque de Turin*.

Conformément à ses statuts, un commissaire et un

vice-commissaire, nommés par le roi, doivent veiller à leur exécution, ainsi qu'au maintien des opérations de la Banque, dans les limites qui lui étaient fixées, et à l'observation des mesures prescrites dans l'intérêt public et privé.

Aucune délibération ne pouvait être valide, si elle n'était prise en l'assistance du commissaire ou vice-commissaire du roi. L'art. 346 du Code pénal était applicable à ceux qui auraient fabriqué de faux billets, qui auraient falsifié les billets de la Banque, ou introduit dans les États des billets faux ou falsifiés.

Les autres dispositions des lettres-patentes étaient relatives à la présentation des états de situation de la Banque aux époques déterminées, aux vérifications de la comptabilité, aux droits de timbre sur les effets, etc., etc... Il était déclaré en outre qu'aucun séquestre ne pouvait être maintenu ou admis sur les sommes en espèces qui seront réellement versées en compte-courant à cette Banque.

Mais nos lecteurs apprécieront bien mieux l'importance de cette institution, quand ils en connaîtront les statuts que nous pensons devoir mettre sous leurs yeux :

Statuts de la Banque de Turin.

TITRE PREMIER.

CHAPITRE PREMIER. — DE LA FORMATION ET DE LA DURÉE DE LA SOCIÉTÉ.

« Article 1er. — Il sera établi à Turin, avec l'au-
» torisation royale, une banque d'escompte, de dé-
» pôts et de comptes-courants sous la dénomination
» de *Banque de Turin*.

» Art. 2. — Cette Banque sera formée en société
» anonyme, et le fonds capital composé en actions.

» Art. 3. — La durée de la société est fixée à
» vingt ans, à partir de la date de l'autorisation
» royale.

» La société pourra être renouvelée à son expi-
» ration, moyennant le consentement des proprié-
» taires des deux tiers au moins des actions, qui
» devront alors rembourser aux autres actionnaires
» non-seulement le capital de leurs actions respec-
» tives, mais encore leur part de bénéfice de la der-
» nière année et des fonds de réserve.

CHAPITRE SECOND. — CAPITAL DE LA BANQUE. — ACTIONS.

» Art. 4. — Le fonds capital de la Banque de
» Turin sera de 4 millions de livres nouvelles, divisés
» en quatre mille actions de 1,000 livres chacune.

» Art. 5. — Le versement du montant des actions

» sera effectué à l'hôtel de la Banque, en argent ef-
» fectif, suivant le tarif, et en deux parties égales : la
» première, quinze jours après l'avis qui en sera
» donné aux actionnaires, dès que la Banque sera
» constituée; et l'autre partie, trois mois après.

» Pour le premier desdits versements, il sera dé-
» livré par le caissier principal un reçu signé par
» le directeur et par les régents. Les coupons d'ac-
» tion ne seront délivrés qu'après le second verse-
» ment.

» Art. 6. — Les coupons d'action seront nomina-
» tifs, ils porteront un numéro d'ordre et seront
» signés par les trois régents en exercice et par le
» directeur de la Banque.

» Art. 7. — Les registres à souche des coupons
» seront conservés dans les archives de l'établisse-
» ment et tenus sous clef par le directeur.

» Art. 8. — Les étrangers qui voudront se rendre
» propriétaires d'actions devront élire domicile à
» Turin ou à Gênes, près d'une maison de commerce
» établie dans l'une de ces deux villes.

» Art. 9. — Le transfert des actions pourra avoir
» lieu, soit au moyen d'une déclaration du proprié-
» taire ou de son fondé de pouvoir, soit au moyen
» d'une déclaration mise au dos du coupon visé par
» le directeur, et certifiée à Turin par un des agents
» de change autorisés près l'administration de la

» dette publique, et à Gênes par des agents déjà
» autorisés.

» En cas de succession, le transfert aura lieu en
» remplissant les formalités exigées par les lois.

» Art. 10. — Tout acquéreur d'actions, par le
» moyen de la déclaration de transfert mise au dos
» du coupon, devra en édifier la Banque dans le
» terme de trente jours; à défaut, il perdra l'intérêt
» pendant tout le temps du retard qu'il mettra à
» remplir cette formalité.

» Art. 11. — Le titulaire ou propriétaire qui allé-
» guera d'avoir égaré ou d'avoir été volé de son
» coupon d'actions, pourra en obtenir un autre;
» mais pour s'assurer que cette action n'aura pas été
» négociée dans l'intervalle, la nouvelle inscription
» ne pourra avoir lieu que six mois après qu'avis
» aura été donné à la Banque et que la réclamation
» en aura été faite par la voie des journaux.

» Art. 12. — Une seule action ne pourra être re-
» présentée par un seul nom, bien qu'elle puisse
» être la propriété de plusieurs.

» Art. 13. — Les actionnaires de la Banque ne
» concourront aux charges de l'entreprise que jus-
» qu'à concurrence du montant de leurs actions.

» Toute demande de fonds en augmentation du
» montant des actions est prohibée.

TITRE DEUXIÈME.

NATURE DES OPÉRATIONS.

» Art. 14. — La Banque ne pourra dans aucun cas,
» ni sous aucun prétexte, faire ou entreprendre au-
» cune opération qui soit en dehors des présents
» statuts.

» Art. 15. — Les opérations de la Banque con-
» sistent :

» 1° Dans l'escompte des lettres de change et autres
» effets de commerce qui présentent les conditions
» stipulées aux articles 20 et 21 ;

» 2° La Banque se chargera du recouvrement gra-
» tuit des effets payables à Turin, soit pour le compte
» des particuliers, soit pour celui des établissements
» publics ;

» 3° Elle recevra en compte courant, sans intérêts
» et sans frais, les sommes qui lui seront versées,
» et payera les mandats et assignations jusqu'à con-
» currence de ces sommes ;

» 4° Elle aura une caisse particulière pour le dépôt
» des titres et effets quelconques, ainsi que des ma-
» tières et des monnaies d'or et d'argent.

» Art. 16. — La Banque pourra aussi faire des
» avances :

» 1° Sur dépôts de matière d'or et d'argent ;

» 2° Sur dépôt de cédules de l'État et de titres

» de l'emprunt de Turin et de Gênes, ainsi que sur
» ceux de l'emprunt des finances royales de Sar-
» daigne, créé par édit du 11 janvier 1844 ;

» 3° Sur le dépôt de lettres de change payables sur
» les places étrangères, aux conditions dont il est
» fait mention à l'art. 36.

» Art. 17. — La Banque pourra également ache-
» ter des fonds publics de l'État et de l'étranger,
» non-seulement pour augmenter son fonds de ré-
» serve, mais encore pour en disposer de la manière
» que l'approuvera le gouvernement.

» Art. 18. — La Banque émettra des billets paya-
» bles à vue au porteur, qui seront de 1,000 et de
» 500 liv. nouvelles de Piémont. La Banque pourra
» aussi émettre des billets de 200 livres, mais seu-
» lement jusqu'à concurrence du dixième de l'émis-
» sion totale. Le montant des billets à émettre sera
» déterminé par le conseil de régence.

» Le chiffre des billets en circulation, celui des
» sommes dues par la Banque en compte courant et
» payables à réquisition, ne pourra excéder le triple
» du numéraire existant en caisse.

» Les billets devront être faits de manière à éviter
» tout abus, d'après les règles établies par le conseil
» de régence, avec l'approbation du gouvernement,
» et être de préférence fabriqués dans les États.

» Art. 19. — Pour faciliter ses opérations, la

» Banque pourra mettre en circulation des billets à
» ordre, qui seront susceptibles d'endossement.

TITRE TROISIÈME.
CONDITIONS DES OPÉRATIONS DE LA BANQUE.

» Art. 20. — Les effets susceptibles d'être admis
» à l'escompte devront être timbrés, ils devront être
» à une échéance qui ne dépassera pas 90 jours, et
» se trouver revêtus de la signature d'au moins trois
» personnes notoirement solvables, dont une domi-
» ciliée à Turin.

» La Banque admettra cependant à l'escompte les
» effets garantis par deux signatures seulement, si
» à ces signatures se joint un transfert d'actions de
» la Banque ou de rentes sur l'État.

» Art. 21. — La Banque admettra à l'escompte,
» aux conditions précédentes, les effets de commerce
» sur Turin, Gênes, Chambéry, Nice, Alexandrie,
» Verceil et Novarre, et pour l'étranger ceux payables
» à Paris, Lyon et Marseille.

» Art. 22. — Le conseil de régence fixera chaque
» semaine, et par catégories séparées, les sommes
» destinées à l'escompte des effets mentionnés dans
» l'article précédent.

» Art. 23. — L'escompte et le change des effets à
» escompter seront fixés par le conseil de régence.

» Art. 24. — Les effets payables à Gênes, Cham-
» béry, Nice, Alexandrie, Verceil et Novarre seront

» envoyés à l'encaissement à un correspondant choisi
» par le conseil de régence.

» Art. 25. — Les effets sur l'étranger que la Banque
» est autorisée à escompter, pourront être négociés
» sur place à une ou plusieurs maisons de banque
» choisies par le conseil de régence.

» Art. 26. — En cas de non-payement des effets
» garantis par deux signatures seulement, mais avec
» cession d'actions de la Banque ou autres titres de
» créance, la Banque pourra, sur la simple dénon-
» ciation de l'acte de protêt, faire procéder immé-
» diatement, par le moyen d'un agent de change,
» à la vente des titres transférés en garantie.

» Art. 27. — La Banque refusera d'escompter les
» effets dits de *circulation,* qui ne paraîtront pas
» avoir un correspectif pour mérite.

» Art. 28. — Les recouvrements gratuits faits par
» la Banque s'opéreront en vertu du règlement in-
» térieur de la Banque.

» Art. 29. — Tout individu domicilié à Turin ou
» à Gênes pourra, en en faisant la demande, obtenir
» l'ouverture d'un compte courant à la Banque. Cette
» demande devra être appuyée par deux membres
» du conseil de régence, ou par deux personnes
» ayant déjà un compte ouvert à la Banque. La qua-
» lité d'actionnaire ne confère aucun droit de pré-
» férence.

» Art. 30. — Pour les dépôts volontaires dont il

» est fait mention à l'art. 15 des présents statuts, la
» Banque délivrera un reçu qui exprimera la nature
» et la valeur des objets déposés, le nom et la de-
» meure du déposant, la date du jour où le dépôt
» aura été effectué, et indiquera le jour fixé pour le
» retrait du dépôt, ainsi que le numéro du registre
» d'inscription. Ce reçu ne sera pas négociable.

» La Banque percevra sur les dépôts sur lesquels
» elle n'aura pas fait d'avances, un droit proportion-
» nel qui sera ultérieurement fixé par le conseil de
» régence.

» Art. 31. — Les anticipations ou avances sur
» dépôt de matières d'or et d'argent auront lieu, en
» vertu d'un règlement ultérieur qui fixera le mode
» d'évaluation des dépôts, l'intérêt à payer aux dé-
» posants, et le terme dans lequel les dépôts pour-
» ront et devront être retirés.

» Art. 32. — Les avances sur dépôt de cédules
» ne pourront excéder les quatre cinquièmes de leur
» montant, basé sur la valeur nominale.

» Art. 33. — Celui qui recevra des avances sur
» dépôt de cédules, prendra l'engagement de rem-
» bourser la Banque dans un terme qui ne sera ja-
» mais moindre de trois mois, et s'engagera à payer
» la différence chaque fois que les cédules auront
» subi une baisse de dix pour cent.

» Art. 34. — Lorsque la personne à qui il aura
» été fait des avances sur dépôt ne satisfera pas la

» Banque dans les trois jours qui suivront l'échéance,
» elle pourra faire vendre, par l'entremise des agents
» de change, tout ou partie des cédules déposées,
» afin de se rembourser avec le produit de la vente
» du montant de son capital, des intérêts et des
» frais, le surplus sera restitué à l'emprunteur. Ces
» conditions seront exprimées et consenties par celui
» qui reçoit des avances dans l'obligation dont il
» est fait mention à l'art. 33.

» Art. 35. — L'intérêt des sommes prêtées sur
» dépôt sera ultérieurement fixé, il ne sera dans
» tous les cas que d'un quart ou d'un demi pour
» cent inférieur à celui établi pour l'escompte des
» lettres de change et autres effets de commerce.

» Art. 36. — Les lettres de change sur l'étranger
» devront réunir les mêmes conditions que celles
» payables à Turin et à Gênes, pour qu'elles puis-
» sent être escomptées.

» Le conseil de régence fixera le change desdits
» effets de manière à ne pas courir d'éventualité, et
» déterminera chaque semaine la somme à affecter
» à ces négociations, en en fixant l'escompte qui
» pourra être plus fort, mais jamais inférieur à celui
» fixé pour les effets payables à Turin et à Gênes.

Chapitre troisième. — Du dividende et fonds de réserve.

» Art. 37. — Tous les six mois, au 30 juin et au

» 31 décembre de chaque année, il sera fait une ré-
» partition aux actionnaires des bénéfices obtenus
» pendant le second semestre, déduction faite de
» tous les frais d'administration. Quant aux frais de
» première installation, ils devront être répartis par
» vingtième et entrer jusqu'à cette concurrence dans
» les balances annuelles des vingt années de la du-
» rée de la Banque.

» Lorsque les bénéfices semestriels s'élèveront à
» plus de 2 0/0 du capital primitif, il sera fait sur
» l'excédant une retenue de 25 0/0, dont le mon-
» tant sera affecté à former un fonds de réserve.
» Lorsque le dividende trimestriel n'arrivera pas à
» 2 0/0, on prendra sur ce fonds de réserve la
» somme nécessaire pour l'amener à ce chiffre.

» Une fois que le fonds de réserve sera arrivé au
» cinquième du capital, c'est-à-dire à 800,000 liv.,
» les profits du semestre seront distribués sans re-
» tenue aux actionnaires. Dans le cas où, par les
» prélèvements semestriels, le fonds de réserve vien-
» drait à être réduit à un chiffre inférieur au cin-
» quième du capital, alors la retenue devra recom-
» mencer et durer jusqu'à ce qu'il soit de nouveau
» arrivé au chiffre de 800,000 liv.

» Les fonds mis en réserve pourront être em-
» ployés à acheter des rentes publiques sur l'État,
» suivant le dispositif de l'article 17. »

Les autres chapitres sont relatifs aux assemblées

générales, aux Conseils de régence, aux censeurs, au directeur; puis viennent les dispositions générales. Les assemblées générales se composeront de soixante actionnaires domiciliés dans les États, et qui seront propriétaires du plus grand nombre d'actions. Le Conseil de régence sera composé de douze régents et de trois censeurs qui demeureront en charge pendant trois ans. Les fonctions de régent et de censeur seront gratuites. Ils devront, avant d'entrer en fonctions, faire constater qu'ils sont propriétaires de vingt actions, qui demeureront inaliénables pendant toute la durée de leurs fonctions.

Le Conseil d'escompte sera composé de neuf négociants habitant à Turin; ils seront choisis par les censeurs sur une triple liste présentée par les régents. Le directeur exercera, au nom du Conseil de régence, la direction des affaires de la Banque et de ses bureaux. Avant d'entrer en fonctions, le directeur sera tenu de justifier de la propriété d'au moins trente actions, qui seront aussi inaliénables pendant tout le temps de sa gestion. Le directeur ne pourra être révoqué que par délibération du Conseil de régence prise dans une assemblée composée au moins de neuf régents et de deux censeurs.

Ainsi, qu'on le voit, les réformes annoncées par le roi n'étaient plus à l'état de promesse, elles poursuivaient rapidement leur cours d'exécution, preuve certaine que le travail fait, depuis longtemps, n'at-

CHAPITRE VII.

tendait que le moment favorable pour être publié. Aussi partout la reconnaissance populaire s'élevait à la hauteur de la générosité royale, partout le peuple célébrait les réformes accordées par le roi comme une félicité publique, la délivrance ou la résurrection de la patrie. Pendant plusieurs jours, les diverses provinces des États sardes présentèrent le spectacle inouï d'une illumination qui de la rivière de Gênes répondit aux cimes alpestres de la Savoie; partout le village, le hameau, la chaumière, voulurent avoir leur part dans les réjouissances de la capitale. Le bonheur est communicatif, il se propage si facilement que souvent on est heureux d'un bonheur qu'on ne comprend pas, mais que l'on pressent par la joie de ceux qui vous entourent.

J'ai entendu plusieurs hommes du peuple s'écrier à Turin, dans la joyeuse naïveté de leur âme : « Vive » Charles-Albert et son nouvel uniforme! » c'est ainsi qu'ils interprétaient le cri général de *Viva Carlo-Alberto e sue nove riforme*. C'était peut-être pour la première fois de leur vie que le mot de réforme parvenait à leurs oreilles ; n'importe, ce mot était pour eux le signe de la réjouissance nationale, et leur cœur se chargeait alors de le traduire par un cri d'amour et de reconnaissance.

J'ai vu un père de famille qui criait plus fort que les autres : Vive Charles-Albert et la réforme! parce que disait-il à son fils en l'embrassant : « Mon gar-

» çon, tu ne me quitteras pas, tu resteras avec nous,
» car le roi ne veut pas de conscrits cette année ; il
» les *a tous réformés;* ton numéro cinq est aussi bon
» que le dernier : Vive Charles-Albert! Vive la ré-
» forme!..... » Revenons à Charles-Albert.

CHAPITRE VIII.

Le bon peuple! — Premier relais. — Asti. — Alfiéri. — Ce qu'est un poète. — Alexandrie. — Les Guelfes et les Gibelins. — Mauvaise plaisanterie. — Bataille de la Trébia. — Siége de la citadelle. — Présence d'esprit du général. — Repartie de la garnison. — Capitulation. — La France est là! — Marengo. — Bataille. — Le premier consul et Franklin Bonafous. — Les Apennins. — Arrivée de Charles-Albert à Gênes. — Fêtes, réjouissances, illuminations. — Promenades du roi à cheval. — Scènes touchantes. — Remarquables paroles.

« Le bon peuple! » dit-il en écoutant les cris lointains de vive le roi! qui, malgré la distance et le bruit de ses chevaux lancés au grand trot sur la route de Gênes, parvenaient encore à son oreille pour s'éteindre en son cœur. « Le bon peuple! son
» enthousiasme, ajouta-t-il, a dû me trouver froid,
» insensible peut-être à ses démonstrations éclatantes,
» à ses transports d'amour et de reconnaissance
» pour le prince réformateur : il se tromperait si
» telle était sa pensée; car, si la pâleur de la fatigue
» et de la souffrance voilait mon front, si l'émo-
» tion fermait mes lèvres, mon cœur était brûlant,
» mon regard devait exprimer les sentiments que
» j'éprouvais ; j'étais heureux, et le bonheur est
» muet, silencieux, comme la tristesse et le déses-
» poir! »

Ainsi disait le roi Charles-Albert après avoir quitté la foule innombrable qui l'avait accompagné jusqu'à ses voitures, hors les portes de sa capitale ; ainsi disait-il ; et les postillons, répondant à l'impatience de sa pensée, brûlaient la route et arrivaient rapidement au premier relais.

La route se trouvait là barrée par une colonne de paysans et de paysannes accourus de tous les côtés pour saluer le prince qui la veille, leur avait-on dit, avait à jamais assuré le bonheur du pays. Les paysans crièrent : Vive le roi! Les paysannes jetèrent leurs bouquets de fleurs sur la route, et les voitures royales s'élancèrent vers un second relais.

Là encore des groupes nombreux et vêtus comme en un jour de fête attendaient le roi pour le féliciter. Le voyage de Charles-Albert fut un long et continuel triomphe ; car les habitants des campagnes, désertant leurs villages et leurs hameaux, s'étaient échelonnés sur les deux bords du chemin pour former une double haie sur le passage du royal cortége.

La première ville qu'on trouve dans ces riches plaines, dont l'incomparable fertilité répond toujours aux espérances des laboureurs, ces plaines arrosées par le Tanaro, caressant de ses flots bleus la vigne aux ceps d'or qui produit les meilleurs vins du Piémont, c'est la ville d'Asti.

Irrégulière, petite et laide, elle est cependant belle et grande par son souvenir historique : c'est à Asti que le plus grand poëte tragique de l'Italie a

CHAPITRE VIII.

trouvé son berceau : Alfiéri, cet homme immense, que le dernier rejeton de la race des Stuarts, la comtesse d'Albany, devait un jour épouser en foulant aux pieds l'exigence des préjugés qui faisaient loi à cette époque, où l'on ne connaissait que la distinction de la naissance.

Quelques jours avant la bénédiction nuptiale, un évêque lui dit :

« — Réfléchissez, comtesse; il en est temps en-
» core. Alfiéri est grand parmi les hommes; mais son
» génie peut-il entrer en lignes de compte avec les
» avantages de la naissance? Vous pouvez prétendre
» à un trône, puisque la main de vos ancêtres a
» porté le sceptre, et que vous êtes reine déjà par
» les charmes de la beauté.

» — Vous avez raison, répondit la belle comtesse
» d'Albany. Oui, mon ambition peut prétendre à
» de hautes destinées. Oui, mon front est fait pour le
» diadème aussi bien que mon pied pour les mar-
» ches d'un trône. Voilà pourquoi je veux épouser...

— » Quel prince ? s'écria l'évêque en l'interrom-
» pant.

— » Plus qu'un prince, répondit la comtesse.

— » Un roi peut-être?

— » Plus encore!

— » Un empereur alors?

— » Plus toujours..... »

L'évêque inclina sa tête sur sa poitrine, il avait compris : « J'épouserai le poète Alfiéri. »

L'évêque est mort, la comtesse d'Albany a rejoint dans la tombe ses très-illustres, très-hauts et très-puissants ancêtres : le poète Alfiéri vit encore, il vivra toujours ; car seul ici-bas le génie ne meurt point.

Une députation composée de l'élite des habitants attendait Charles-Albert aux portes de la ville pour le complimenter. Ainsi qu'à Turin, comme partout, l'enthousiasme fut à son comble. Le peuple, dit-on, voulut dételer les chevaux de la voiture et porter le roi en triomphe. Charles-Albert s'y opposa, disant :

« Mes amis, portez-moi en votre cœur ; vous
» vivrez toujours dans le mien. »

Et il partit pour recueillir sur sa route, avec de nouveaux hommages, de continuelles protestations d'amour, de dévouement et de reconnaissance. Alexandrie attendait son arrivée avec impatience.

Les factions des guelfes et des gibelins, dont les excès sont marqués avec du sang à tous les feuillets de l'histoire de l'Italie, ont été la première pierre de la fondation de cette ville. Les guelfes, persécutés, s'y réfugièrent en 1178 ; ils y élevèrent à la hâte une cité dont les murs furent construits avec un mélange de mortier, de paille hâchée et de marne argilleuse. Ils l'appelèrent Alexandrie par déférence pour leur chef de parti, qui trônait sur le siége pontifical sous le nom d'Alexandre III ; mais les gibelins, qui avaient embrassé avec fureur les intérêts de l'empereur Frédéric-Barberousse contre le souverain pontife, faisant allusion aux matériaux dont ils s'étaient servis, la nommèrent par dérision *Alexandrie-la-Paille*. Cette manifestation, inspirée par le mépris, ne les empêcha pas d'employer tous leurs efforts pour s'emparer de la retraite de leurs malheureux adversaires, efforts qui échouèrent devant le courage et l'énergie de ses défenseurs.

L'empereur Frédéric-Barberousse, à la tête d'une vaillante armée, vint lui-même en faire le siége ; mais il fut contraint de le lever, après l'avoir prolongé pendant plus de six mois ; les murs de paille s'étaient transformés en remparts de fer.

Une mauvaise plaisanterie le dédommagea de ce revers ; dans un mouvement de colère il s'écria, en faisant allusion au pape Alexandre III : « *Per Bacho*, » les guelfes ont pour la première fois de leur vie » montré un peu d'esprit et beaucoup d'attachement » *à leur famille ;* ils ont eu raison de bâtir une ville » en l'honneur d'un âne vivant, puisque le grand » Alexandre en a fait élever une pour consacrer la » mémoire de son cheval mort. »

Le pape Alexandre conçut une si grande joie de ce succès inespéré, qu'il établit immédiatement dans l'enceinte de la glorieuse ville qui portait son nom un évêché suffragant de l'archevêché de Milan.

Bien longtemps après, le roi de Sardaigne, devenu maître de cette place, s'occupa à en réformer et en agrandir les fortifications. Déjà d'importants ouvrages avaient remplacé les remparts d'argile et de paille, qui ne pouvaient plus offrir de résistance aux nouveaux moyens de siége. Des revêtements, des fossés profonds et larges, une citadelle réputée imprenable, firent bientôt de cette place l'une des meilleures forteresses de l'Europe.

A l'époque de la révolution française, ces fortifications, qui se trouvaient dans toute leur splendeur, furent témoins du courage des troupes de la France.

L'armée austro-russe, après avoir forcé le Tesin et le Pô, se rendit maîtresse de cette ville, que les Français avaient évacuée pour se réfugier dans la citadelle.

Après la bataille de la Trebia, livrée pendant trois jours consécutifs, dans les mêmes lieux, sur le même terrain où les Romains avaient été vaincus par Annibal, le général Moreau, n'ayant pu réussir à opérer sa jonction avec le général Macdonald, défendait le fameux passage de la Bochetta. Les lignes de son armée se développaient de Gavi à Savone, par les frontières de la Ligurie; tandis que les débris de celle de Macdonald, poursuivis avec acharnement par les Austro-Russes, se concentraient peu à peu sur le territoire ligurien entre Pontremoli, Sarzan, Massa et Carrare. Le gros de l'armée de Suwarow avait pris position entre Novi, Acqui et Alexandrie, dans la vallée d'Orba, afin de couvrir les opérations qui se poussaient vigoureusement contre les citadelles d'Alexandrie et de Tortone.

Cependant le général français Gardane, qui commandait les braves de la citadelle d'Alexandrie, harcelait les assiégeants, au nombre de quinze mille hommes, par de fréquentes et vigoureuses sorties. Les ennemis avaient d'autant plus à cœur de réduire promptement la forteresse, que de sa reddition dépendaient les opérations ultérieures qu'ils méditaient contre Gênes, et qui devaient leur assurer la possession de toute l'Italie sans que les Français eussent l'espoir de pouvoir y rentrer un jour.

La position des assiégés était critique et à peu près désespérée; mais Gardane, comptant toujours sur l'assistance de Moreau, repoussait résolument toutes les propositions de capitulation. Sa présence d'esprit était au niveau de son énergie; un jour une bombe, éclatant dans la citadelle, mit le feu à un magasin à poudre et fit sauter les bâtiments séparés dans lesquels il se trouvait : « Je crois, mes amis, s'écria
» Gardane en riant, que les Austro-Russes sont allés
» chercher aux enfers Satan même, pour nous l'en-
» voyer en parlementaire. — Ce n'est rien, général,
» répondirent les assiégés en continuant sur ce ton
» la plaisanterie ; Satan aura laissé tomber sa pipe
» sur une gargousse ; voulez-vous que nous allions

» f..... du tabac à ses alliés ? — Volontiers, reprit le
» général ; » et, se mettant à la tête de ses grenadiers, il tenta une nouvelle et dernière sortie.

Mais, loin de se déconcerter, les assiégeants mirent encore plus de vigueur dans leurs opérations. Le chemin couvert fut bientôt emporté ; les Austro-Russes se logèrent aussitôt dans les ouvrages avancés, leur artillerie battit en brèche le corps de la place et imposa silence à celle des assiégés : Gardane, trahi par la fortune, capitula.

La citadelle d'Alexandrie, masquée par de gros massifs d'arbre, ne s'aperçoit que lorsque l'on arrive pour ainsi dire aux pieds de ses talus ; mais, aux détours que l'on fait en y entrant, aux larges fossés qu'on peut remplir d'eau à volonté, à l'étendue du terrain qu'elle couvre, on sent que la réputation de cette place est méritée.

La citadelle d'Alexandrie est sans doute appelée à jouer un grand rôle dans les événements immenses qui se préparent au delà des Alpes, mais elle sera digne de ses souvenirs et de ses glorieux antécédents. La croix de Savoie veille à ses portes, malheur aux aigles étrangères qui voudraient s'en approcher de trop près ! malheur aux agresseurs si bientôt, au *qui vive* d'une sentinelle piémontaise, une voix répondait : *Ennemi !* oui, malheur aux envahisseurs, car ce jour-là commencerait une lutte gigantesque. La victoire, dit-on, est toujours *du côté des gros bataillons :* cette maxime est non-seulement fausse, elle est impie; car le Dieu des bataillons, souverainement juste de son essence, ne saurait toujours consacrer le succès par l'injustice. La force morale du droit est autrement puissante que la force numérique de la violence. Commandée par Charles-Albert entouré de ses deux fils, l'armée sarde est invincible. Les baïonnettes étrangères se briseraient plutôt que d'entamer ses rangs unis, serrés par l'amour du roi et l'amour de la patrie.

D'ailleurs, ô nos frères du Piémont, la France est là ; non pas cette France que l'on vous représente ennemie, sans cœur dans la poitrine, sans battements au cœur, sans noble pulsation dans les veines, cadavre jeté sur la dernière page de sa grande histoire, non; la France de Louis XIV, la France de la République, la France de l'Empire ; elle est là, toujours grande, toujours forte, toujours fière, toujours généreuse, elle est là qui espère et attend.

Vous le savez, frères ! vos plus sombres nuages cachent parfois les plus beaux rayons de votre soleil. Notre soleil, à nous, est toujours le même, c'est le soleil qui s'est levé à Austerlitz, le soleil qui a rayonné sur tous les champs de bataille de notre Empire !

Vous étiez là, frères, près de nous, avec nous, au milieu de nous, côte à côte devant le boulet et la mort ; vous étiez là pour cacher avec vos poitrines le vide creusé dans nos rangs par la mitraille; vous étiez là, frères, pour partager nos gloires et nos revers. Nous serons aussi près de vous, frères! le jour où le canon, au mépris des traités sanctionnés par l'Europe, retentira sur vos frontières, nous serons là.

Soyez en sûrs, grenadiers du Piémont, le lion de la France trouvera des ailes pour traverser le mont Cenis et pour aller vous dire: « Frères, je viens vous » payer une dette de reconnaissance. » Le ciel de Pie IX n'est pas trop haut, la France n'est pas trop loin; attendez..... Ne nous maudissez pas, repoussez loin de vous de trompeuses apparences; ne croyez pas ces hommes qui vous disent que la France, renonçant à ses vieilles affections, à ses sympathies, s'apprête à trahir les intérêts qui l'unissent à l'Italie; ne lisez pas ces feuilles périodiques qui, rapetissant la France à leur taille, en font un pygmée. Comment! la France, traître à ses propres intérêts, serait assez ennemie d'elle-même pour appuyer l'épée qui déchirerait le pacte d'amour qui l'unit à vos belles provinces, pour applaudir, pour encourager les tentatives liberticides des envahisseurs! Non, mille fois non, frères; la France est pour vous comme longtemps vous avez été pour elle; la France vous aime comme vous l'avez aimée; la France ne vous faillira point, car vous n'avez pas failli à la France aux jours de ses dangers...... Il suffit.

CHAPITRE VIII.

Le passage de Charles-Albert à Alexandrie fut signalé, comme il l'avait été à Asti, par les démonstrations les plus vives, les transports les plus animés : la ville tout entière l'entourait et lui offrait l'hommage de son amour et de sa reconnaissance. « Si la voix de mon peuple est la voix de Dieu, dit-il » aux personnes qui se trouvaient le plus près de son » auguste personne, Dieu doit bien m'aimer ; il doit » m'aimer comme j'aime mon peuple. » Il ne resta que quelques heures à Alexandrie : on l'attendait à Gênes.

Après avoir quitté cette ville, le regard se porte avec tristesse sur une plaine immense qu'on trouve devant soi. Cette plaine est aride ; point de bois, point de vergers, point de prairies entourées de haies vives : rien que des champs monotones qui se prolongent de tous les côtés à perte de vue. Cette plaine a servi de scène à un grand drame.

Un jour, c'était le 13 juin 1800, deux vaillantes armées se rencontrèrent là. D'un côté, l'armée française, commandée par le général premier consul Bonaparte, n'avait que vingt-cinq mille hommes, conscrits pour la plupart. De l'autre côté, l'armée autrichienne, commandée par le général Mélas, formait un effectif de quarante mille hommes, presque tous vieux soldats aguerris aux fatigues et faits au feu. Le combat s'engagea aussitôt ; la plaine immense disparut dans des tourbillons de fumée, sombres nuages éclairés par les éclairs du canon qui retentissait sans intervalles.

Le corps de Victor, vigoureusement attaqué, se replia ; celui de Lannes entra immédiatement en ligne à droite ; mais repoussé après quelques succès, il fut entraîné par la retraite de la gauche. Le regard d'aigle du premier consul vit, du premier coup d'œil, l'importance qu'il y avait pour lui de tenir sa droite. De son côté, le général Mélas comprit que le succès de la bataille se trouvait là. Bonaparte alors, voulant communiquer par sa droite avec le reste de son armée, fit avancer rapidement au milieu de la plaine huit cents grenadiers d'élite qui formèrent, sous le feu de l'artillerie, le premier noyau de cette vieille garde qui, jeune alors, devint bientôt la gloire des armées françaises et la terreur des ennemis. Les assauts acharnés et répétés des vétérans de l'Autriche se brisèrent contre son immobilité, qui lui valut du vainqueur, sur le champ de bataille même, le mémorable et historique nom de *redoute de granit*.

Cependant Mélas avait donné sur le centre avec une impétuosité telle, qu'après l'avoir culbuté il avait divisé sa colonne victorieuse en deux corps, qui, faisant un quart de tour à droite et à gauche, tombèrent ensuite comme la foudre sur les ailes, et les mirent en déroute...... La *redoute de granit*, comme quinze années plus tard à Waterloo, tenait encore lorsque tout à coup on découvrit dans le lointain des tourbillons de poussière qui se rapprochaient rapidement du champ de bataille.

Plus habile ou moins malheureux que ne fut plus tard Grouchy, le général Desaix, à la tête de sa division, accourait au pas de course. Dans les mains de Bonaparte, ce renfort est le gage assuré de la victoire. L'armée devine la pensée de son chef. Elle se rallie, tandis que les troupes fraîches de Desaix se précipitent en masse sur les Autrichiens, et elle répète avec enthousiasme le cri de l'attaque générale ordonnée sur toute la ligne. Ce mouvement fut exécuté avec une intelligence et une promptitude dignes de vieux soldats. Le général Zach, qui dépasse la ligne des Autrichiens, s'avance à la tête de cinq mille grenadiers blanchis dans les combats : cette manœuvre pouvait être décisive. Desaix court à sa rencontre avec quinze pièces de canon, mais une balle le frappe en pleine poitrine; n'importe, ses compagnons d'armes le vengeront et lui feront de glorieuses funérailles. Ils avancent au cri de vive la France! Et en moins d'une heure, l'armée autrichienne, victorieuse depuis le matin, est complétement défaite au moment où son général croyait cueillir les palmes du triomphe. La conquête du nord de l'Italie fut le fruit de cette journée.

Le voyageur français, qui d'Alexandrie se rend à Gênes, se découvre aujourd'hui devant une statue de marbre blanc élevée sur le bord de la route, et devant un buste qui pose à côté sur un piédestal. La statue est celle du général premier consul Bonaparte; le buste est celui du général Desaix, glorieux vainqueur de Marengo.

Avant de quitter ce champ de bataille ensemencé avec les ossements des braves, citons un fait peu connu et qui a cependant une grande importance pour les relations de la France avec l'Italie. Après la victoire, le général Bonaparte, voulant utiliser les services d'un homme d'origine française et d'un haut mérite, lui offrit la préfecture de Gênes : cet homme refusa l'honneur que Bonaparte lui présentait et dont cependant il était digne sous tous les rapports.

Le premier consul, qui déjà n'était pas habitué à ce qu'on lui refusât ce que bien souvent il exigeait, demanda la cause d'un pareil désintéressement.

« Ce n'est point par désintéressement que je re-
» fuse l'honneur que vous m'offrez, lui répondit son
» interlocuteur, c'est pour un motif tout opposé.

» — C'est alors par intérêt.

» — Vous l'avez dit, général.

» — Vous êtes bien difficile ou bien ambitieux.

» — Ni l'un ni l'autre, mon général, je vous en
» laisse juge : je suis père de famille, j'ai de nom-
» breux enfants.

» — Eh bien, après?

» — Si j'accepte la place que vous m'offrez, je

CHAPITRE VIII.

» devrais pour répondre à votre confiance, la rem-
» plir avec zèle et la plus stricte probité, n'est-ce
» pas vrai, mon général ?

» — Sans doute.

» — Comment voulez-vous alors que les émo-
» luments de cette place puissent subvenir aux be-
» soins de ma nombreuse famille, à l'éducation et à
» l'établissement de mes enfants ?

» — Non-seulement vous avez raison, répliqua
» Bonaparte, mais je vous tiens encore pour un par-
» fait honnête homme... » Puis après avoir réfléchi
quelques instants, il ajouta : « Puisque vous ne voulez
» pas être préfet, ouvrez plus largement le mont Ce-
» nis, reliez l'Italie à la France, vous rendrez service
» au pays et vous ferez fortune ; en attendant rece-
» vez, pour gage de mon estime et de mon amitié,
» le portrait du général Bonaparte que le premier
» consul est heureux de vous offrir. »

Quelque temps après, M. Francklin B... établissait
à Turin la ligne importante qui depuis dessert la
France et l'Italie sous le nom de *Messageries sardes*,
et, ainsi que le général Bonaparte le lui avait prédit,
il rendait un immense service aux deux pays.

Il est difficile de voir un établissement de ce genre
mieux tenu que celui des Messageries sardes. Leurs
employés et leurs conducteurs sont tous d'une obli-
geance extrême, à ce point que nous croyons rendre

service aux voyageurs en leur indiquant ce mode de transport.

D'Alexandrie à Gênes la distance n'est pas très-grande ; quelques instants après avoir quitté la petite ville de Novi, les chevaux qui conduisaient la royale voiture de Charles-Albert s'engagèrent dans les gorges escarpées des Apennins, montagnes hérissées de rochers, dont chaque cime, surmontée d'une tête d'homme, sembla s'animer pour jeter sur le passage du prince réformateur mille cris de reconnaissance.

Le col de la Bochetta est le point culminant où l'on traverse cette suite continuelle de montées et de descentes, de gorges et de ravins qui forment la chaîne des Apennins. De là, l'œil découvre un horizon sans limites. On éprouve une sensation ravissante quand, parvenu au sommet de la Bochetta, on quitte le revers septentrional. D'un côté une brise heureuse et parfumée, de l'autre le vent glacé du nord ; ici le printemps et ses fleurs, là l'hiver et ses frimas ; ici l'olivier, l'oranger, le citronnier chargés de fleurs et de fruits ; là le pin et le mélèze aux branches tristes et plaintives.

Plus loin et devant soi l'on découvre la mer bleue marquetée de voiles blanches, et sur les bords de la mer, au bout de la vallée de la Polvera, un bourg qui promet les merveilles de Gênes la superbe, et puis çà et là l'œil ravi admire des cimes couronnées de forteresses et d'églises, des tourelles, des clochers, des collines superposées au front des montagnes, des vallées qui les séparent, et au fond, à mesure que l'on descend, le large lit de la Polvéra, ruisseau pour les beaux jours, torrent pour les orages.

De Campo-Marone à Ponte-Decimo, on ne rencontre plus que des palais, on ne traverse plus que des lieux enchantés, véritables jardins d'Armide ; partout des fleurs, partout des fruits et cette douceur de température qu'on ne saurait trouver nulle autre part, alors que les vents de la mer ne soufflent plus. On arrive ensuite à Saint-Pierre-d'Arène, ce vestibule de palais qui conduit à la métropole.....
Voici Gênes...

« Vive le roi ! Vive Charles-Albert. »

Ce cri retentissant s'éleva de la terre au ciel comme pour le prendre à témoin de l'amour que le peuple reconnaissant jurait à Charles-Albert au moment où le cortége du prince réformateur fut en vue de Saint-Pierre-d'Arène. « Vive le roi Charles-Al-
» bert ! » C'est accompagné par ce cri, clamé sans interruption, qu'il arriva aux portes de Gênes, où les autorités locales, accompagnées de cinquante mille personnes, le reçurent comme un triomphateur cent fois plus glorieux que les césars de la vieille Rome, ces fiers victorieux qui traînaient derrière leur char les rois et les peuples esclaves. Dans son ambition, Charles-Albert avait rêvé de plus nobles triomphes ;

il arrivait à Gênes escorté par l'amour de ses sujets dont il avait à jamais conquis tous les cœurs.

Aussi pas une voix officielle ne se trouva sur son passage pour lui rappeler, comme une voix de mort, qu'il était homme et que toutes les gloires humaines s'arrêtaient à la tombe ; il n'entendit qu'une seule voix qui le proclamait, comme une voix de Dieu, le père du peuple. Aussi ce peuple tout entier se trouvait là pour recevoir ce roi si bon, si généreux, qu'il appelait son père ; le peuple titré des palais de marbre, le peuple hâlé de la mer, le peuple ouvrier de la rue ; il était là, ne faisant qu'un, côte à côte, sans distinction de rang, de position et de fortune, il n'y avait que les enfants de Charles-Albert.

Au milieu de cette foule joyeuse, aux vêtements variés et pittoresques, auprès du capuchon brun du capucin, du bonnet rouge et noir du pêcheur et du coquet mezzaro blanc des femmes, on distinguait les descendants illustres des grandes familles génoises... le marquis Georges Doria, les Durazzo, les Balbi, les Pareto, etc. : Georges Doria portant avec orgueil le fameux drapeau conquis en 1746 sur les Autrichiens ; Durazzo, le drapeau piémontais ; Balbi, la bannière ligurienne ; le marquis Pareto, un étendard sur lequel étaient écrits ces deux mots : *Vive l'Italie!* Derrière eux on remarquait ensuite, au milieu d'un cortége de prêtres et de moines armés de branches d'olivier, un membre de l'antique famille des Doria, l'abbé de San-Matteo ; ce prêtre portait un drapeau avec cette inscription : *Vive Gioberti !*

Après ce groupe de prêtres, marchait la députation du commerce abritée sous un étendard sur lequel on lisait : « A Charles-Albert, le commerce de » Gênes reconnaissant ! » Une nombreuse députation d'imprimeries s'était rangée, de son côté, sous une bannière portant cette autre inscription : « Vive » Charles-Albert, réformateur de la loi sur la presse ! » Enfin, le regard embrassait de toutes parts un nombre infini de bannières, avec ces différentes devises : « Vive Charles-Albert ! vive le prince réfor- » mateur ! vive Pie IX ! vive l'armée ! vivent nos » frères piémontais ! vivent nos frères de la Savoie ! » vive l'Italie ! etc., etc. »

Cette foule, joyeuse et ravie, se rangeant derrière les voitures du roi et les troupes de la garnison, se remit en marche jusqu'au palais royal, devant la porte duquel Charles-Albert, au milieu de ses fils, s'arrêta pour voir défiler les troupes d'abord, le peuple ensuite. Le roi, visiblement ému, saluait de la tête et de la main tous ces drapeaux, toutes ces bannières qui s'abaissaient en passant devant lui. Il saluait ces masses vivantes qui se découvraient et répondaient par mille acclamations aux nombreux vivat qui partaient simultanément de tous les points ; les marins étrangers s'étaient mêlés aux citoyens de Gênes pour prendre leur part à la fête d'un peuple ami.

Lorsque la grande bannière du commerce reconnaissant, portée par le chevalier Orreto, membre extraordinaire du conseil d'État, fut en présence du roi, elle s'abaissa comme les autres devant Charles-Albert, qui se la fit apporter. Elle demeura à ses côtés pendant tout le temps du défilé, ensuite elle fut transportée par son ordre dans la salle principale du palais, où elle demeura déployée à la grande satisfaction du commerce, qui crut voir dans cet insigne honneur une importante signification. Effectivement, cet étendard ainsi arboré semblait dire : Dans mes plis j'abriterai la prospérité du pays, ses arts, son industrie, ses progrès en tous genres; je serai la bannière nationale pendant la paix et le guidon de la croix de Savoie quand les jours belliqueux se lèveront sur notre territoire en péril. Alors je deviendrai le signe de ralliement de tous les citoyens; alors, comme autrefois, tous les citoyens deviendront soldats; alors l'armée recrutera largement des braves dans mes fabriques, dans mes manufactures, sur mes nombreux chantiers; alors, comme autrefois, l'indépendance et l'honneur du pays seront sauvegardés par le courage et le dévouement à la patrie.

Le soir tous les quartiers de la ville illuminés resplendirent de lumières qui rivalisèrent en éclat avec les étoiles du ciel si pur et si beau de Gênes! Magnifique spectacle, que les navires de la mer, voguant au large, admirèrent, dit-on, comme la plus belle chose que l'on pût voir au monde. Un nombre considérable de jeunes gens, la poitrine couverte de rameaux d'olivier, pacifique symbole, la main armée de flambeaux, emblème d'espérance; le front couvert de drapeaux aux diverses couleurs des provinces, arc-en-ciel de l'union, parcoururent les rues aux cris sans cesse répétés de vive Charles-Albert! cris interrompus seulement pour faire place au beau chant de cet hymne royal parti de Turin, et nationalisé dans tous les États du royaume de Sardaigne.

A sept heures les portes du palais royal s'ouvrirent, et Charles-Albert, sans escorte d'honneur, sans autre garde à ses côtés que l'amour de ses deux fils, sans autre protection que le dévouement des citoyens, sortit à cheval pour prendre part aux réjouissances de son peuple. Sa présence mit le comble aux transports de la foule, qui s'ouvrait devant lui et lui frayait un sillon dans cette mer d'hommes avec ses bannières déployées et ses flambeaux resplendissants; c'est ainsi que le roi, parcourant lentement les principales rues de Gênes, recueillit partout sur son passage des hommages qui eussent été des adorations dix-neuf siècles plus tôt.

Au retour de cette promenade pittoresque et patriotique, le réformateur triomphant, toujours accompagné par la population, s'arrêta sous le péristyle de son palais, au milieu des mille rayons des torches et des flambeaux qui formaient soleil autour de lui. De là il prit la parole pour exprimer au peuple tout le bonheur qu'il éprouvait : — « Je suis content, » je suis heureux, mes enfants, s'écria-t-il ; ce jour » est un des plus beaux jours de ma vie ; je n'ou-» blierai jamais vos témoignages d'amour : ils sont » écrits là, dans mon cœur ; je me rappellerai tou-» jours vos protestations de dévouement au pays » et au roi ; n'oubliez jamais, vous, mes amis, que » ces deux noms intimement unis assurent le » bonheur et la prospérité de la nation. Merci, mes » enfants bien-aimés ; merci, mon bon peuple de » Gênes, merci ; je suis content, oui, bien content » de vous. »

A ces paroles si bonnes, si bienveillantes, prononcées avec cet accent qui part du cœur et porte la conviction dans les âmes en passant par des lèvres qui ne se sont jamais ouvertes que devant la vérité, les Génois émus ne purent plus contenir l'explosion de leurs transports : des larmes d'attendrissement coulèrent de leurs yeux ; leurs paroles, entrecoupées par l'émotion, devinrent tremblantes ; on eût dit des sanglots si le bonheur ne les eût inspirées ; quelques-uns même, entraînés plus loin par l'enthousiasme, se jetant à ses genoux, embrassèrent ses pieds et ses mains.

C'est en ce moment que l'un d'entre eux, plus calme que les autres, plus maître de son émotion, s'approchant de lui, s'écria, avec des larmes dans la voix : « Sire, notre père à tous, notre maître et
» notre providence, Charles-Albert, image et repré-
» sentant de la puissance de Dieu pour votre peuple
» aimant et dévoué... achevez votre œuvre ; la mi-
» séricorde est une des plus belles prérogatives de ce
» Dieu qui est le nôtre, de ce Dieu infiniment bon
» que nous adorons : soyez miséricordieux, sire !
» Nous ne sommes pas tous autour de vous pour
» vous aimer et vous bénir. Il y a des vides dans
» ces rangs confus et pressés ; nos mains cherchent
» en vain des mains amies pour les étreindre. Il nous
» manque des frères, sire ! rendez-les à leur patrie,
» leur mère ; la patrie porte le deuil sous ses vête-
» ments de fête ; car la patrie ne pourrait être en-
» tièrement heureuse lorsque quelques-uns de ses
» membres sont retranchés du banquet de la fa-
» mille. Sire, rendez-nous nos amis, rendez-nous
» nos frères. Amnistie ! amnistie ! amnistie ! »

Soudain ce cri trois fois répété courut sur toutes les lèvres, comme guidé par un courant électrique : « Amnistie pour nos frères malheureux ! amnistie » pour nos amis absents ! amnistie pour les citoyens » exilés ! » Tel fut le cri suppliant qui, s'échappant de toutes les poitrines, vint s'abattre dans le cœur du roi.

Charles-Albert, ému jusqu'aux larmes, relevant ceux qui attendaient prosternés à ses pieds, tendant la main à ceux qui l'entouraient de plus près, souriant et montrant à tous la place où battait son cœur, Charles-Albert répondit lentement et à haute voix ces paroles remarquables, que la postérité reconnaissante enregistrera dans l'histoire : « Mes frè-
» res, mes peuples, mes amis, mes enfants, ce que
» vous demandez sera fait.... vous serez contents...
» Que veut, que désire votre roi ?..... C'est votre
» bonheur à tous!..... Pour l'obtenir, je suis prêt à
» faire le sacrifice du mien...... Votre bonheur, et
» je voudrais que tous les fils de notre patrie fus-
» sent là pour m'entendre, votre bonheur est l'objet
» constant de ma pensée ; votre bonheur est le but
» où ma volonté marche incessamment en priant
» Dieu chaque jour, pour qu'il me donne les moyens
» de l'atteindre. »

Décrire l'effet produit par ces admirables paroles tombées dans l'âme convaincue d'un peuple généreux comme le peuple génois, c'est une chose que l'on peut sentir, mais qu'il est impossible de rendre...

Après cette scène saisissante, Charles-Albert rentra dans son palais; un dernier cri de vive le roi! se fit entendre, et le peuple s'écoula lentement à la pâle clarté des illuminations expirantes.

Tandis que le héros de cette fête, retiré au fond de ses appartements, s'agenouille dans sa piété devant Dieu pour le remercier des joies qu'il venait d'accorder à son âme royale, pour lui demander les grâces nécessaires afin de remplir ainsi qu'il le désirait le rôle de roi, si difficile aujourd'hui, parcourons à vol d'oiseau cette ville que la main du moyen âge a construite avec de l'or et du marbre, et que l'admiration de l'Europe a baptisée du nom de Gênes la Superbe.

CHAPITRE IX.

Gênes. — Coup d'œil rapide. — Son origine. — Son accroissement. — Services rendus aux croisades. — Siége de Césarée. — L'empereur Barberousse. — Guerre entre Gênes et Pise. — Louis IX. — Combat naval. — Défaite des Pisans. — Perte de la Terre-Sainte. — Guerre avec les Catalans. — Singulière provocation. — Bataille de Créci. — Guerre d'Afrique. — Le maréchal Boucicaut. — Encore un bizarre cartel. — Banque Saint-Georges. — Combat naval devant Honfleur. — Réception de Louis XII à Gênes. — Passage de François Ier. — Le noble centurion et Charles-Quint. — Réparation réciproque. — Mauvais jour. — Domination autrichienne. — Journée du 5 décembre 1746. — Balila. — Insurrection. — Combat. — Délivrance.

L'origine de Gênes la Superbe remonte à l'époque la plus reculée. Son nom latin *Genua* est invariable chez tous les auteurs, dans toutes les inscriptions; c'est l'ignorance du moyen âge, qui, l'ayant écrit *Janua*, en fit la ville de *Janus*. Un archevêque de Gênes, au XIIIe siècle, Jacques de Voragine, porte plus loin son amour du merveilleux, en assurant que la ville a été fondée par les princes troyens *Janus* et *Dardanus*, si même on ne doit pas accorder cet honneur à un autre *Janus*, qui ne serait rien moins que le petit-fils de Noé.

Sans discuter les traditions, la cité de Gênes est sans contredit une des plus anciennes villes de l'Italie. Strabon, au temps de Tibère, la représente comme étant le marché de toute l'Italie. Quand Bélisaire parvint à rendre à l'empire l'Italie envahie par les Goths, il établit à Gênes un gouverneur, nommé *Bonus*. Du temps de Théodebert, roi d'Austrasie, Gênes jouissait d'une importance énorme, puisque les Francs, ayant à cette époque promené la dévastation dans les provinces liguriennes, se glorifièrent d'avoir pillé et brûlé les deux plus florissantes cités du monde, Pavie et Gênes.

Dès 936, Gênes avait acquis déjà une grande puissance maritime. Indépendants, isolés, jetés comme des aigles sur un rocher désert, ils avaient choisi la mer pour y tracer au loin de glorieuses frontières. L'histoire rapporte que cette même année, les Maures profitèrent d'une de leurs excursions dans leur nouvel empire pour s'emparer de la ville, la saccager et emmener en esclavage les femmes et les enfants qu'ils y avaient laissés; mais, témoins au retour des ravages exercés pendant leur absence, ils retournèrent la proue de leurs navires, volèrent à l'ennemi, l'atteignirent dans une île voisine de la Sardaigne, le défirent, et ramenèrent à Gênes le butin repris, leurs familles arrachées à l'esclavage et leurs ravisseurs.

A cette époque, bien loin de border de ses quais et d'orner de ses palais la vaste sinuosité qui forme aujourd'hui le port de Gênes, la ville était resserrée dans un espace fort étroit; cependant elle accusait déjà de grandes richesses provenant de son trafic et de ses entreprises d'outre-mer. Marchands et corsaires en même temps, les Génois trouvaient la source de leur immense fortune dans le partage des dépouilles du gain. Dès ces temps anciens, ils s'associèrent pour construire leur première galère. Son équipement, son armement donnèrent naissance à d'autres sociétés ; de là, cet esprit d'association mercantile qui n'a jamais abandonné le patriotisme génois dans la fortune comme dans les revers.

Longtemps avant que la grande voix catholique de Pierre l'Hermite portât en Orient les armes des peuples occidentaux, les Génois, se frayant un passage à travers les flots de la mer, étaient parvenus à jeter l'ancre dans les ports de la Syrie. En 1064, Ingulphe, secrétaire de Guillaume-le-Conquérant, raconte qu'à Joppé il trouva une flotte génoise sur laquelle il prit passage pour revenir en Europe. Plus tard, les croisades devinrent pour les Génois un culte pieux, et surtout un moyen de richesses et de fortune. Dès que les chemins de la Judée furent ouverts à la dévotion catholique, les Génois, plantant leur pavillon sur les rivages, construisirent une église, et tout auprès un magasin. C'est proche de l'autel de cette église que les hospitaliers de Saint-Jean-de-Jérusalem trouvèrent par la suite leur origine.

Les Génois ont rendu les plus grands services aux croisades gigantesques, qui, par ce cri *Dieu le veut*, précipitaient l'Occident sur l'Orient, et ensanglantaient le sépulcre saint du Dieu de paix. Souvent leurs flottes rapportèrent l'abondance au camp des croisés décimés par la famine; leurs braves marins se joignirent aux armées européennes pour marcher à l'avant-garde contre les infidèles : souvent leur courage força la victoire à se rallier à l'étendard de la croix. Aussi, l'épée de Godefroy de Bouillon traça-t-elle un jour sur le saint sépulcre même une inscription effacée plus tard par Amaury, mais qui témoignait alors de la protection très-puissante des Génois.

C'est au siége de Césarée surtout que les catholiques de Gênes s'élevèrent à la taille des géants. Le courage des infidèles était égal à celui des chrétiens; mais leurs murailles, hérissées de fer, étaient plus à l'abri du trait que la poitrine des assiégeants; elles étaient d'ailleurs d'une très-haute dimension. N'importe, les croisés jurèrent d'emporter cette place: Dieu le voulait. Des mâts et des vergues de leurs vaisseaux, les Génois construisirent des machines et des tours pour s'élever au-dessus des remparts, et le vingtième jour du siége, un vendredi, toute l'armée demanda le combat. Le patriarche l'exhorta, lui prophétisa la victoire, lui promit le pillage et les bénédictions célestes; puis, en attendant le signal de l'attaque, chaque combattant confessa ses péchés, reçut avec l'absolution le pain des forts, les Génois s'écrièrent : *fiat, fiat!* et, armés d'épées et chargés d'échelles, ils coururent aux remparts.

Le courageux Embriaco le premier monta à l'assaut : les Sarrasins, repoussés de toutes parts, se réfugient dans la mosquée et demandent la vie au prix de l'abandon de toutes leurs richesses. Mais le patriarche qui reçut leur humble supplique, ne voulut rien promettre sans le consentement des Génois ; ceux-ci s'empressèrent de le donner, et le pillage organisé commença immédiatement.

Chargée de richesses, encombrée de précieuses dépouilles, la flotte génoise quitta la Syrie au mois de juillet 1101, et rentra triomphalement dans son port au mois d'octobre. Le butin de Césarée forma la première monnaie qui fut battue à Gênes. A cette époque, les marins de Gênes pouvaient revendiquer le sceptre de la Méditerranée, que les Pisans et les Vénitiens surtout ne tardèrent pas à lui disputer. Sérieusement occupés par des guerres entamées avec leurs rivaux, ils n'en résistèrent pas moins, en 1158, aux menaces de Frédéric Barberousse. Ce fier empereur croyait que sa présence suffirait pour soumettre une ville ouverte et sans défense ; il se trompait. Un soulèvement général éclata à son approche, et tous les Génois coururent aux armes : une enceinte à peine commencée fut achevée en une semaine ; travail immense qui aurait coûté, selon un historien, plus d'une année à un peuple moins jaloux de son indépendance. Cette démonstration courageuse modéra l'impétuosité de l'empereur, qui finit par traiter avec Gênes.

Sur ces entrefaites, une rixe survenue entre les

Génois et les Pisans, qui possédaient des établissements rivaux à Constantinople, ralluma la guerre. Les Génois, moins nombreux que les Pisans, avaient été en partie massacrés sur la rive étrangère. A cette nouvelle, les Génois s'apprêtent à marcher sur Pise, mais les magistrats arrêtent ce transport pour obéir aux usages de la guerre et au droit des gens. Un ambassadeur expédié à Pise y porta cette fière provocation, dont la teneur a été conservée.

« Vous nous provoquez depuis longtemps, vous » avez troublé notre paix sur tous les rivages du » monde. Nous n'avons eu de sécurité nulle part où » vous vous êtes sentis en force, et c'est trop peu » pour vous, si vous n'y ajoutez d'horribles massa-» cres. Nous abrogeons les traités d'une paix si mal » observée. Libres des liens d'une trêve rompue, nous » vous portons dans notre bon droit un défi solennel. »

Le messager revenu sans réponse, les Génois prêtèrent leurs voiles au vent, et les hostilités prirent cours. Dans une rencontre, douze galères génoises se trouvèrent en présence de trente-six galères de Pise. Trop fiers pour fuir devant leurs ennemis, mais trop prudents pour s'exposer à une perte certaine, ils offrirent la bataille à nombre égal, douze contre douze : les Pisans répondirent par une insulte ; cependant les Génois parvinrent, en se repliant, à éviter une collision qui leur semblait fatale ; ils ne tardèrent pas à réparer cet échec.

CHAPITRE IX.

En 1250 Gênes intercala un feuillet de son histoire dans le livre de la France. Le roi Louis IX, ayant arrêté son départ pour la Terre-Sainte, envoya des messagers aux Génois pour négocier son passage. Trop digne et trop fier de son titre de Français pour prendre la mer sur une rive étrangère, il donna rendez-vous dans le port d'Aigues-Mortes à Lercari et à Levanti, deux amiraux génois élus pour le conduire. Après les tristes résultats de cette malheureuse expédition et au moment où le roi prisonnier dut être remis en liberté, un vaisseau génois se trouva tout paré pour le recevoir. Ce vaisseau paraissait négligemment confié à la garde d'un seul matelot ; mais, quand l'illustre captif et les musulmans qui le gardaient touchèrent au bord, un signal fit sortir de la cale cinquante hommes qui s'élancèrent, arbalètes tendues, sur le pont. Leur présence subite, écartant les Sarrasins, assura la délivrance du roi. Ce prince et les débris de son armée furent transportés à Ptolémaïs par des vaisseaux génois.

C'est à peu près vers ce temps qu'éclata sans retour la rivalité qui a si longtemps existé entre Gênes et Venise, cette lutte inouïe, semblable à la lutte de Rome et de Carthage. Heureusement pour Gênes, la victoire, se rangeant définitivement sous son pavillon contre celui de Pise, lui permit de concentrer ses forces sans redouter une diversion.

Un armement de soixante-quatre galères attendait

à Pise les vents favorables pour appareiller contre Gênes, avec l'espoir d'en approcher assez près pour lancer au-dessus de ses murs des pierres enveloppées d'écarlate. « Qu'ils viennent ! » s'écria, en apprenant cette bravade, Benoît Zacharia, l'un des plus audacieux et des plus habiles marins de Gênes, « qu'ils viennent ! » Mais, comme ils tardaient, il se met à la tête de trente galères, armées par souscriptions, s'élance à la mer malgré le gros temps et vient jeter l'ancre jusque dans le port de Pise.

Quelques jours après, le capitaine de la république, Hubert Doria, quitta Gênes avec le commandement d'une flotte considérable ; Zacharia le rejoint ; ils unissent ensemble quatre-vingt-huit galères, sept vaisseaux et se mettent à la recherche de la flotte pisane qui était en mer. On apprend que de la Sardaigne elle a mis le cap sur l'île de Corse : on fait voile pour lui couper le chemin ; et, lorsqu'on la joint, elle se présente fièrement devant son port en majestueuse ligne de bataille.

Les forces étaient égales, l'ardeur et le courage étaient les mêmes ; de part et d'autre on savait que le combat devait être décisif ; il fut sanglant et acharné. Le champ de bataille s'étendait de l'embouchure de l'Arno à l'île Méloria, derrière laquelle Zacharia, posté en réserve, attendait le moment favorable pour se jeter au milieu de la mêlée et mettre en déroute la flotte pisane, commandée par Morosino, noble vénitien. On s'aborda avec fureur : le capitaine génois attaqua vigoureusement la galère du podestat pisan ; les autres membres de la famille Doria s'acharnèrent après celle qui portait le grand étendard de Pise. L'une et l'autre succombèrent, et leur capture décida le sort de cette grande journée.

Vingt-neuf galères tombèrent au pouvoir des Génois ; sept furent submergées, les autres ne se sauvèrent qu'à la faveur de la proximité du port, où même elles ne se crurent en sûreté que derrière les chaînes tendues à l'intérieur. Il périt, d'après le compte des historiens, cinq mille combattants ; la mer roulait des vagues de sang et des flots de cadavres. Onze mille captifs devinrent le partage des vainqueurs ; et l'Italie, se chargeant de l'épitaphe des vaincus, dit : *Qui veut voir Pise aille à Gênes*.

Quelques années après, ni le courage des marins génois, ni les efforts de Zacharia, leur vaillant amiral, ni l'habileté de Paulin Doria, consul de la colonie de Caffa, accouru du fond de la mer Noire pour secourir Ptolémaïs, ne purent empêcher la perte de la Terre-Sainte ; le trône de Jérusalem ne jeta plus que de pâles ombres au front des fidèles croyants.

Cet événement fut une perte immense pour les Génois, mais leur habileté les dédommagea de cet échec, car bientôt ils regagnèrent comme spéculateurs et marchands ce qu'ils avaient perdu comme dominateurs et propriétaires. S'ouvrant une autre route à travers la mer Noire, ils promenèrent leur commerce et leur pavillon jusqu'à Fana dans la mer d'Azoff.

Sur ces entrefaites la guerre éclata entre eux et les Catalans, protégés par le roi d'Aragon, alors possesseur de la Sardaigne. Grimaldi, leur amiral, porta sans retard quarante-cinq galères sur les côtes de la Catalogne, brûla des vaisseaux, pilla les côtes, rendit ravage pour ravage et envoya défier le roi d'Aragon. Celui-ci accepta le défi en jouant, dit-on, sur le nom du provocateur : « Viens, lui dit-il, *Gri-* » *maldi*, mal *grimé*, viens apprendre à faire une *gri-* » *mace*, je t'attends à Majorque. » Le Génois y courut en effet à toutes voiles, il entra dans le port, détruisit des galères, retourna la proue de ses navires, et, forçant tous les obstacles opposés à sa retraite, revint triomphalement à Gênes, d'où il écrivit au roi d'Aragon : « Plaisant sire et mauvais histrion, garde » tes grimaces, tu dois en avoir besoin, puisque je » t'ai fait siffler. »

De Negri et quelques autres Génois furent successivement chargés de continuer cette guerre. Un jour une flotte catalane portait dans l'île de Sardaigne des troupes destinées à enlever à la famille Doria les seigneuries qu'elle possédait encore dans cette île. Ce convoi transportait dix-huit cents combattants, cent quatre-vingts nobles, leurs chefs, plus leurs femmes, leurs enfants et leurs richesses. De Negri ne tarda pas à les attaquer. Dix jours et autant de

CHAPITRE IX.

nuits, il les poursuivit battant tout ce qu'il pouvait atteindre. Le plus grand nombre des vaisseaux furent capturés; la plupart de ceux qui les montaient périrent; trois cents captifs furent envoyés à Gênes, six cents blessés déposés sur la côte de Sardaigne, et les femmes, religieusement respectées, reconduites à Cagliari.

Au moment où les Génois montaient à l'abordage, un seigneur espagnol, voulant sauver son honneur et celui de sa femme, jeune et admirablement belle, l'avait poignardée de ses propres mains. De Negri ordonna qu'on lui tranchât la tête pour avoir commis un homicide et s'être permis un doute contraire à la générosité des Génois.

Au quatorzième siècle, les Génois passaient pour les meilleurs archers de l'Europe; amis de la France, ils se trouvèrent au nombre de quinze mille arbalétriers à la fatale journée de Créci. Cinq mille d'entre eux, détachés sous les ordres d'un commandant français, gardaient avec deux mille hommes d'armes le gué de la Somme pour fermer à Édouard l'entrée de la Picardie. Mais, après un combat opiniâtre, l'armée anglaise, forçant le passage, eut l'avantage de choisir le champ de bataille et de se reposer, tandis que les Français endurèrent les fatigues d'une marche forcée et les intempéries d'une saison pluvieuse. La gendarmerie française formait la tête de la colonne, les archers génois marchaient à l'arrière-garde; des conseillers prudents cherchèrent à retenir l'impétuosité du roi, qui voulait aussitôt offrir la bataille. Les auxiliaires génois se joignirent à eux, représentant qu'ils venaient de faire six lieues à pied, que la pluie avait détérioré leurs armes, et qu'ils craignaient de combattre avec désavantage. Le roi se rendait à leur avis, lorsque les derniers rangs de l'armée, prétendant qu'il était de leur honneur d'être aussi près de l'ennemi que l'avant-garde, continuèrent à marcher et à pousser devant eux les premiers rangs. Ceux-ci se trouvèrent bientôt en face de l'ennemi sans ordre et sans disposition. L'orgueilleux Philippe ne voulut plus entendre parler de délai; il donna son cri de guerre, et la bataille s'engagea. Les Génois, aussi braves que les Français, quoique plus prudents, s'avancèrent aussitôt en poussant trois fois leur cri de combat ; mais, ainsi qu'ils l'avaient prévu, leurs armes n'étaient pas en état. Les Anglais tirèrent à coup sûr sur leurs colonnes. Ils se replièrent en bon ordre au moment où la chevalerie française s'ébranlait pour courir sus à l'Anglais. La chevalerie, repoussée à son tour, chercha vainement à se reformer : un bruit sourd, inconnu, quoique semblable à celui du tonnerre, acheva de rompre leurs lignes. Le canon grondait pour la première fois en France; l'Anglais resta maître du champ de bataille.

Plus tard, nous retrouvons le drapeau français

CHAPITRE IX.

près du drapeau génois, combattant pour la même cause en Afrique. Les sires de Coucy, d'Eu et d'Auvergne avaient traversé la mer pour venir offrir à leurs alliés le secours de leurs lances et payer les dettes de leurs pères. Mais les mêmes causes produisirent les mêmes effets. L'un d'eux, rencontré un jour par un guerrier maure, lui proposa un combat singulier de dix chevaliers contre dix chevaliers ; le défi accepté, l'heure et le jour pris, le Français rentra au camp, choisit ses neuf partenaires, et le lendemain, suivi de la fleur de la chevalerie française, il se rendit à l'heure indiquée sous les murs de la ville de Madhia; mais les chevaliers maures n'y étaient pas. Indignés, ils courent aux portes et somment leurs adversaires de tenir leur promesse. Ceux-ci ne répondent point à leur insulte ; alors les Français s'élancent sur une barrière, l'emportent, se précipitent en avant et pénètrent dans une seconde enceinte, où bientôt, cernés de toutes parts, ils sont taillés en pièces.

Cette fatale journée mit le comble au découragement de l'armée. Les Génois regagnèrent leur ville, et les Français, réduits à une poignée de braves, reprirent le chemin de leur patrie.

En 1396, les Génois, en lutte avec les Vénitiens, seuls contre de nombreux ennemis, appelèrent à eux leurs amis de France, et le drapeau français fut déployé en signe de protection suzeraine sur les murs de Gênes, sous le commandement du brave maréchal Boucicaut, nommé gouverneur de la ville.

Après quelques semaines de négociations, la paix ayant été proclamée entre les deux peuples, Boucicaut envoya aux Vénitiens un héraut d'armes pour leur demander raison de leurs actes et de leurs mensonges. — « Je défie, disait ce brave chevalier, » en combat à outrance, le doge de Venise, corps » à corps, ou moi cinquième contre six Véni- » tiens ; moi dixième contre douze, quinzième » contre dix-huit, vingt-cinquième contre trente. »

Dans le cas où les Vénitiens refuseraient ces conditions variées, le héraut avait reçu l'ordre d'offrir des armes égales, en proposant le cartel sur mer, galère contre galère, sous la seule réserve que les champions adversaires seraient exclusivement vénitiens comme ceux du maréchal devaient être français ou génois. Les Vénitiens accueillirent ces deux propositions par des éclats de rire, sans rendre aucune autre réponse.

La création de la célèbre banque de St.-Georges remonte aux dernières années du gouvernement de Boucicaut, cet intrépide chevalier, qui partait de Gênes pour aller combattre et perdre sa liberté à la fatale journée d'Azincourt.

Les vaisseaux génois qui couvraient à cette épo-

CHAPITRE IX.

que la Méditerranée et l'Océan n'abandonnèrent pas leurs malheureux alliés : Charles VI avait à son service six compagnies d'archers, huit grands vaisseaux et huit galères. Mais, hélas! le génie du malheur planait sur la France. Les Génois, déployant en vain une bravoure inutile, assistèrent sans murmurer aux désastres de la fortune de la France.

Les Anglais venaient de prendre Honfleur, importante conquête que l'épée de la France devait leur enlever à tout prix. Deux flottes puissantes se trouvèrent en présence. La flotte anglaise était la plus nombreuse, n'importe. Les vaisseaux génois, qui ne comptaient leurs ennemis qu'après les avoir vaincus, attaquèrent avec l'impétuosité des Français en terre ferme; mais, cernés par une manœuvre habile autant que hardie, ils n'eurent plus qu'un seul espoir, celui de pouvoir se faire jour. Ils y réussirent en perdant trois bâtiments et leur amiral, le brave James Grimaldi, qui fut tué au poste de l'honneur.

Un jour de l'année 1502 est célèbre dans l'histoire de Gênes, qui venait alors de reconnaître de nouveau la suzeraineté de la France. Ce jour-là, Gênes se pavoisa de fleurs de lis et de riches tentures pour recevoir le roi Louis XII, qu'on y attendait. Un incident curieux faillit compromettre les cérémonies de la royale réception. Les nobles prétendaient avoir le pas sur les populaires qui le revendiquaient de leur côté, jurant, par tous les saints protecteurs de la ville, qu'ils ne souffriraient rien qui marquât leur infériorité. Un expédient trancha la difficulté, en accordant à l'âge les bénéfices réclamés par l'orgueil des titres et des positions.

La réception fut digne en tous points du personnage que les grands seigneurs voulurent avoir pour hôte. Jean-Louis Fieschi eut la préférence, et son beau palais de Carignan fut mis à la disposition de Louis XII : ce roi fit preuve de beaucoup de bonté et de bienveillance. Les historiens du temps racontent qu'il entrait familièrement chez tous les citoyens et acceptait toutes les fêtes qui lui étaient offertes. Il y avait bal chaque nuit, et chaque nuit Louis XII se faisait remarquer par sa grâce, sa galanterie et son assiduité auprès des dames ; conversant avec les plus spirituelles, et embrassant les plus jolies, hardiesse que les maris ne permirent que parce qu'ils crurent que c'était la mode en France. Dès ce temps-là déjà tous les usages réputés français avaient force de loi à l'étranger.

Louis XII déclara, en quittant Gênes, qu'il avait trouvé dans cette ville les plus beaux jours de sa vie, et que, s'il n'était roi de France, il voudrait être citoyen de Gênes. Les Génois déclarèrent de leur côté qu'ils n'avaient jamais vu un prince plus aimable, et le conseil, en présence du gouverneur, décréta à l'unanimité que le souvenir de la visite du roi serait à perpétuité le sujet d'une fête publique annuelle.

Plus tard, un autre roi de France traversa la ville de Gênes, mais en des circonstances bien différentes. François Ier revenait du champ de bataille de Pavie, où il avait tout perdu, tout, hors l'honneur. On le conduisait prisonnier en Espagne, voyage qu'il avait désiré lui-même, dans l'espérance de trouver auprès de Charles V des sentiments dignes de ce grand homme.

L'illustre vaincu se consola de sa mauvaise fortune en apprenant, quelque temps après, l'échec essuyé par son heureux rival sur les rivages d'Alger. L'histoire de Gênes se rattache à cette importante expédition. Outre un grand nombre de navires sortis de ses ports, un de ses plus riches citoyens prêta une somme de deux cent mille écus à l'empereur. Un chroniqueur rapporte à ce sujet que le prêteur, le généreux Adam Centurione, recevant des mains de son obligé une cédule pour titre de sa créance, la brûla devant l'empereur, qui s'écria, émerveillé d'une semblable action : *Je ne me suis jamais réchauffé à la chaleur d'une flamme aussi généreuse.*

Souvent alliée et loyale amie de la France, la ville de Gênes s'est plus d'une fois trouvée en délicatesse avec elle. Alors elle n'a jamais craint de réclamer ou de protester selon les circonstances, mais toujours avec le sentiment de sa force et de sa dignité. En 1655, les Marseillais, irrités de se voir braver par les corsaires barbaresques, qui venaient jeter l'ancre jusqu'à l'entrée de leur port, s'emparèrent un jour tumultuairement d'une galère génoise qui mouillait dans la rade, et s'y précipitèrent en masse pour aller donner une chasse inutile à ces écumeurs de mer. La galère fut ramenée saine et sauve; mais la fierté de la république se trouvant blessée, celle-ci se plaignit amèrement de cette voie de fait au gouvernement français. Le cardinal Mazarin, reconnaissant la justice des griefs énoncés, exigea impérieusement qu'il en fût fait justice.

Alors les consuls de Marseille, écrivant au sénat de Gênes, excusèrent l'aveugle transport d'une populace désavouée par les citoyens et les autorités de la cité.

Profitant de cette occasion, un député partit de la cité phocéenne, et vint renouer les rapports de bonne amitié qui depuis si longtemps unissaient les deux peuples. Reçu avec de grands honneurs, il employa un grand luxe d'éloquence, et le doge, satisfait, ainsi que les collèges, s'engagèrent eux-mêmes à solliciter, à Paris, la grâce des coupables qu'on avait jetés en prison.

Trente années après, le doge Impériali-Lercari et quatre sénateurs génois appareillèrent à leur tour pour Marseille, se rendirent à Versailles, ainsi que l'exigeait Louis XIV; et là, pliant le genou devant le majestueux soleil de la monarchie, accordèrent toutes les satisfactions qui leur furent demandées. Le grand roi reçut les nobles délégués avec toute la magnificence de la royauté et avec toute la bonté de son cœur. « Que trouvez-vous de plus extraordi- » naire parmi les merveilles de Versailles, leur de- » manda un jour ce puissant monarque? — *C'est de* » *nous y voir*, répliqua fièrement l'illustre doge Im- » périali-Lercari. — Ma foi, messieurs, s'écria le roi » en se tournant vers les nombreux courtisans qui » l'entouraient, ce noble républicain a répondu *à la* » *Louis XIV.* »

Les mauvais jours étaient venus pour cette république; longtemps victorieuse, elle dut subir le joug qu'elle avait si souvent imposé elle-même. Son patriotisme versa des larmes de sang, alors que les aigles à deux têtes de l'Autriche flottèrent sur ses remparts; mais elle ne désespéra pas : quand les fers sont trop lourds, on les brise ou l'on meurt, pensait-elle, et son regard attristé, perçant les nuages qui voilaient sa splendeur passée, retrouvait son brillant soleil sur les rochers escarpés où les aigles victorieuses avaient jeté leurs aires.

Écrasé d'impôts, désarmé, accablé d'exactions, le peuple irrité souffrait, mais il attendait l'heure de la délivrance : elle ne se fit pas attendre. Le général Botta Adorno, d'une origine lombarde, et membre, depuis un siècle, de la noblesse génoise, comman-

dait les Autrichiens. *Il ne doit rester aux Génois,* dit-il un jour, *que les yeux pour pleurer;* et pour appuyer par la force de nouvelles demandes d'argent, il répandit son armée jusque dans l'intérieur de la ville. Ce n'était pas assez de l'or et de l'argent, il lui fallait le bronze des citoyens ; il résolut de faire enlever les canons de la place, après avoir préalablement, par dérision peut-être, négocié le consentement du sénat. La réponse de ce corps illustre fut digne et fière. « Nous le refusons, s'écrièrent les sé-
» nateurs, à la prière aussi bien qu'à la force, et nous
» protestons contre tout abus qui en sera fait. »

Le jour même Botta mit son projet à exécution ; l'artillerie fut démontée, conduite sur le port, pour être immédiatement embarquée à la vue du peuple, frémissant de colère. C'était le 5 décembre 1746, des grenadiers autrichiens, escortant un mortier qu'ils venaient d'enlever sur les remparts, s'étaient engagés dans une rue étroite, au milieu d'un quartier populeux, nommé Portoria : tout à coup la pièce de bronze, brisant le pavé de la rue, s'enfonça de son propre poids dans l'ornière qu'elle venait de creuser. L'accident avait attiré beaucoup d'hommes ; les Autrichiens les prièrent de leur prêter main forte pour dégager le mortier, mais tous s'y refusèrent : alors les grenadiers eurent l'imprudence d'employer le bâton pour les contraindre ; la coupe était pleine, elle déborda.

Il y avait là, parmi la foule, un jeune homme, un enfant aux bras nus, à la chevelure flottante, au regard inspiré, Balila! « Faut-il commencer, frères? » s'écrie-t-il. « *Fiat,* » répond la foule; et, au cri de vive la liberté! un grenadier autrichien tombe à l'instant frappé en plein visage d'une pierre vigoureusement lancée par la main du jeune *David* génois. Ce fut le signal de la révolte.

L'escorte autrichienne, repoussée d'abord, se reforme ensuite, revient à la charge, sabre à la main; culbutée de nouveau, elle se replie, poursuivie par les flots du peuple qui grossissaient comme les vagues de la marée montante. Les cris de : « aux armes! » retentissent dans toute la ville; le tocsin sonne à toute volée aux clochers des églises; les hommes s'élancent au nom de la liberté dans les rues, sur les places publiques; les femmes et les enfants se pressent au pied des saints autels, et implorent le secours du ciel, de l'église! Ce cri religieux, Vive Marie, protectrice de Gênes! part et circule de bouche en bouche, de quartier en quartier; c'en est fait, le signal est donné, tout le peuple est soulevé.

Il court en foule au palais et demande des armes. Soit par faiblesse, soit par prudence, par ces deux motifs peut-être, le sénat tremblant les refuse, il se cantonne, ferme ses portes, et parlemente avec les chefs qui dirigent l'insurrection. « Malheureux » citoyens, leur disent les sénateurs, vous perdez la

» chose publique! — Nous la sauvons, répondent-
» ils; nous la sauvons, malgré vous, nobles et puis-
» sants, qui vous cachez derrière vos grilles de fer;
» tandis que nous, pauvres fils du peuple, nous com-
» battons poitrine nue pour vos trésors, vos ri-
» chesses et votre liberté. »

A la vue des insurgés dispersés dans les rues, sans armes, le général Botta, fort de ses troupes et de ses immenses ressources, dit à ses officiers qui lui demandaient des ordres. « Qu'on fasse venir les révé-
» rends pères jésuites.

» — Pourquoi faire, mon général?

» — Pour donner le fouet à ces méchants écoliers
» révoltés. — Mais ces révoltés, hommes hier, sont
» aujourd'hui des héros; ils seront des géants de-
» main, car le vent de la liberté en passant sur leur
» front les a rendus invincibles. »

Un bataillon chargé d'enlever le mortier, resté sur la place, est assailli par une grêle de pierres, et cette troupe armée lâche pied devant ces hommes sans armes qu'ils appelaient des écoliers mutinés.

Alors de tous les quartiers on se reporte au palais; on demande des armes; on repousse les supplications des sénateurs qu'on accuse de lâcheté.

Tandis que la noblesse persiste dans sa neutralité, le peuple, guidé par les huissiers du sénat, court aux dépôts d'armes; il s'en empare, et redescend dans les rues, l'épée à la main. Sur ces entrefaites, la nuit et une pluie d'orage séparent les combattants : le sénat profite de ces deux circonstances pour envoyer au général Botta un de ses membres chargé de désavouer le peuple et d'implorer son pardon. Soins inutiles!

L'insurrection recommence avec le jour.

La porte Saint-Thomas se liait du côté de la terre au versant d'une colline rapide qui entoure un tiers de la ville : la rapidité du mouvement populaire ne permit pas aux Autrichiens de s'emparer de cette importante position. Par des montées escarpées, taillées dans le roc, les insurgés transportèrent à force de bras des canons et des mortiers, là où un homme seul aurait eu peine à passer. L'amour de l'indépendance triplait leurs forces. Les Autrichiens, de leur côté, élevèrent quelques canons sur la portion culminante la plus voisine de leurs postes.

De là ils enfilaient la place et battaient la grande rue qui conduit à la porte. Ces deux batteries ennemies tirèrent nuit et jour l'une sur l'autre. Dans l'intérieur de la ville, les troupes de l'Autriche n'occupaient plus que le clocher et l'église de Saint-Laurent : c'est dans ces positions respectives que les deux partis restèrent en présence du 6 au 10 décembre.

Ces quatre jours se passèrent en pourparlers, en négociations soutenues, du côté de l'Autriche, par quinze bataillons d'infanterie, cinq cents hommes de

cavalerie et cinq cents Croates ; du côté de Gênes, par le courage et le patriotisme de ses seuls citoyens, abandonnés encore par la noblesse. Rien n'est résolu ; cependant Botta demande et obtient un armistice de quelques heures ; il en profite pour venir négocier lui-même au palais du prince Doria, à la vue et au dehors de la porte Saint-Thomas. Alors les députés génois demandent la restitution des portes, celle de leur artillerie, et l'abolition des impôts. Botta, semblant céder, consent à rendre la porte Saint-Thomas : « Point d'équivoque, s'écrie le Gé-
» nois Augustin Lomellin, le peuple veut les portes,
» et *non la porte* ; il exige que les troupes autrichien-
» nes évacuent l'enceinte et la ville entière.

» — Il se croit donc le maître, votre peuple, ré-
» pond Botta, puisqu'il semble dicter des lois ?

» — Si vous en doutez encore, répliqua Lomellin,
» écoutez. » Botta prêta l'oreille, et il entendit des voix lointaines qui criaient : « Vive la liberté et mort
» à l'Autriche !

» — Ce ne sont que des cris, reprend Botta.

» — Oui, répliqua Lomellin, mais ces cris sont
» appuyés par des baïonnettes et prononcés par des
» hommes qui ont juré de vaincre ou de mourir.

» — Ils mourront..... » Disant ainsi, Botta s'emporte et veut retenir les députés prisonniers, mais dans ce moment l'heure de l'armistice venait de s'écouler ; le négociateur se retire en criant : « Génois,

» aidez-vous vous-mêmes. » Deux coups de canon tirés des batteries autrichiennes donnent le signal de la reprise des hostilités ; les canons génois ripostent, et, au son du tocsin qui ébranle les clochers, le peuple se précipite par toutes les rues qui conduisent à Saint-Thomas.

Bientôt l'église de Saint-Jean est forcée, sa garnison tombe au pouvoir des insurgés. Botta, légèrement blessé, se retire en ordonnant à ses troupes d'évacuer la porte dont elles étaient encore maîtresses ; les Génois s'en emparent avant que les Autrichiens aient achevé leur mouvement de retraite : une portion de la garde se rend aux vainqueurs ; les autres en se retirant essaient de tenir entre les deux murailles ; mais le peuple, sorti de la ville par les derrières, se montre partout en armes et développe ses lignes sur les hauteurs qui dominent l'enceinte.

De l'extérieur, les habitants des campagnes, accourus en masse, donnent la main à leurs frères de la ville ; des troupes irrégulières essaient en vain de se retrancher contre les efforts de la multitude qui les déborde ; le peuple enlève bravement tous les postes, il domine la porte de la Lanterne. Les Autrichiens, près d'être coupés, canonnés par les batteries opposées du môle, abandonnent leurs positions et se retirent en désordre.

Alors les Génois, levant les ponts, ferment les portes et se rendent en armes dans les églises pour remercier le Dieu des armées, de la victoire qu'ils viennent de remporter, sans chef, pour ainsi dire, sans ordre et sans direction, contre des troupes aguerries et faites au feu. Ils suspendent à l'autel de la Vierge, leur protectrice, la bannière autrichienne qu'ils ont conquise dans la bataille, et Balila est porté en triomphe avec un simple domestique d'auberge.

Jean Carbone tenait à la main, quoique blessé, les clefs de la porte Saint-Thomas qu'il venait d'enlever lui-même; il les présenta au doge et au sénat assemblé en leur disant : « Vous les aviez données à » l'ennemi, nous les avons reprises au prix de notre » sang, nous vous les rendons, gardez-les mieux à » l'avenir. »

C'est ainsi que le peuple de Gênes retrouva son indépendance dans son énergie et dans son patriotisme; de la pierre de Balila jaillit pour lui la liberté.

CHAPITRE X.

Sympathie de la France. — Envoi d'hommes et d'argent. — Le duc de Boufflers. — Siége de Gênes. — Patriotisme. — Une légion de prêtres. — Victoire. — Mort du duc de Boufflers. — Désespoir. — Nouveau siége. — Masséna. — Délivrance de la ville. — Gênes réuni au royaume de Sardaigne. — Caractère des Génois. — Lettre de Pétrarque. — Description. — Églises. — Saint-Jean. — Le *Sacro-Catino*. — Croix précieuse. — Église de S.-Maria-di-Castella. — L'Annonciation. — Palais Brignole-Sale. — Les palais Durazzo, Spinola, de l'Université, Brignole, Serra. — Palais ducal et Doria. — Napoléon et Charles-Quint. — Ostentation mesquine. — Le Carlo-Felice. — Un pair de France au théâtre des marionnettes. — Illustrations de Gênes. — Établissements pieux. — Faux proverbe. — Environs de Gênes. — La villa Palavicini.

La nouvelle du soulèvement et de la victoire des Génois se répandit bientôt dans toute l'Europe, excitant partout la surprise et l'admiration. Brave pendant le combat, le peuple avait été sublime dans la victoire!

Le gouvernement français, intéressé plus que tout autre à l'union intime de ses rapports avec l'Italie, et toujours prêt à lui signaler ses sympathies, s'empressa d'envoyer à Gênes un premier secours pécuniaire considérable, sans qu'il lui fût demandé, car la France pensait avec raison que l'Autriche ne tarderait pas à revenir en forces pour venger l'affront fait à ses armes. Il fallait donc au plus tôt organiser des moyens de défense et mettre la ville à l'abri d'un coup de main. Les Génois se crurent invincibles le jour où ils apprirent que le roi de France se préparaît à leur envoyer six mille hommes, et l'allégresse publique fut à son comble lorsque, bientôt après, une frégate, voiles déployées au vent, vint jeter l'ancre dans le port sous le pavillon français.

Six officiers supérieurs et deux ingénieurs en descendirent ; ils furent accueillis par les plus vives acclamations, surtout lorsqu'ils annoncèrent que les Autrichiens reculaient sur le Var, poursuivis par l'armée française et que de nouveaux auxiliaires ne tarderaient pas à venir de France. En effet des troupes françaises, échappées aux vaisseaux anglais, parvinrent heureusement au port accompagnées de convois d'argent. Le duc de Boufflers se rendit, à leur tête, au palais pour féliciter, dans la personne du doge, la république de sa glorieuse résistance à l'oppression.

Cependant, ainsi que la France l'avait prévu, le général autrichien Schullembourg avait envahi le territoire et bloquait Gênes de toutes parts ; mais Gênes se trouvait alors à l'une des plus belles pages de son histoire, ses citoyens rappelaient, par leur courage et leur patriotisme, les merveilles fabuleuses du siége de Troie. La noblesse et le peuple s'imposèrent avec bonheur les plus grands sacrifices. Tandis que les femmes se dépouillaient de leurs bijoux et de leurs riches parures, s'empressaient de les déposer sur l'autel de la patrie et que les nobles réduisaient le luxe de leurs palais pour le donner à la chose publique, le patriotisme se manifestait par des signes plus certains.

Les différents corps de métiers fournissaient tous les jours huit cents hommes pour faire le service intérieur de la place ; toutes les compagnies de volontaires se tenaient toujours prêtes à se porter sur les points menacés. Il y avait rivalité de bravoure, de discipline et de dévouement entre les citoyens, les soldats, les habitants de la ville et ceux des campagnes. Le clergé lui-même, enlevé au silence du sanctuaire par les bruits du combat, signala son courage et son dévouement à la patrie commune. Il ne se contenta pas de soutenir l'esprit religieux du peuple de Gênes par des prédications publiques, par des processions et des neuvaines, il ne fut pas satisfait d'exciter le patriotisme par la religion, il voulut encore prendre les armes. On vit alors, étrange spectacle ! des prêtres, des religieux, des moines commis à la garde des prisons et des établissements publics, marcher en colonnes, monter la garde et faire des patrouilles ; on vit (chose inouïe dans l'histoire d'un peuple!) une légion d'ecclésiastiques rangée en bataille sous les murs de la ville et passée solennellement en revue par... l'archevêque. Plus d'une fois même le courage impatient de ces pieux guerriers demanda à faire partie des expéditions extérieures. Un pareil patriotisme devait l'emporter sur toutes les tentatives des ennemis de Gênes. Aussi le général

Schullembourg, désespérant de pouvoir se rendre maître d'une ville si vaillamment défendue, leva le siége au commencement de juillet 1747.

La défense de Gênes par le duc de Boufflers est une opération militaire que les gens de l'art admirent encore aujourd'hui : ses batteries, savamment placées le long de la mer, écartèrent constamment les vaisseaux anglais qui cherchaient à combiner l'attaque avec les travaux de l'armée assiégeante. Mais ce brave officier ne devait pas survivre à son triomphe; accablé de fatigue, attaqué de la petite vérole, il mourut à Gênes le jour même où l'Autrichien effectuait sa retraite.

Les historiens racontent que sa mort, considérée comme une calamité publique, fit craindre des accès de désespoir tels que les ministres de la religion durent s'interposer entre cet événement et les manifestations de la douleur populaire.

L'histoire de Gênes a été si souvent liée à celle de la France qu'un poète a dit : « Chaque pierre de cette ville » pourrait parler français. » Cependant cinquante-trois années après ce mémorable siége un autre général français, aussi brave, aussi expérimenté, mais moins heureux que Boufflers, défendait Gênes investie d'un côté par les armées autrichiennes, de l'autre étroitement bloquée par les escadres anglaises ; chaque jour on se battait avec acharnement, car de la longue résistance de Masséna dépendait le succès de la marche hardie du jeune Bonaparte. Chaque jour on faisait de brillantes sorties, chaque nuit les bombes anglaises dessinaient en lumineuses paraboles leurs étoiles filantes, chaque nuit le sommeil des citoyens était troublé par d'effrayantes détonations ; il fallut enfin céder. Masséna obtint la plus honorable capitulation. Quelques jours après, la victoire de Marengo rattacha la ville de Gênes à la France jusqu'au jour où le congrès de Vienne l'adjugea au roi de Sardaigne, de Chypre et de Jérusalem.

Actifs, infatigables, courageux et avisés, également propres, sur la mer, au commerce et au combat, les Génois sont sobres, économes et probres quoique avides au gain. Les monuments les plus anciens rendent témoignage de leur aptitude aux choses de la mer. Ils nous montrent leur esprit d'association, leur habileté dans les relations avec l'étranger, les avantages de leurs traités et leur respect pour le commerce.

Toutes leurs grandes familles ont une origine commerciale. Les Spinola, les Doria, etc., etc., se sont longtemps honorés du titre de marchands. Les Génois sont en outre fort attachés à la religion catholique, à ses fêtes, à ses cérémonies, à ses reliques miraculeuses, à toutes ses croyances. Au dix-septième siècle ils résolurent de décerner à la Vierge Marie, protectrice de Gênes, le titre de reine. A cet effet ils célébrèrent des fêtes pour le couronnement et déposèrent solennellement un diadème d'or sur le front d'une statue représentant la mère du Sauveur.

Nous trouvons le panorama descriptif de Gênes dans une poétique lettre adressée par Pétrarque à l'un de ses amis.

« Viens contempler, lui mande-t-il, cette Gênes
» que tu ne connais pas. Tu verras au flanc d'une
» colline pierreuse cette ville superbe, si fière de
» son peuple et de ses murailles ! A son aspect seul
» on reconnaît la maîtresse des mers. Viens admi-
» rer l'activité de la population, la magnificence du
» site, la majesté des édifices et surtout cette flotte
» menaçante, redoutée de tous et terrible aux rivages
» ennemis; ce môle barrière de la mer, ce port que
» l'on a creusé avec une dépense inestimable, avec
» d'incomparables travaux, que n'interrompirent
» point des dissensions toujours renaissantes.

» Que dis-je ! c'est peu de cette belle rive qui
» se prolonge à droite et à gauche de la cité, de
» ces monts élevés et baignés par les flots qui les
» embrassent. Si tu étudies le génie, les mœurs, le
» régime de ces hommes, tu croiras voir renaître ces
» vertus que jadis une longue constance, un long
» exercice aiguisa dans Rome.

» Sors avec moi de la ville, et pour un jour ne
» pense pas à détourner ou à reposer tes regards.
» Tu as pu voir plus de choses que la plume la plus
» habile ne pourrait en décrire : vallées riantes, frais

» ruisseaux qui les arrosent, collines dont l'aspérité
» même est pittoresque et que la culture a revêtues
» d'une admirable fertilité, châteaux imposants au
» milieu des montagnes, beaux villages, palais
» de marbre resplendissants d'or ; c'est ce que tu
» verras de quelque côté que tu tournes la vue, et
» tu t'étonneras qu'une ville si superbe puisse le
» céder encore à ses campagnes en magnificence et
» en délices. » Pétrarque a été l'hôte des Génois
pendant deux années.

Trois grandes rues principales, auxquelles viennent aboutir un grand nombre de ruelles qui remontent des rives de la mer, forment pour ainsi dire la ville de Gênes; mais ces trois rues sont magnifiquement bordées de palais dans toute leur étendue, qui se prolonge au loin. La peinture et la sculpture présentent partout les divers ordres de l'architecture, exécutés là par le pinceau, ici par le ciseau des plus célèbres artistes ; chaque édifice est un musée, chaque musée renferme un chef-d'œuvre, chaque chef-d'œuvre rappelle un grand nom, chaque nom porte avec lui un souvenir de gloire et de splendeur.

Il n'y a pas un seul palais qui ne soit orné de colonnes, pas une colonne qui ne soit de marbre, pas de marbre qui ne soit incrusté d'or, pas d'or qui ne soit accompagné de quelques magnifiques ornements. Ces trois rues, qui, par leur position, semblent n'en faire qu'une, présentent un aspect ravissant le dimanche après les offices, pendant les beaux jours, à l'heure de la promenade du soir : alors on y rencontre à chaque pas quelque copie de Raphaël, copie vivante, à la jambe fine et coquette, au pied petit, et chaussé pour la rue comme pour le bal, au front pur et limpide, couronné par le mezzaro blanc, si gracieux, si pittoresque, aux cheveux longs et noirs, arrangés en forme de diadème, au regard fascinateur et brillant comme une étoile.... Voici la femme génoise.

Comme toutes les villes de l'Italie, les églises de Gênes sont remarquablement belles. L'art éminemment religieux de la Péninsule y a partout concentré ses merveilles. On admire, en première ligne, la métropole Saint-Laurent, édifice gothique, revêtu, tant à l'extérieur qu'à l'intérieur, de marbre blanc et noir. La campanille est également couverte de marbre. Au-dessus de la grande porte, on voit le tombeau de Leonardo Montalto, mort sous la pourpre dogale en 1314. Arrêtons-nous un instant devant la chapelle érigée en 1596 par le doge Matteo Senarega, devant celles dédiées aux saints Apôtres et à saint Jean, devant les tombeaux de marbre où reposent les Marini, dans la chapelle de ce nom, et allons voir, dans une des deux sacristies, un des plus précieux trésors de Gênes, le *Sacro Catino*.

La tradition raconte que le *Catino*, de création divine, est le bassin qui a reçu la tête de saint Jean-Baptiste, le plat de la cène auquel mirent la main à la fois Jésus et Judas : c'est un vase hexagone en verre. Ses premières traces remontent à la reine de Saba, qui le possédait, et l'apporta à Jérusalem avec d'autres présents précieux, lorsqu'elle vint admirer la sagesse de Salomon. Ce prince, en appréciant sa valeur, le fit déposer dans le trésor, d'où il ne sortait que pour la célébration du *Passah* : c'est-à-dire pour recevoir l'agneau pascal.

Il fut ainsi conservé par les rois de Juda jusqu'à la fin de la dynastie ; à cette époque il passa dans la famille de saint Nicodème, qui prétendait en tirer son origine. Jésus-Christ ayant prédit la ruine prochaine de Jérusalem, les chrétiens voulurent le préserver des scènes d'horreur auxquelles la prise de la ville pouvait donner lieu. Ils se retirèrent à Césarée, emportant avec eux le *Sacro Catino* ; et ce vase d'un prix inestimable demeura dans cette ville jusqu'au moment de la première croisade.

Après la prise de Césarée, qui eut lieu en 1107, les croisés firent trois lots des immenses richesses tombées au pouvoir des vainqueurs, et accordèrent l'avantage du choix aux guerriers de Gênes, pour reconnaître l'importance de leurs services. Ceux-ci donnèrent une grande preuve de leur désintéressement et de leur piété, en prenant uniquement le *Sacro Catino*. A leur arrivée à Gênes, ils le déposèrent avec respect dans la cathédrale.

La valeur de cette relique était estimée si haut que les Génois, assiégés en 1319 par les Gibelins, et forcés de recourir à un emprunt, engagèrent le *Sacro Catino* au cardinal duc de Fiesque pour douze mille marcs d'or. Onze années après, ils le dégagèrent par l'acquittement de cette somme.

On ne saurait se faire une idée des précautions qu'on prenait pour le garder. On ne l'exposait aux regards des fidèles qu'une fois tous les ans. On le plaçait alors dans un lieu fort élevé, retenu par un cordon attaché aux mains d'un prélat. Les chevaliers nommés *clavigeri* qui seuls en avaient la garde étaient rangés autour. Il était défendu, sous peine de cent à mille ducats, et quelquefois sous peine de mort, de toucher le *Catino*, même avec du corail, des pierres précieuses, de l'argent et de l'or. Les clefs de l'armoire qui renfermait pendant le reste de l'année le *Catino*, étaient confiées aux *clavigeri* choisis parmi les citoyens les plus distingués de la république.

La couleur de cette relique vénérée est verte, sa forme hexagone est agréable, ses angles sont bien tranchés; ses anses prises dans la matière se détachent avec goût, et ses ornements portent le caractère d'une grande distinction.

Les Génois ont rapporté, entre autres pieux trophées de leurs glorieux combats avec les infidèles, une croix précieuse dérobée à l'église de Saint-Jean à Éphèse, où, soigneusement gardée, elle n'était montrée aux fidèles que le jour de l'adoration de la croix. On la porte chaque année processionnellement, le 17 janvier, en souvenir des deux cents vaisseaux chargés de grain qui firent cesser, en 1591, l'horrible famine à laquelle la ville était en proie.

Ils conservaient avec une égale vénération, dans l'église des Dominicains, une relique qu'on avait enlevée à l'époque de la domination française, et qui montrait combien leur foi était ardente.

L'église de *Santa-Maria-di-Castello* est une antique collégiale, révérée avec raison par les Génois, puisqu'elle a été construite sur l'emplacement de celle où leurs ancêtres reçurent le baptême pour la première fois. Elle est d'un style gothique, et renferme le corps du bienheureux Sébastien Maggi, dominicain, que la grâce de Dieu préserve depuis cinq siècles, dit-on, de toute corruption. Un grand nombre d'*ex-voto* et d'offrandes couvrent les murs de la chapelle dans laquelle il attend l'heure de la résurrection. Le beau tombeau en marbre de Demetrio Canevari est auprès de cette chapelle.

L'inscription du portail de la superbe église des Jésuites annonce que cet édifice a été construit en 1664 par François-Marie Balbi, en l'honneur de saint Jérôme et de saint François-Xavier. Un double portique, dont les colonnes sont en marbre de Carrare, décore l'intérieur de la cour; on distingue, parmi les tableaux, la belle Assomption du Guide.

Le plus bel édifice religieux de Gênes est, sans contredit, l'église de l'Annonciation. On y arrive par un immense escalier de marbre qui occupe toute la surface. D'une vaste dimension, la voûte est supportée par de grandes colonnes de marbre blanc incrustées de marbre rouge, ornées d'un luxe inouï de peintures et de dorures. Valerio Castelli a peint la coupole; Bensi a peint le plafond du chœur. Gênes doit cet édifice, admiré par tous les étrangers, à la munificence et à la piété de la famille Lomellini.

Si les églises de cette ville sont belles et nombreuses, il n'y a pas une cité qui ait une aussi grande quantité de palais dans son enceinte et dans ses alentours. Depuis Campo-Marone jusqu'à San-Petro et San-Tomaso, le regard se promène entre deux lignes formant une double haie de somptueux édifices, véritables demeures royales qui faisaient dire un jour à un orateur du haut de la chaire sacrée : *Citoyens de Gênes, vous êtes des rois dont la modestie se plaît à vivre en simples particuliers.*

Paul Rubens fut tellement émerveillé de la splendeur de ses palais, qu'il en a publié un recueil avec les plans. Le même génie semble avoir présidé à leur construction, et y avoir prodigué le même luxe d'ornements : un poète disait qu'ils étaient construits avec de l'or pilé dans du marbre et délayé par le pinceau de Raphaël.

Un des plus beaux palais et le plus riche, sans comparaison, par la magnifique galerie de tableaux qu'on y admire, est le palais Brignole-Sale, autrement dit, *il palazzo Rosso*, de ce que ses assises sont alternativement de marbre blanc et de marbre rouge. La richesse des décorations intérieures, le luxe des appartements, l'élégance des meubles, répondent à la magnificence de l'extérieur. L'illustre famille de Brignole-Sale a réuni dans cette demeure vraiment royale les chefs-d'œuvre de l'art, qui tapissent une quinzaine de salons se succédant les uns aux autres.

Nous y avons admiré le portrait du prince d'Orange, ceux du marquis Antoine-Jules Brignole-Sale, de la marquise Julie Brignole, sa femme ; de Jérôme Brignole-Sale, et celui de sa fille, par Vandyck; les *Marchands chassés du Temple;* la *Vierge avec l'Enfant Jésus, saint Jean-Baptiste et les deux apôtres saint Jean et saint Bartholomée*, par le Guerchin; la *Résurrection de Lazare, Olinde et Sophronie*, par Michel-Ange; une *Vierge et son divin Fils; Saint Jean-Baptiste et sainte Élisabeth*, par André del Sarte; une *Crèche* et une *Annonciation*, par Paul Véronèse, etc., etc., etc.

Ce beau palais appartient à Son Excellence le marquis de Brignole-Sale, ambassadeur du royaume de Sardaigne à Paris; ce noble Génois, digne héritier du nom glorieux que lui ont légué ses ancêtres, choisi il y a deux années pour présider le congrès de Gênes, est justement considéré comme le Mécène des sciences, des lettres et des arts. Amant passionné des lettres, qu'il cultive lui-même avec bonheur, il a fait de sa demeure un sanctuaire où l'artiste, le poète et l'historien sont toujours sûrs de trouver un bon accueil et de chaleureuses inspirations. Transporté par la diplomatie sous le ciel nuageux de Paris, loin de son beau pays de Gênes, le marquis de Brignole-Sale retrouve les rayons de son brillant soleil dans le commerce des intelligences qu'il abrite périodiquement dans son hôtel de la rue Saint-Dominique. Bon, généreux et bienveillant pour tous, il a conservé les rares traditions du grand seigneur pour faire les honneurs de chez lui : son salon est bien certainement le premier salon de Paris : heureux les élus qui peuvent y être admis! Le palais Durazzo est également fort beau; l'œil se repose agréablement sur sa belle terrasse terminée en fer à cheval, sur ses vastes terrasses de marbre, et parcourt ensuite avec admiration la galerie qui renferme, outre plusieurs portraits de famille peints par Vandych, Titien et Tintoret, les portraits d'*Anne de Boulen*, de la reine *Catherine de Suède*, et la *Madeleine pénitente au pied du Christ*, par Paul Véronèse.

LE MARQUIS BRIGNOLE-SALE.

Le palais Spinola est aussi remarquable par sa façade peinte représentant les figures colossales des *douze Césars*. On distingue encore le palais Doria, remarquable par sa façade ; le palais de l'Université, gardé par deux magnifiques lions placés en sentinelles sous le vestibule ; un second palais Brignole et le palais Serra, qui possède un des plus beaux salons qu'on puisse voir au monde ; il a coûté plus d'un million au noble Spinola : tous les ornements qui ne sont pas dorures ou sculptures sont en lapis. Il est décoré de seize colonnes corinthiennes cannelées et dorées.

Terminons cette revue de palais par le palais ducal et le palais Doria : le palais ducal, édifice public aujourd'hui, mais autrefois habité par le doge, est précédé d'une grande et belle cour ; sa façade en stuc, imitation du marbre de Carrare, est imposante : deux rangs de colonnes, l'un dorique et l'autre ionique, la décorent. Chaque rang est surmonté d'un balcon en marbre au-dessus duquel est un rang de pilastres dont les intervalles sont ornés de statues entourées elles-mêmes de groupes et de trophées. Le principal escalier, qui conduit à la salle du grand conseil, est digne de cette salle remarquable par son élégance et par les trente-huit colonnes de marbre qui l'enrichissent.

On remarque dans ce palais la salle du Conseil et celle du Petit-Arsenal. Entre les pilastres et les piliers de la première, on voit des niches dans lesquelles on exposait les statues des grands citoyens de la république. Ces statues, remplacées aujourd'hui par des mannequins en plâtre et en paille habillés, ont été renversées par la main des vandales.

On cherche également en vain dans l'arsenal les magnifiques trophées d'armes, de casques et de cuirasses enlevés aux musulmans : tout a disparu ; le vandalisme, en passant par là, a tout brisé, tout enlevé, jusqu'aux brillantes cuirasses de ces trente-deux dames génoises qui, recommençant l'histoire des Amazones, voulurent prendre part à l'expédition de la Terre-Sainte, où, par leur valeur chevaleresque, elles méritèrent les lettres élogieuses que le souverain pontife Boniface VIII leur expédia d'Agnani, comme un témoignage de son estime et un pieux hommage rendu à leur valeur. Les barbares du XVIIIe siècle n'ont rien respecté ; ils ont, après avoir foulé au pied l'image de leurs libérateurs, ils ont arraché de leurs mains impies les plus nobles feuillets de leur histoire.

On conserve cependant encore au-dessus de la porte le *grand rostre*, éperon de navire antique que l'on trouva en 1593 dans le port de Gênes. Les savants prétendent que ce rostre avait été attaché à l'un des vaisseaux qui combattirent Magon, général des Carthaginois. Ce monument antique est d'autant plus précieux qu'il est le seul de ce genre qu'on ait pu conserver.

Près de la porte Saint-Thomas s'élève le magnifique palais que la république a donné à cet illustre citoyen, en reconnaissance des services qu'elle en avait reçus, ainsi que l'indique cette inscription gravée sur la porte :

S. C. ANDREÆ, DE AVRIA,
PATRIÆ LIBERATORI.
MUNUS PUBLICUM.

Ce palais a été construit tout en marbre par l'architecte Montersoli. Dans le jardin qui domine la mer, on a creusé un vaste bassin d'où s'élève majestueusement la statue d'André Doria représenté sous la forme colossale de Neptune traîné par trois chevaux marins. Cet illustre personnage, le plus grand homme de mer de son siècle, commença par servir ses propres intérêts, en louant sa valeur personnelle à Clément VII, à Charles V et à François Ier. Agissant ainsi, il obtint de si grandes richesses qu'il put équiper et entretenir jusqu'à vingt-deux galères qui le mirent, lui, simple citoyen, au rang des puissances maritimes. Lorsque sa fortune fut faite, il redevint franchement Génois, et mérita le glorieux surnom de père et de libérateur de son pays, en l'affranchissant le 11 septembre 1528 du joug des Français.

Pour reconnaître un si grand service, les Génois arrêtèrent que la mémoire de ce beau jour serait célébrée tous les ans par une fête qu'on appellerait *union*.

Depuis ce décret, tous les ans, dans la soirée du 11 septembre, le colonel de la garde du palais, suivi de deux cents hommes avec leurs drapeaux, se rendait au palais Doria et présentait au libérateur la clef de la ville. Les gens du palais paraissaient magnifiquement vêtus ; on étalait en grande pompe le riche mobilier des appartements et l'immense argenterie de la table, pendant que les gardes de la Signoria faisaient sur la place de continuelles décharges de mousqueterie. Seul entre tous les nobles, le prince Doria avait le droit de porter l'épée dans la ville.

Charles-Quint et Napoléon ont résidé quelques jours dans ce palais. Le séjour de l'heureux rival de François Ier fut signalé par une ridicule manifestation de magnificence.

Au moment du départ de l'empereur, Doria fit jeter dans la mer, en sa présence, toute la vaisselle d'or et d'argent qui avait eu l'honneur de le servir, disant que, consacrée par un si grand prince, elle ne devait plus être profanée par un usage vulgaire.

L'empereur partit émerveillé ; mais à peine eut-il dépassé Saint-Pierre-d'Arène, que Doria fit retirer les filets qu'il avait fait placer à quelques pieds de profondeur dans la mer pour servir de *compères* à son ostentation.

Gênes possède un fort beau théâtre, le *Carlo-Felice*, construit sur une grande échelle ; la salle peut rivaliser en dimension avec les plus vastes salles de l'Italie. On y joue toute l'année, à l'exception du carême.

Nous y avons rencontré, ce jour-là, un noble pair de France dont la vie tout entière a été consacrée au service de son pays, l'ancien député du département du Rhône, M. Fulchiron, dont le nom honorable survivra toujours à sa vieillesse active et laborieuse. Il profitait du bénéfice de ses vacances pour mettre la dernière main à son ouvrage sur l'Italie (1), monument véritable qu'il élève à la gloire de la péninsule.

Le noble pair est un des plus infatigables travailleurs de France, il a conservé dans sa vieillesse toute la verdeur de l'âge mûr. Comme je m'extasiais sur les longues heures qu'il pouvait dérober au repos de ses nuits, il me répondit avec le calme de l'homme de bien qui ne redoute point la mort : « Je me hâte, » car je n'ai plus que quelques années à vivre, et

---

(1) Les *Voyages historiques et statistiques de l'Italie* forment déjà cinq gros volumes; ils en contiendront sept. Ce livre, indispensable à tous ceux qui veulent connaître l'Italie dans ses mœurs, dans son commerce, dans son industrie, dans ses progrès, a été parfaitement édité par M. Pillet aîné.

» j'allonge mon existence en ajoutant à mes jours ce
» que je prends à mes nuits. »

Les pressentiments du noble pair ne se réaliseront pas de sitôt, il vivra longtemps encore, nous l'espérons, pour le pays et pour tous ceux qui ont le bonheur de l'apprécier et de l'aimer ; pour cela il suffit de le connaître.

Les sciences et les lettres, dérangées par l'action politique et commerciale, n'ont pas obtenu à Gênes une aussi grande faveur que les arts; cependant, si les lettres n'ont point embelli les riches palais des puissants Génois, elles ont fait l'agrément de ceux qui les ont habités, car c'est toujours la poésie qui crée les actions reproduites par la peinture.

Gênes peut citer avec un juste orgueil son moderne Pindare, Gabriel Chiabrera. L'Académie des sciences et des lettres, qui s'est formée en 1783, ne s'est guère livrée qu'à la littérature légère. L'institut ligurien, commencé en 1802, annonçait plus d'activité.

Parmi ceux qui ont le mieux cultivé les sciences exactes, nous devons citer le marquis Agostino Lomellini, doge en 1762; Viani, Philippo Spinola, le comte Hippolyte Durazzo, auteur d'une Vie de Christophe Colomb ; le père Oderico, l'un des plus habiles philologues et des plus savants antiquaires du siècle dernier ; le père Laviosa, Serra, etc., etc. Mais la plus grande illustration de Gênes est Chri-

CHAPITRE X. 317

stophe Colomb, le célèbre navigateur, qui a trouvé un nouveau monde dans son génie.

Né en 1442 d'un père cardeur de laine, le jeune Christophe comprit, à la seule inspection de notre hémisphère, par un raisonnement tiré de la disposition du monde, qu'il devait y en avoir un autre. Un jour, il se présenta au doge, Pierre Fregose, et lui dit : « Notre république est riche et puissante, » mais elle le sera si vous le voulez bien plus encore : » prêtez-moi une galère, et avant deux ans je vous » ramènerai un nouveau monde. » Frégose le renvoya sans daigner lui accorder un mot de réponse, peu s'en fallut même qu'il ne l'envoyât à son *physicien* pour le faire traiter ; il le prit pour un fou.

De Gênes Colomb se rendit en Espagne, où la reine Isabelle, acceptant ses services, lui confia trois vaisseaux. Il partit ; trente-trois jours après, il découvrait la première île de l'Amérique. A son retour en Espagne, Isabelle le reçut comme un grand d'Espagne, le nomma grand-amiral, vice-roi du Nouveau-Monde, et lui donna un nouveau commandement de dix-sept vaisseaux ; c'est dans cette seconde expédition qu'il découvrit les Caraïbes et la Jamaïque. Plus tard, les Génois apprirent les importantes découvertes de leur compatriote. Ainsi qu'il l'avait promis, l'*insensé* avait trouvé un nouveau monde ; mais c'était l'Espagne qui en profitait. Christophe Colomb n'a point oublié sa patrie, il lui a laissé en mourant tout ce qu'il possédait : c'est-à-dire la dixième partie des revenus que lui devait la couronne d'Espagne.

Les archives de Gênes conservent précieusement un beau manuscrit qui contient les priviléges accordés à Christophe Colomb soit en Espagne, soit en Amérique.

Nous avons dit précédemment que Gênes avait produit peu de poètes, il en est un cependant qui vit encore et qui lui doit le jour : l'illustre de Negri, Virgile et Mécène tout à la fois.

Les portes de sa délicieuse villa, agréablement située sur la colline, sont ouvertes à tous ceux qui passent à Gênes avec le passe-port de l'intelligence ; si elle n'en était le sanctuaire, on pourrait l'appeler l'Hôtel des sciences, des lettres et des arts.

Les établissements de charité à Gênes répondent à la magnificence des palais et des églises. Le consciencieux auteur des Voyages historiques et statistiques en Italie, M. Fulchiron, assure que l'*Albergo-de-Poveri* est l'un des plus grands et des plus vastes hôpitaux de la péninsule.

Les cinq étages de cet immense édifice sont partagés en plusieurs vastes salles, qui contiennent dix-huit cents pauvres et deux cents personnes consacrées à leur service. On y reçoit les femmes et les hommes condamnés à la réclusion ; les enfants abandonnés, auxquels, plus tard, on apprend un métier.

CHAPITRE X.

Les pauvres qui ne peuvent trouver une place fixe sont toujours sûrs d'y obtenir la nourriture pour un jour et l'asile pour une nuit.

Les hommes et les femmes ont des dortoirs, des cours, des réfectoires séparés, et une place distincte à l'église. Les escaliers de marbre et les salles sont décorées des images des bienfaiteurs de l'hospice. Celles des fondateurs sont assises ; celles des autres sont debout ou en buste, selon l'importance des offrandes qu'ils ont faites. Les personnes qui donnent plus de cent mille livres obtiennent une sépulture dans l'église; enfin des inscriptions indiquent les sommes immenses données à cet utile établissement : Germimo Grimaldi a donné soixante mille écus de Gênes, un Brignole trente-cinq mille, Marcello Durazzo trente mille ducats, un autre Durazzo cent cinquante mille livres.

Eh bien, le croirait-on ! il s'est trouvé des hommes assez infâmes qui ont mutilé, pendant les mauvais jours de la révolution, les saintes images de ces bienfaiteurs de l'humanité. L'histoire aurait dû conserver leurs noms pour les clouer au gibet de la postérité.

Le grand hôpital appelé *il Pammatone* est un établissement du même genre. Mille malades de toutes les nations, car la ville de Gênes devient la patrie de ceux qui souffrent, y trouvent journellement des secours et des consolations.

Plus de trois mille enfants trouvés y apprennent un métier, qui, plus tard, leur tiendra lieu de famille. Nous avons vu la *Strada-Pòrtoria*, près du grand hôpital ; c'est là que s'est engagée la lutte de 1748 entre l'indépendance génoise et l'oppression autrichienne : lutte gigantesque, commencée par une pierre et terminée par le triomphe.

Les édifices des faubourgs sont presque aussi somptueux que ceux de la ville : le premier s'étend à l'orient, et l'autre se prolonge vers le fanal bâti sur l'emplacement même de la citadelle que Louis XII avait construite pour maintenir la ville. Les fortifications, qui dominent la ville et la mer, font de Gênes un boulevard presque imprenable. Gênes est sans contredit la ville forte des États-Sardes.

Avant de quitter Gênes pour visiter ses belles campagnes, détruisons s'il se peut cet affreux proverbe, créé par la jalousie italienne, qui dit de cette ville :

> Montagne sans herbe,
> Mer sans poisson,
> Peuple sans foi,
> Femmes sans pudeur.

Nous avons vu sur cette *montagne sans herbe* des jardins pleins d'ombre, de fleurs et de fruits ; les camélias y viennent en pleine terre comme les rosiers en France. Les fleurs de Gênes ont une réputation plus vraie et mieux méritée que la première proposition du proverbe en question. La seconde est aussi injuste, puisque nous avons vu des pêcheurs raccommoder leurs filets en chantant gaiement une barcarolle en l'honneur de Charles-Albert.

Peuple sans foi. Le commerce de Gênes passe, au contraire, pour le commerce le plus sûr de l'Italie. La première femme que Sterne vit à Calais était méchante, et elle avait les cheveux rouges. Sterne écrivit aussitôt : « Toutes les femmes de Calais sont » rousses et acariâtres. » Si nous jugions, comme Sterne l'a fait, d'après nos premières impressions, nous écririons en ce moment : « Les marchands de » Gênes sont les plus confiants et les plus honnêtes » commerçants du monde. Un marchand de curio- » sités nous a fait crédit de 15 francs plutôt que » de nous changer une pièce d'or. — Vous me » payerez à la première occasion, » nous dit-il.

Femmes sans pudeur. Cette dernière proposition est aussi mal fondée que les trois autres. Les Génoises sont d'une modestie tellement exagérée, qu'en France elle passerait pour de la pruderie portée à son plus haut point.

Maintenant que nous avons rompu notre lance pour la montagne, la mer, le peuple et la femme de Gênes, allons parcourir les belles campagnes qui avoisinent cette cité.

Celle de la famille Lomellini est une des plus belles ; on y trouve des prés, des ruisseaux, des cascades, des vallons, des collines, des bosquets pleins d'oiseaux, des jardins pleins de fleurs, une salle de concert, un théâtre, une métairie, un chalet, un ermitage chinois et des bains.

Le *Zardino* se fait remarquer par l'élégance de ses jardins, l'abondance et la limpidité de ses eaux, et surtout par le grand nombre de plantes exotiques disposées à grands frais par les soins du comte Hippolyte Durazzo.

Mais le *nec plus ultra* des villégiatures génoises se trouve à la *villa Palavicini;* tout ce que l'art a pu créer de plus merveilleux y donne journellement rendez-vous à l'admiration des étrangers. Pour s'y rendre il faut traverser le joli bourg de Saint-Pierre-d'Arène devant l'importante fonderie de MM. Balleydier frères, qui les premiers ont doté les États-Sardes d'une machine à vapeur et suspendu de magnifiques ponts de fer. Puis il faut longer quelque temps les bords de la mer jusqu'au pied de la colline, où quelque habile magicien a sans doute transporté les jardins d'Armide.

Un vaste perron en marbre blanc, dont les dimensions sont colossales, relie le chemin ombragé qui conduit aux merveilles de ce séjour enchanté. A chaque pas, derrière chaque taillis, auprès de chaque fontaine, on s'attend à voir paraître quelque gentille fée, aimable cicerone chargée de faire l'explication de ces beaux lieux livrés généreusement à

CHAPITRE X.

l'admiration publique par l'enchanteur Palavicini.

A défaut de fée, nous avons dû nous contenter des explications d'un perroquet, habillé en jardinier, qui nous a récité sa leçon sans se tromper une fois. L'histoire et la fable se sont réunies à la villa Palavicini; sur les bords de l'île de Cythère on trouve un cimetière-moyen-âge. Là, parmi les grandes herbes qui croissent dans les enclos lugubres, on voit une croix gothique, plus loin un tertre légèrement affaissé sur lequel gît une inscription funéraire; plus loin encore une figure chevaleresque, armée de toutes pièces, prie les mains jointes et agenouillée sur un tombeau.

Derrière ce simulacre funèbre on rencontre, auprès du temple de Cupidon, une petite chapelle avec son petit clocher et sa modeste croix de bois gris à moitié brisée par les orages du temps.

De la chapelle on se rend sur les bords d'un lac creusé au sommet de la colline; un matelot coiffé du petit chapeau de cuir verni vous attend l'aviron à la main. « Le temps est beau, la mer est belle, » il faut partir, embarquez-vous, mesdames, » dit-il. Le signal du départ est donné; et un petit navire coquet et gracieux, tel que devait être celui de la nymphe Calypso, vous conduit, à travers les parois pittoresques d'un gros rocher, à la grotte où depuis si longtemps l'infortunée déesse pleure et attend son Télémaque, qui ne reviendra pas.

Après avoir doublé cette grotte historique, comme celle de *Monte-Cristo*, le navire enchanté vous transporte dans l'*île des Fleurs*, harmonieusement habitée par Flore et Cupidon, délicieuses statues de marbre blanc animées par le ciseau d'un grand maître. Notre voyage autour du lac des Fées est terminé, nous avons touché le port; montons à ce pieux ermitage, allons remercier la madone des mers qui loin de nous a chassé les vents et les orages... Maintenant nous sommes en Suisse, la Suisse d'autrefois. Rassurez-vous, les corps francs ne viendront pas chercher querelle au Sonderbund de la villa Palavicini; tout est calme, heureux et tranquille dans cette Suisse, les partis violents ne s'y sont pas donné rendez-vous devant l'Europe pour vider leur querelle. Ce chalet est paisible comme l'oratoire d'une visitandine... Avançons encore : nous voici maintenant en Chine, au milieu des pagodes, c'est bien cela, rien n'y manque que de l'opium et du thé.

Telles sont les fantaisies bizarres et singulièrement accidentées de la villa de Palavicini, jetées par l'art et des millions sur un petit espace de terrain si bien disposé qu'il faut plus de six heures pour le parcourir. Maintenant retournons à Gênes, un cri immense, le cri que prononce le peuple au jour de ses fêtes, vient de se faire entendre : c'est le cri de vive Charles-Albert !

CHAPITRE XI.

Continuation des fêtes nationales. — Réjouissances de Nice. — Solennités de la Sardaigne. — Scènes de Cagliari. — Députation sarde. — Allocution et bénédiction de l'archevêque. — Départ. — Arrivée à Turin. — Royale réception. — Retour. — Fêtes et réjouissances. — Organisation de la Sardaigne. — Le roi quitte Gênes. — Préparatifs à Turin. — Bénédiction des bannières. — Entrée triomphale.

Vive le roi Charles-Albert ! ce cri, parti de Turin et porté à Gênes par le courant électrique de l'enthousiasme inspiré de l'amour, planait sur les murs de l'ancienne métropole des mers, appelant, sans distinction aucune, tous les citoyens à la fête de la reconnaissance. Le lendemain de son arrivée à Gênes le prince réformateur retrouva les brûlantes manifestations qui l'avaient accueilli la veille, le peuple génois, grossi par les habitants des campagnes, se pressait tout entier aux abords de son royal palais. En même temps et de tous les côtés les nombreuses députations des provinces se mettaient en route pour venir déposer aux pieds du roi les adresses et les témoignages reconnaissants de l'amour de son bon peuple.

La paisible et pacifique population de Nice, restée jusqu'à ce jour en dehors du mouvement politique qui régénérait la péninsule, laissait tout à coup éclater ses transports d'admiration à la nouvelle des résolutions généreuses que venait de prendre Charles-Albert. C'était le soir, l'élite des citoyens se transporta aussitôt au théâtre magnifiquement éclairé à *giorno;* le gouverneur ne tarda pas à se montrer dans sa loge. A sa vue, les spectateurs se levèrent en masse, d'un mouvement spontané, aux cris de vive Charles-Albert. Alors un hymne improvisé pour ainsi dire par une femme, un grand poète, mademoiselle Lasserno, est lu sur la scène et couvert d'applaudissements. Le rideau tombe, la foule se répand dans la rue; là des milliers de personnes se forment en colonne, et précédées par le drapeau sarde, qui flotte au-dessus de toutes ces têtes comme un arc-en-ciel, comme une voile d'espérance sur les flots de la mer, accompagnées par les musiciens de l'orchestre du théâtre, parcourent la ville illuminée et resplendissante ainsi qu'un soleil d'été. Arrivées sur le port, elles se découvrent, et, le front nu devant une effigie royale, se rangent autour de la statue du roi. Les dames sortent des rangs, s'approchent du piédestal et le couvrent des gracieux bouquets qu'elles dérobent à leur ceinture; puis, sur un nouveau cri de vive le roi! la foule heureuse se disperse et regagne silencieusement sa demeure.

Pendant ce temps-là des fêtes non moins brillantes se succédaient en Sardaigne. A Cagliari la jeunesse des écoles, réunie au peuple, parcourait en masse les rues de la ville aux cris de vive Charles-Albert! vive l'union italienne! et se rendait au théâtre où le vice-roi était attendu. A son arrivée, une députation de l'Université lui offrit la cocarde nationale, qu'il accepta et déposa sur sa poitrine; le général d'armes et toutes les autorités civiles et militaires suivirent son exemple. La salle était resplendissante de lumières, de femmes et de fleurs ; les loges présentaient un coup d'œil ravissant. Le rideau se leva sur un nombreux chœur de musiciens qui entonna l'hymne à Charles-Albert, répété par les dames des loges et les jeunes gens du parterre.

Au sortir du théâtre, le vice-roi fut reconduit à son palais au milieu des torches tenues par les professeurs de médecine et par les étudiants de l'Université. Le peuple suivait accompagné de la musique et des acclamations de vive Charles-Albert! vive la réforme! vive le vice-roi.

Le lendemain, qui était un jour de dimanche, le maire et les conseillers assistèrent à une cérémonie religieuse célébrée dans l'église de Saint-Lucifer, en dehors de la ville; les étudiants et une grande partie de la population les y rejoignirent, et, leur servant d'escorte, les accompagnèrent processionnellement jusqu'à l'hôtel-de-ville.

De là ils se transportèrent au palais archiépiscopal et sollicitèrent à grands cris la présence de l'archevêque, qui, paraissant aussitôt sur le balcon, leva ses mains au ciel et les laissa retomber pour donner sa bénédiction au peuple agenouillé. Plus de dix mille personnes se trouvèrent là réunies. Les jeunes étudiants offrirent la cocarde nationale à l'archevêque, qui l'accepta et en pavoisa aussitôt sa poitrine.

Le troisième jour les fêtes prirent un caractère plus solennel encore. Ce jour-là, des hommes divisés, depuis des siècles, par les préventions de leurs différentes origines, échangèrent avec effusion le baiser pacifique de l'union et de la concorde. Il n'y eut plus à Cagliari des Savoyards, des Piémontais, des Sardes, des Niçards ; ces distinctions de rivalités locales avaient disparu pour faire place à une seule catégorie nationale, celle des enfants de Charles-Albert. Sous ces heureux auspices et sous la direction de l'archevêque, une députation sarde s'organisa pour aller demander au roi que l'île de Sardaigne fût comprise dans le bénéfice de la réforme continentale du Piémont et dans les avantages de l'union italienne. La ville de Cagliari, profitant de cette occasion, remit à ses délégués deux drapeaux d'alliance destinés aux villes de Gênes et de Turin.

Le départ de cette députation donna lieu à de nouvelles et éclatantes manifestations. Ses principaux membres, l'archevêque, son doyen, chanoine de Rome ;. le chanoine d'Arcaïr, le chevalier Marini, avocat et syndic de la ville ; le marquis Laconi, le marquis d'Arcaïr, le baron Teulada, le comte Céarella, l'avocat Cossu-Baile et le chevalier Mamelli, partant du palais de l'Archevêché, allèrent prendre congé du vice-roi, et se rendirent à la cathédrale pour implorer l'assistance divine et mettre sous la protection de Dieu le soin de leur voyage. De là ils se dirigèrent à la Darse pour s'embarquer à bord du bateau à vapeur sarde *l'Ichnus*. Quarante mille personnes encombraient dès le matin les places du Palais-Royal, de l'Archevêché, de la Cathédrale et de l'Hôtel-de- Ville.

La députation arriva vers les six heures du matin à la Darse. Elle était précédée des membres du conseil municipal en grand costume et suivie par l'archevêque d'Oristarne, monseigneur Saba ; par le chapitre du diocèse au grand complet, par le magistrat de la royale audience, par les membres de l'Université marchant sous les plis de deux drapeaux portés par des professeurs de médecine. Les étudiants venaient ensuite, symétriquement rangés par lignes; puis les prêtres, les capucins, les moines, fournis par les treize couvents de la ville; puis la masse du peuple, hommes, femmes, enfants. Au milieu de ce nombreux cortége et au-dessus de toutes ces têtes s'avançant rayonnantes de joie vers la mer, qui allait recevoir leurs espérances, flottait l'auguste image de Pie IX, escortée de deux bannières sardes sur lesquelles on lisait cette inscription : *Spirito evangelico. Fratelli amore al re.*

Toute la population de la ville se trouvait officiellement représentée par les députations des différentes classes et par des drapeaux : celui du commerce, porté par des négociants, avait pour légende : *L'espérance du commerce ;* celui des artisans : *Protection des arts ;* celui des Piémontais résidant à Cagliari : *Vœux des Piémontais à la députation de leurs frères de la Sardaigne ;* celui des étudiants : *Amour au roi, dévouement à la patrie ;* celui des avocats et des médecins : *Espérance de la Sardaigne et de l'Italie,* etc. Tous les fronts étaient rayonnants, toutes les mains étaient serrées dans une étreinte de concorde, toutes les poitrines étaient pavoisées de la cocarde azurée, même celles des représentants des nations amies. Les officiers du consulat français l'avaient arborée auprès de la cocarde de la nation française.

Le cortége marchait par pelotons sur sept hommes de front, le bras serré au bras, et aux cris sans cesse répétés de vive Charles-Albert! vive la réforme! vive l'union italienne! Les balcons et les croisées étaient garnis de tapis, de guirlandes et de dames. Les cloches sonnaient à toute volée comme au jour de Pâques, ce grand jour de résurrection. Des centaines de pavillons flottaient sur les mâts des navires qui se trouvaient dans la Darse et sur la rade : l'Europe maritime prenait part à la fête de la Sardaigne.

A leur arrivée au rivage, les membres de la députation trouvèrent un pont entouré de bannières destiné à les porter à bord du vapeur. L'heure des adieux était arrivée ; les délégués entendirent diverses allocutions, auxquelles ils répondirent avec une vive émotion, puis ils s'embarquèrent, sur le pont, en face des flots de la mer et des vagues du peuple, qui battirent les flancs du navire sous le dôme resplendissant du ciel azuré comme la cocarde piémontaise.

En présence de Dieu et de l'immensité, le digne archevêque, élevant sa main sur le rivage, s'écria d'une voix forte : « Nobles Sardes ! nous allons
» porter vos hommages et vos vœux aux pieds du
» trône du magnanime Charles-Albert ; Dieu nous
» dit que vos vœux seront favorablement accueillis,
» acceptez-en l'augure. N'avez-vous rien autre à dire
» à Sa Majesté ? — Vive le roi ! » répondit le peuple en masse. « Cette réponse, reprit l'orateur, est digne
» de vous, digne du monarque à qui elle s'adresse.
» Oui, vive le roi ! nous lui dirons, nobles Sardes,
» qu'entre vous et lui il est une chaîne d'amour et
» de fidélité, dont les anneaux, traversant l'es-
» pace de cette mer, aboutissent à sa couronne, et
» qui ne se briseront jamais.

» Jamais ! s'écria le peuple, vive le roi ! — Nous
» lui dirons, » continua l'archevêque, « qu'il peut
» compter sur vous à la vie et à la mort. Maintenant
» à genoux, frères, et recevez, en attendant notre

» retour, cette bénédiction sainte que je vous donne,
» au nom du Père, du Fils et du Saint-Esprit. »

Lorsque le peuple se releva, le navire ne tenait plus au rivage, le ciel était pur, la mer était calme, le vent était propice, la députation arriva bientôt à Gênes.

Le roi la reçut avec la plus grande bienveillance. « Je suis heureux de vous voir, messieurs, » dit-il en s'adressant d'abord à l'archevêque, ensuite à tous les membres qui la composaient; « je suis heu-
» reux de vous voir en ce moment surtout, où le
» roi voudrait embrasser dans un seul regard tout
» son peuple. Je connais l'objet de votre mission,
» je sais ce qui vous amène à moi; vos demandes
» sont justes, je suis tout disposé à vous les accor-
» der : car tous mes sujets sont égaux devant mon
» amour de père et de roi. Retournez à Cagliari,
» dites à mes fidèles Sardes que tous leurs vœux se-
» ront exaucés, que je n'ai pas de plus grand désir
» que leur bonheur. Dites-leur que tous les instants
» de ma vie sont consacrés aux intérêts de mes peu-
» ples, qui sont mes intérêts; dites-leur que bientôt
» l'île de Sardaigne jouira de toutes les réformes ac-
» cordées au Piémont, que toutes les parties de mes
» États auront leurs intérêts confondus, de manière
» à ne former plus qu'une seule famille. »

Ainsi dit le roi, et les députés enthousiasmés, au comble de leurs vœux, se remirent promptement en mer pour porter à leurs concitoyens l'heureux résultat de la mission qu'ils leur avaient confiée.

Quelques jours après, la population tout entière de Cagliari se pressait sur le rivage; on signalait au loin un long panache de fumée; la mer était belle toujours, le vent favorable; bientôt on aperçut un navire qui marchait à toute vapeur, la bonne nouvelle arrivait portée sur des ailes de feu. La députation, reçue par le conseil municipal de la ville, fut aussitôt conduite au palais royal au milieu des plus vives acclamations; le baron Sappa, intendant général des finances, s'avançait avec eux, montrant au peuple en délire la dépêche royale que Charles-Albert lui avait remise pour le vice-roi.

Arrivés au palais, le vice-roi, paraissant au milieu d'eux sur le balcon, laissa tomber ces paroles sur le peuple assemblé autour de sa demeure:

« Peuple sarde,

» Vos vœux, auxquels j'avais joint les miens,
» ont été pleinement exaucés par notre souverain :
» les soins empressés de Sa Majesté sont consacrés
» à votre bonheur. Vous qui avez eu la belle gloire
» d'avoir toujours été fidèles et attachés au trône, tres-
» saillez de joie maintenant à la vue de la généreuse
» compensation que le grand roi Charles-Albert vous
» accorde et joint à la gloire de votre fidélité sans
» tache, de votre respectueuse et filiale soumission,
» de votre dévouement au roi et à la famille royale.

» Joignez ainsi la noble expression de votre recon-
» naissance sans bornes; faites connaître que, si le
» monarque est un père amoureux, vous êtes aussi
» ses fils reconnaissants. »

Ces manifestations, légitime expression de la reconnaissance, n'avaient pas besoin d'être officiellement recommandées. L'île de Sardaigne, ainsi que les autres parties des États-Sardes, était dans le délire de l'enthousiasme.

Le bonheur, comme les grandes catastrophes, a ses agitations, ses crises et ses phases nerveuses; l'excès de l'enthousiasme produit la fièvre populaire, cette fièvre surexcitée arrive bientôt à l'état chronique; les cris de joie deviennent alors des convulsions; et, si le péril n'est pas imminent encore, il n'est pas moins vrai que des accidents graves peuvent surgir de cet état de choses et exercer des ravages dans le système économique.

La sagesse éclairée de Charles-Abert, comprenant qu'une plus grande prolongation de fêtes pouvait amener des désordres graves, résolut de les prévenir. par cette lettre, qu'il adressa aux différents dignitaires de son royaume : « Les nombreuses adresses
» que nous recevons des villes et des communes et
» les marques si multipliées d'affection que les po-
» pulations nous ont données par suite des amélio-
» rations introduites par nous dans la législation de
» nos États ayant profondément ému notre cœur,

» nous voulons témoigner à tous notre reconnais-
» sance d'une manière solennelle.

» En même temps, comme il importe aujourd'hui,
» et que le besoin est généralement senti dans les
» villes et dans les campagnes, de voir promptement
» renaître le calme habituel, afin que chacun re-
» prenne le cours de ses occupations ordinaires,
» nous vous chargeons de faire savoir que des cris
» et des démonstrations ultérieures ne pourraient
» plus nous être autant agréables dorénavant.

» Ainsi, nous entendons que l'on rentre partout
» dans l'observance des règles ordinaires de police
» pour tout ce qui concerne l'autorisation des réu-
» nions ou des fêtes publiques, ainsi que pour le
» bon ordre dans les rues et sur les places, et pour
» la tranquillité spéciale des heures de nuit.

» Donné à Gênes, le 13 novembre 1847.

» CHARLES-ALBERT. »

L'esprit de la nouvelle administration communale et départementale du royaume de Sardaigne est littéralement modelé sur les institutions françaises. Il n'y a que les noms de changés.

L'île de Sardaigne se trouve, par le fait de cette organisation récente, divisée, comme la France, en départements, en communes et en arrondissements. Les départements sont administrés par des intendants (préfets), assistés de conseils de préfecture;

les communes par des syndics (maires), des vice-syndics (adjoints), et des conseils municipaux, et les arrondissements par des sous-intendants (sous-préfets). Voici les principaux passages de l'exposé des motifs qui précède l'édit royal, trop long pour être reproduit en entier :

« Les libertés communales, sagement coordonnées
» avec l'unité de l'État, ont toujours été considérées
» par les rois nos prédécesseurs comme la source
» pure de l'esprit national qui honore nos peuples et
» de leur amour, qui est la base la plus solide de
» notre trône.

» Une heureuse expérience nous a montré combien
» nous pouvons compter sur la sagesse et la loyauté
» de nos sujets, et c'est ce qui nous détermine à leur
» donner une preuve plus solennelle de notre amour
» et de notre confiance.

» Nous avons donc voulu fondre en un seul sys-
» tème l'organisation communale, provinciale et divi-
» sionnaire ; étendre à ce système le principe d'égalité
» civile déjà consacré par nos codes ; séparer avec
» soin les pouvoirs délibérants des pouvoirs exécutifs,
» pour en assurer le libre exercice ; donner au déve-
» loppement des communes, des provinces et des di-
» visions les conditions que nous croyons nécessaires
» pour en garantir la durée et fortifier en même temps
» l'unité nationale ; nous avons voulu enfin assurer la
» prospérité universelle en appelant à l'administration

CHAPITRE XI.

» et à la représentation des communes, des provinces
» et des divisions tous ceux qui offrent la garantie de
» la propriété immobilière, mobilière ou *intellectuelle*,
» et *ceux qui sont signalés à notre estime par l'estime pu-*
» *blique librement manifestée*. »

Ce noble langage, ces dispositions si libérales, qui mettent en relief sur la scène politique l'intelligence ou la probité de chaque citoyen, sont au-dessus de tout éloge. Chaque article de cet édit, qui ne remplit pas moins de 24 colonnes de la *Gazette de Turin*, est empreint de la sagesse et des bonnes intentions qui président à toutes les réformes accordées par Charles-Albert.

Nous y trouvons un code administratif complet. Les conseillers municipaux doivent être élus :

1° Par les citoyens les plus imposés dans l'ordre suivant :

10 électeurs sur 100 habitants pour les premiers 500 habitants ;

5 électeurs sur 100 habitants de 500 à 5,000 habitants ;

3 électeurs sur 100 habitants de 5,000 à 10,000 habitants ;

2 électeurs sur 100 habitants de 10,000 à 20,000 habitants ;

1 électeur sur 100 habitants pour tout nombre supérieur ;

2° Par les membres de l'Académie ;

3° Par les employés civils et militaires en activité ou retraités;

4° Par les possesseurs de diplômes supérieurs de l'Université;

5° Par les avoués et les notaires;

6° Par les géomètres et les pharmaciens;

7° Par les courtiers et les agents de change;

8° Par tous les commerçants, fabricants et industriels qui justifieront que l'exercice de leur profession suffit à l'entretien de leur famille.

Les syndics rempliront des fonctions absolument identiques à celles des maires en France, ils tiendront les registres de l'état civil; sans préjudice des registres des paroisses, qui seront conservés.

Sur ces entrefaites, Charles-Albert se disposait à rentrer dans sa capitale. Son départ de Gênes avait été fixé au 3 décembre. Ce jour-là, cette noble cité s'apprêtait de son côté à donner de nouvelles preuves de son amour et de son fidèle dévouement au monarque dont, pendant tout un mois, elle avait pu apprécier les généreuses intentions et la grandeur d'âme. La fête des adieux porte avec elle toujours un fond de tristesse : aussi le front des Génois était-il moins rayonnant qu'il ne le parut au jour de l'arrivée de leur bien-aimé souverain; il y avait comme un nuage de regrets qui passait sur leur visage. Cependant toute la population, en habits de fête, se répandit dans les rues pour saluer de ses acclamations

CHAPITRE XI.

le père adoré qu'elle ne devait revoir qu'une année après. A onze heures du soir, la voiture du roi sortit du palais et s'avança lentement au milieu d'un nombre immense de citoyens porteurs de bannières et échelonnés sur le passage du cortége royal. Les cris de vive le roi! s'élevèrent alors sur toute la ligne, les bannières flottèrent dans toutes les mains, l'acclamation des adieux retentit dans toutes les poitrines; le roi s'écria d'une voix émue : « Adieu, mes amis, noble peuple, adieu; je reviendrai bientôt vous voir. » Et il disparut entraîné par ses chevaux sur la route de Turin.

Pendant qu'il s'approchait rapidement de sa capitale, les citoyens de Turin se levaient en masse pour fêter dignement son retour. Les jeunes gens préparaient leurs bannières et leurs cocardes; les palais et les maisons reprenaient leurs parures de fleurs, de soie, de laine et de velours; les troupes revêtaient leurs brillants uniformes; le commerce se cotisait pour faire hommage aux Génois d'un riche étendard, gage de gratitude offert aux sympathies de la ville de Gênes; les ingénieurs et les architectes de la ville construisaient à leurs frais un magnifique arc-de-triomphe; douze dames choisies parmi l'élite de la société parcouraient les paroisses et recueillaient de fortes sommes destinées à l'habillement des pauvres qui devaient faire partie de la fête; des prêtres et des moines colportaient mystérieusement des secours de toute espèce dans les familles indigentes; des commissaires délégués par la commission supérieure dégageaient du mont-de-piété tous les objets engagés depuis le 1ᵉʳ juillet jusqu'au 30 octobre pour des sommes n'excédant pas 3 livres. Le concours de toutes les classes assurait ainsi une large part à la joie publique, les pauvres et les malheureux étaient appelés à participer à l'allégresse générale; toutes les douleurs, toutes les tristesses devaient être soulagées et consolées le jour où Charles-Albert revenait à son peuple heureux par son amour et par ses bienfaits.

Le roi n'était attendu le 4 décembre que dans l'après-midi, cependant dès le matin le peuple tout entier se trouvait debout; les magasins fermés dans toutes les rues présentaient un aspect de fête. C'était une grande fête en effet, c'était un jour de Pâques que celui où le peuple intimement uni s'apprêtait à communier avec son roi au glorieux banquet de la nationalité piémontaise. A huit heures, deux mille cinq cents étudiants, réunis sous la même bannière, défilèrent en silence dans la rue de Pô et se dirigèrent dans le plus grand ordre vers l'église de la *Gran Madre di Dio*. Un prêtre les y attendait pour leur dire la sainte messe, à laquelle ils assistèrent dans le plus parfait recueillement. C'était un beau spectacle que celui de ces jeunes gens si nobles et si fiers, qui se lèveraient comme des géants au jour du danger, humblement prosternés, à cette heure, devant le mystérieux tabernacle où la Divinité se transfigure aux regards de l'humanité! Une nation est grande, elle est puissante, elle est invincible quand elle a pour point d'appui une jeunesse intelligente qui croit et qui prie.

A la bénédiction finale, après avoir un instant tenu leurs fronts courbés devant la main du prêtre qui était levée sur eux, ils demandèrent à Dieu de bénir l'étendard principal et les bannières sous lesquelles ils allaient se ranger pour saluer le retour du roi et célébrer une journée mémorable dans les fastes piémontais.

Reformant ensuite leurs colonnes, ils se mirent en marche pour se rendre sur la place d'Armes, rendez-vous général où le cortége devait recevoir son organisation définitive. Arrivés auprès de l'Arc-de-Triomphe, ils saluèrent par trois cris de vive le roi! les deux inscriptions suivantes qu'on venait d'y tracer :

ALLA. MAESTA.

DEL.

RE. CARLO. ALBERTO.

PRINCIPE. ITALIANO. E. REFORMATORE.

REDUCE. DA. GENOVA.

IL. DIE. IV. DICEMBRE.

LE. ARTI.

INVIANO. VN. SALUTO.

DI. RICONOCENZA. E. D'AMORE.

TORNA. O. PADRE. FRA. I. TUOI. FIGLIOVI.

TORNA. LIETO. ET. GLORIOSO.
TORNA. ED. ASCOLTA. LA. PAROLA. DEL. CITTADINO.
PAROLA. CHE. TU. FACESTI. LIBERA.
E. INAUGURA. LA. SUA. LIBERTA.
COL. FARE. EWIVA. AL. TUO. INCLITO. NOME.
E. IN. TE. MAGNANIMO. SIRE.
LODA. E. BENEDICE.
IL. PADRE. DEL. POPOLO.
IL. LEGISLATORE. CIVILE. IL. FORTE. CAPITANO.
IL. PRIMO. FIGLIUOLO. DI. PIO. P. O. M.
SPADA. INVINCIBILE. D'ITALIA.

A onze heures, tous les citoyens se trouvèrent présents au lieu indiqué pour le rendez-vous général.

Aussitôt, et pour obvier aux inconvénients que pouvait faire naître la question délicate de préséance, les membres de la commission supérieure confièrent au sort le soin de décider le rang et l'ordre dans lesquels chaque corporation devait marcher. Le sort produisit le résultat suivant :

Les carrossiers, la société gymnastique, les coiffeurs, les cafetiers-liquoristes, les vitriers, les boulangers, les doreurs, les fabricants de faïence, les vanniers, les passementiers, les ciriers, les libraires, les tanneurs, les marchands d'habillements confectionnés, les mariniers, les selliers, les ingénieurs et les artistes, les tapissiers, les tisserands, les imprimeurs, les serruriers, les négociants, les étudiants, les cafetiers, les relieurs, les bouchers, les menuisiers, les orfévres, les avocats, les avoués, les ouvriers en soie, les horlogers, les cordonniers, les gantiers, les armuriers, les chapeliers, les maîtres fabricants en soie; puis, par ordre d'inscription, les bannières et les députations des diverses provinces, villes et communes de l'État.

De pareils préparatifs, qui rappelleraient les solennités du moyen âge sans l'égalité parfaite qui les dirigeait, assuraient à cette fête royale et populaire un caractère imposant et majestueux.

A midi, les brouillards intenses, qui avaient enveloppé dans leur ombre humide la formation des phalanges, se dissipèrent comme par enchantement pour faire place aux rayons d'un magnifique soleil. Alors cette armée de citoyens, s'ébranlant par divisions, se mit en marche dans l'ordre suivant :

Un piquet de seize hommes sur deux rangs, précédé par le capitaine et le caporal.

Musique et chœurs.

Le président de la commission supérieure, accompagné d'un de ses membres et de huit capitaines ordonnateurs.

Un autre piquet de seize hommes, avec un capitaine et un caporal.

Trois membres de la commission, avec huit capitaines ordonnateurs.

Les pelotons des diverses corporations, rangés suivant l'ordre assigné par le sort.

La députation des Génois.

La députation des Sardes.

La députation des Savoyards.

La députation de Nice.

Les députations des villes et des communes.

Divers piquets de citoyens n'appartenant pas à des corporations.

Le vice-président de la commission, assisté de deux membres et de huit capitaines.

Les huit capitaines ordonnateurs, ainsi que plusieurs capitaines chargés d'organiser et de commander les compagnies qui se formeraient, fermaient la marche.

Ces différentes colonnes s'avancèrent ainsi en bon ordre, au son d'une musique guerrière, vers la Porte-Neuve, la place Saint-Charles, les rues Saint-Philippe et de Bocca, pour se rendre sur la magnifique place qui ferme la rue de Pô. Là, se rangeant en bataille, les trente mille porteurs de bannières étendirent leurs lignes jusqu'au pied du château royal et formèrent une double haie, laissant un grand espace au milieu pour le cortége de Charles-Albert.

A quatre heures un grand cri, un de ces cris dont le peuple seul a le secret aux jours de ses joies, annonça l'arrivée du roi. En effet Charles-Albert paraissait sur le pont de Pô. Il rentrait dans sa capitale, ne traînant point derrière son char de triomphateur des milliers d'esclaves enchaînés, mais s'avançant, en prince réformateur, entre cent mille hommes libres qui le saluaient du doux nom de père. Sa figure était rayonnante de joie ; cependant, comme à son départ du 3 novembre, son front pâle portait l'empreinte de la fatigue et de la souffrance. Le bonheur ainsi que la tristesse a parfois ses réactions.

Il voulut monter à cheval; mais, son courage trahissant ses forces, il se vit contraint de faire son entrée en voiture, saluant, à droite et à gauche, de la tête et de la main, son bon peuple, qui ne cessait de jeter sur son passage les cris cent mille fois répétés de vive le roi! vive notre bon père!. vive Charles-Albert! vive l'Italie!

Dès son arrivée au palais il se rendit au balcon de la galerie des Armures pour saluer à son tour toutes les corporations, qui défilèrent devant lui dans un ordre admirable en chantant en chœur l'hymne de Charles-Albert. Après le défilé, qui dura plus de deux heures, les colonnes se divisèrent et regagnèrent sans tumulte leurs quartiers respectifs.

Cette fête royale et populaire recommença le soir même aux clartés d'une illumination générale préparée avec soin. Les monuments publics rivalisèrent d'éclat avec les demeures des plus riches habitants. L'Hôtel-de-Ville se distingua surtout par la richesse et la variété de ses feux. Le Ghetto, s'associant lui-même à la joie commune, prouva, par le nombre de ses transparents heureusement inspirés, que les enfants d'Israël étaient dignes de l'affranchissement que leur prépare sans doute le roi réformateur, le magnanime Charles-Albert.

Les plus grands triomphes ne sont pas ceux que la victoire accorde aux princes de la terre ; ce sont ceux qu'ils obtiennent librement de l'amour et de la reconnaissance de leurs peuples. Celui que le successeur de Charles-Félix trouva ce jour-là en rentrant dans sa capitale surpassa en gloire tous les triomphes des Césars victorieux qui montèrent autrefois au Capitole. Au lieu des rois esclaves, tristes tributs de la conquête, son peuple entier l'accompagna dans sa royale demeure sans jeter sur sa route un seul cri qui lui rappelât qu'il était homme, et que la mort était le terme de toutes les joies humaines.

Les Piémontais, ces hommes si bons, si loyaux, si généreux, si dévoués, ne doutaient plus, ils n'espéraient plus, ils avaient vu se transformer en réalisation les promesses qu'on leur avait faites, ils avaient obtenu sans troubles, sans tumultes, sans émeutes, ils avaient conquis pacifiquement les droits que le Sauveur des hommes a consacrés de son sang sur la terre : heureux alors et reconnaissants pour le dépositaire de l'autorité divine, ils juraient de respecter les limites posées entre les droits et les devoirs comme une garantie entre le citoyen et l'autorité; car ils savaient que sans autorité il n'y a point de société possible, et que le chaos n'est autre chose que la confusion des éléments.

CHAPITRE XII.

Fête patriotique à Gênes. — Réduction du droit de timbre. — Entêtement du roi de Naples. — Adresse italienne. — Réflexion. — Maladie de Charles-Albert. — Inquiétudes et tristesses. — Guérison. — Réjouissances publiques. — Banquet des étudiants de Turin. — Discours d'un représentant de la Savoie. — Banquet des Savoyards à Paris. — Hymne à la patrie. — Charles-Albert donne une constitution à ses peuples. — Décret royal. — Union et confiance.

Tandis que les Piémontais célébraient ainsi le retour de leur bien-aimé monarque, la ville de Gênes se levait tout entière pour fêter le cent-unième anniversaire de l'expulsion des Autrichiens.

Dès la pointe du jour, trente-cinq mille hommes, porteurs de drapeaux, de bannières et d'étendards aux couleurs nationales, se trouvèrent réunis sous la magnifique promenade de l'Acqua-Sola, se préparant à se rendre processionnellement à l'église d'Oregina.

A neuf heures, cette armée improvisée, divisée en plusieurs colonnes, et subdivisée en pelotons sur huit hommes de front, commandés par un chef d'escouade et un guide, se mit en mouvement. La garde civique des pompiers, revêtus de leur brillant uniforme, ouvrait la marche aux accords d'une excellente musique qui jouait les airs des hymnes de Charles-Albert et de l'Italie. Un peloton d'élite marchait immédiatement après, portant avec un noble orgueil le vieux drapeau enlevé en 1746 aux soldats de l'Autriche. Les dames de Gênes venaient ensuite, gracieusement parées des couleurs patriotiques ; les unes portaient, les autres escortaient une majestueuse statue de la Vierge et une riche bannière consacrée à sainte Catherine.

Puis venaient les vieillards et les enfants, ces deux termes de la vie, portant à la main, en signe d'innocence et de paix, des rameaux d'olivier ; les femmes et les jeunes filles, coquettement drapées dans leurs gracieux voiles blancs ; les prêtres, les divers corps religieux, les magistrats, les marins au visage mâle et bistré, une députation de Piémontais, une députation de Savoyards, tous armés de bannières où porteurs de symboliques rameaux coupés à l'arbre de la paix.

Les maisons des rues, que devait parcourir le cortége, étaient pavoisées de riches tentures. La tête de la procession étant arrivée sur la place d'Oregina, un chœur de musiciens entonna le magnifique chant du *Te Deum*, répété par les quatre-vingt mille voix du peuple. Après la dernière strophe, monseigneur Doria, abbé mitré de saint Mathieu, élevant ses mains, appela les bénédictions célestes sur le glorieux drapeau, trophée de la valeur et du patriotisme des Génois.

Puis la tête nue, les bannières inclinées sous la main du ministre de Dieu qui les bénissait à leur passage, au chant de l'hymne *Surgite, Italiani*, le

CHAPITRE XII.

cortége défila lentement et se dirigea vers l'église, où deux nobles dames, placées chacune d'un côté de la grande porte, recueillaient d'abondants secours destinés, en parties égales, à une vieille femme contemporaine de la fameuse révolte, à un modeste artisan descendant en ligne directe du célèbre Balila, et aux pauvres de la ville.

Le silence, religieusement maintenu jusque-là, se rompit au retour. Trente-cinq mille voix entonnèrent avec enthousiasme des chants de circonstance, qui ne cessèrent que proche du *Portoria*, lieu mémorable où commença la lutte de la liberté génoise contre l'oppression de la maison d'Autriche. A la vue du marbre, noble souvenir élevé sur l'emplacement même qui recueillit ces paroles : *Se il barbaro tenti*... l'enthousiasme des Génois devint immense ; des larmes de bonheur tombèrent de tous les yeux ; toutes les mains s'unirent dans une pression fraternelle ; toutes les voix se confondirent dans une même et patriotique acclamation ; car, depuis bien des années, c'était pour la première fois que le cri de la liberté, proféré sur cette même pierre, attestait simultanément des efforts généreux couronnés par le succès et la puissance du droit contre l'injustice.

Pendant ce temps-là, tous les navires du port hissaient leurs pavillons comme pour saluer le commencement de l'ère d'union et de fraternité qui doit sceller les rapports harmoniques de tous les peuples.

A la nuit tombante, la ville de Gênes, Saint-Pierre-d'Arène, le port et les collines escarpées qui le dominent s'illuminèrent. La ville ceignit le brillant diadème qu'elle met à son front au jour de ses grandes fêtes, les collines allumèrent de toutes parts d'immenses feux de joie, et à la clarté de ces feux sublimes, phares de l'honneur génois, le peuple de Gênes, fier de son passé pour Balila, heureux de son présent par les bienfaits de Charles-Albert, sûr de l'avenir par sa prudence, son amour et sa foi dans son digne souverain, le peuple de Gênes se répandit dans les rues de sa glorieuse ville aux cris mille fois répétés de vive Charles-Albert! vive le roi réformateur!

Dans le même temps et alors que la France sollicitait, sans pouvoir les obtenir, des améliorations dans le régime de la presse, le gouvernement sarde donnait une nouvelle preuve de sa sincère et intelligente adhésion aux véritables idées libérales.

Par un édit, en date du 15 décembre, il réduisait le droit du timbre pour les journaux politiques de cinq centimes à trois centimes. Le préambule de ce décret mérite d'être offert à la méditation de tous les gouvernements. « La chambre royale des comptes a
» représenté à Sa Majesté que le droit de timbre de
» cinq centimes, fixé par les lois en vigueur pour
» les journaux, gazettes et leurs suppléments, qui
» ne traitent pas uniquement des sciences, des let-

» tres et des arts, serait trop lourd dans les circon-
» stances actuelles, la conséquence de cette honnête
» liberté d'écrire, accordée par les royales patentes
» du 30 octobre, devant provoquer l'établissement
» de nouveaux journaux politiques, dont la consoli-
» dation et l'existence seraient entravées par le timbre
» actuel.

» Sa Majesté, ne voulant pas que les intérêts finan-
» ciers portent obstacle et préjudice à l'exercice
» intégral de la liberté susdite, a jugé à propos de
» modifier en ce point la loi en vigueur, tout en la
» maintenant et en en prescrivant l'observation ri-
» goureuse pour quelques objets accessoires pour
» lesquels on s'en était relâché. »

D'après les dispositions de ce décret, tous les journaux politiques, quels que soient leur forme et le nombre des suppléments, sont désormais soumis à un timbre uniforme de trois centimes.

Les journaux purement scientifiques et littéraires continuent à jouir d'une exemption absolue. Par contre, sont rigoureusement soumis au timbre tous les avis, prospectus, programmes, annonces affichés ou distribués au public.

C'est ainsi que Charles-Albert, marchant d'un pas ferme et sûr dans la voie progressive ouverte par l'immortel Pie IX, réalisait les espérances, comblait les vœux de ses sujets et provoquait l'admiration de l'Italie entière; cependant cette admiration et ces espérances voilées sur un autre point de la péninsule faisaient place aux craintes et à l'inquiétude des bons citoyens, qui voyaient avec un profond sentiment de tristesse l'obstination du roi de Naples.

Seul parmi les grands souverains de l'Italie, Ferdinand, mal conseillé sans doute, repoussait loin de lui toute idée de réforme et considérait le mouvement qui entraînait ses voisins vers une ère de bonheur comme une fatale concession arrachée par l'émeute populaire au droit monarchique. Il ne s'apercevait pas que le statu quo déplorable, dans lequel il persistait, creusait entre ses peuples et lui un abîme, au fond duquel la révolution armée de toutes pièces devait un jour apparaître inexorable et sans conditions.

Le malheureux monarque était aveugle ; un des hommes les plus remarquables du Piémont et de l'Italie, le comte César Balbo, voulant déchirer le bandeau qui cachait à ses yeux le soleil de la vérité, lui envoya l'adresse suivante, couverte d'innombrables signatures recueillies spontanément parmi l'élite de la jeunesse italienne : « Sire, étrangers au
» royaume de Votre Majesté, mais Italiens des autres
» parties du pays et aussi intéressés que vos propres
» sujets au bien de votre peuple, de votre couronne
» et de notre patrie commune, nous nous agenouil-
» lons au pied de votre trône pour vous prier d'ad-
» hérer à la politique de Pie IX, de Charles-Albert

LE COMTE CÉSAR BALBO.

CHAPITRE XII.

» et de Léopold, à la politique italienne, à la poli-
» tique de la Providence, du pardon, de la civilisa-
» tion et de la charité chrétienne.

» Sire, l'Italie vous attend, l'Europe vous regarde,
» Dieu vous appelle ! Nous ne voulons pas rappeler
» le souvenir d'autres temps ; nous savons que Dieu,
» dans sa miséricorde, tient compte à chacun des
» difficultés des circonstances et des bonnes inten-
» tions, même quand ces intentions conduisent à
» l'erreur.

» Mais maintenant, sire, vous êtes arrivé au point
» culminant de votre vie ; nul doute ne peut plus
» rester à votre conscience, puisqu'il n'en reste plus
» sur les volontés de la Providence. Regardez autour
» de vous, voyez par toute l'Italie la joie des peuples
» ressuscités, la satisfaction des principaux auteurs
» de la résurrection, la mutuelle union, la paix,
» l'innocence, la vertu qui président à tous nos
» actes bénis par le souverain pontife et bénis de
» nouveau par l'assentiment de toute la chrétienté.
» Maintenant décidez d'après cela si nous accom-
» plissons une révolution insensée, impie, ou bien
» une rénovation bonne, sainte, heureuse, selon la
» volonté de Dieu.

» Sire, adhérez à cette rénovation, et vous la
» rendrez plus heureuse et plus modérée. Vous com-
» pléterez la résurrection de notre nation ; vous la
» rendrez inattaquable à nos ennemis, indépen-

23.

» dante de la protection de nos amis étrangers, libre
» et complète en elle-même ; vous lui donnerez la
» force et le temps d'achever son œuvre admirable ;
» vous assurerez enfin, autant que peut être assurée
» une chose humaine, les destinées de l'Italie.

» Si vous refusez de suivre le mouvement des
» destinées de l'Italie, ces destinées pourront en
» être troublées, mais non arrêtées dans leur magni-
» fique voie. Non, l'Italie ne peut pas rester arrié-
» rée, divisée, opposée à la civilisation chrétienne
» triomphante. Votre refus trancherait immédiate-
» ment par la violence la question de la résurrection
» italienne. Mais alors cette résurrection ne serait
» plus pure, plus sainte et unique dans le monde
» ainsi que dans le cours des siècles.

» C'est pour cela, sire, que nous vous crions,
» nous, Italiens indépendants de vous, du plus
» profond de nos cœurs et de nos âmes : Dieu ne
» veut pas que vous résistiez. »

Malgré cette adresse, qui était l'expression de la volonté de Dieu, Ferdinand résista cependant encore jusqu'au jour où la volonté du peuple se manifestant par les armes, il se vit contraint d'accorder à la violence ce qu'il avait refusé à la justice.

Jusques à quand les princes, retranchés dans le sentiment de leurs droits, se laisseront-ils égarer par de perfides conseillers, oublieux de leurs devoirs, et fermeront-ils l'oreille à la voix de la vé-

rité? Si la nôtre était assez puissante pour se faire jour à travers les lois de septembre et pour parvenir au royal château, où le pouvoir de notre pays oublie son origine, elle s'écrierait, avec le comte César Balbo : « Sire, si vous refusez de
» suivre le mouvement des destinées de la France,
» ces destinées pourront en être troublées, mais non
» arrêtées dans leur magnifique voie. Sire, ouvrez
» donc votre cœur et vos oreilles à ce cri de ré-
» forme qui jaillit de toutes parts. Ouvrez vos yeux
» et votre cœur à ce déluge de corruption qui de-
» puis si longtemps inonde notre belle patrie ; on
» vous trompe, sire, ou vous marchez de vous-
» même dans un chemin de perdition ; arrêtez, il
» en est temps encore ; n'obscurcissez pas le soleil de
» juillet ; écoutez la voix du peuple ; car, dans les
» moments suprêmes, la voix du peuple est la voix
» de Dieu. Qu'avez-vous fait de la patrie? s'écrie cette
» voix. Elle était riche et morale à l'intérieur, puis-
» sante et respectée à l'étranger ; elle était la France.
» Qu'avez-vous fait de notre patrie ? Vos ministres
» se taisent, sire ; ils ne trouvent pas même sur
» leurs lèvres la réponse de Caïn. Sire, on vous
» trompe. »

Mais revenons à Charles-Albert pour admirer ce que peuvent un prince fort de la confiance de son peuple et un peuple fort de l'amour de son roi.

La santé de Charles-Albert avait un instant alarmé

tous ses fidèles sujets; la prolongation de sa maladie était considérée dans tous ses États comme une calamité publique. Aussi, partout dans les diverses provinces de son royaume, Sardes, Piémontais et Savoyards ne cessèrent d'élever à Dieu leurs prières pour implorer le salut d'un prince adoré en qui résidaient l'espoir et la fortune de la patrie. Leurs vœux furent entendus; la Providence, qui veille sur les bons rois et qui les protége, devait rendre Charles-Albert à l'amour de son peuple pour compléter et pour perfectionner l'œuvre de réforme qu'il avait si bien commencée.

Charles-Albert fut bientôt rétabli. A cette heureuse nouvelle, tous les cœurs s'émurent et éprouvèrent le besoin immédiat de rendre à Dieu de publiques et solennelles actions de grâces.

Des *Te Deum* furent chantés dans toutes les églises; des banquets s'improvisèrent dans toutes les villes. Celui des étudiants de Turin fut surtout remarquable en ce sens qu'il fit éclater magnifiquement l'amour que cette brillante jeunesse a voué au roi.

Cette partie intelligente de la société voulut ce jour-là resserrer davantage encore les liens de fraternité qui l'unissaient au pays, et consolider dans une réunion intime la communauté des intentions qui peuvent seules consolider la force morale sans laquelle il est impossible de résoudre le problème du perfectionnement social.

Ce banquet avait été fixé au 20 décembre, dans l'enceinte du Manége royal. Une nombreuse et brillante musique annonça l'arrivée des convives et celle des illustres invités, qui s'étaient empressés de répondre à l'appel des étudiants. Parmi ces personnages, tous les regards distinguèrent le comte César Balbo, le marquis d'Azeglio, le baron Plana, le chevalier Cantù, les chevaliers Marto, Galvagno, le marquis de Pampara, le général Durando, l'avocat Brofferio, le professeur Bertholdi et le rabbin des juifs.

Au dessert, de nombreux toasts furent tour à tour portés auroi, à l'union des étudiants, à la prospérité de la nation, à l'harmonie des diverses provinces. Ces discours, heureusement inspirés par l'amour du roi et du pays, provoquèrent d'unanimes applaudissements, surtout celui de l'orateur représentant la Savoie et parlant ainsi au nom de ses concitoyens :

« Frères, s'écria-t-il, c'est un touchant spectacle
» que celui auquel nous assistons aujourd'hui : l'I-
» talie entière, mue par une même pensée, se levant
» comme un seul homme pour saluer le jour de la
» régénération politique, et entourant des marques
» d'un amour non équivoque les princes qui l'ont
» courageusement entreprise, alors qu'il y avait
» peut-être danger à l'entreprendre.

» Bien que séparés de vous par des barrières na-
» turelles et puissantes, vos frères d'au delà des Al-
» pes, quoi qu'on en dise, n'ont pas senti moins
» profondément que vous et salué avec moins d'en-
» thousiasme ce jour à jamais mémorable et qu'on
» inscrira en lettres d'or dans les fastes de notre his-
» toire ; non, ce long cri de joie qui s'est fait enten-
» dre et qui s'est propagé comme l'étincelle électri-
» que d'un bout à l'autre de la péninsule italienne,
» ne nous a pas trouvés froids et indifférents, il a
» retenti jusqu'au fond de nos cœurs. A la voix d'un
» souverain bien-aimé, appelant ses peuples à une
» vie nouvelle, nos montagnes ont tressailli sur leur
» base de granit, et les échos de nos vallées ont redit
» mille fois le nom chéri de Charles-Albert.

» Unis à vous depuis un long intervalle de temps,
» nous n'avons pas oublié que nous sommes vos
» frères aînés ; nous nous rappelons avec un légitime
» orgueil que la souche de nos princes sort de notre
» pays et que nous avons, les premiers, cimenté de
» notre sang l'édifice de cette monarchie gouvernée
» par une dynastie des plus illustres entre toutes ; et,
» sans contredit, la plus ancienne.

» Que l'on se détrompe si l'on croit que nos
» mœurs et la langue que nous parlons doivent es-
» sentiellement nous détacher du Piémont et du
» reste de l'Italie ! Qui oserait dire que l'Alsace,
» pour parler allemand, en est moins française, et

» que la Suisse avec ses trois langues en est moins
» unie et moins homogène? Cela fût-il encore, sup-
» posons-le un instant, de trop puissantes considé-
» rations rattachent la Savoie au Piémont pour nous
» laisser penser qu'elle doive en être détachée un
» jour ; nos princes ont compris depuis longtemps
» que nous gardions les clefs de l'Italie, et que du
» jour où les Alpes leur échapperaient, de ce jour-là
» son indépendance serait gravement compromise.

» Messieurs, nous applaudissons de tout notre
» cœur à l'heureuse idée de cette réunion : les gran-
» des joies, comme les grandes douleurs, ont le pri-
» vilége de réunir les hommes ; on souffre moins à
» deux qu'étant seul, et l'on est plus heureux en
» partageant sa joie ; n'oublions pas du reste que
» *l'union fait la force, et le jour n'est peut-être pas bien*
» *éloigné* où nous pourrons apprécier la justesse de
» cette maxime.

» Mais si jamais l'heure du danger venait à son-
» ner, rallions-nous autour de notre glorieux éten-
» dard, formons un faisceau indissoluble, d'autant
» plus difficile à rompre que les parties qui le com-
» poseront seront reliées entre elles par des liens
» plus étroits ; et rappelons-nous, nous qu'on vou-
» drait désunir, que des millions d'hommes débar-
» quèrent un jour aux portes de l'Orient pour marcher
» au même but, et que cette immense agglomération
» de nations étrangères les unes aux autres, de dif-

» férents costumes, de différentes mœurs et de dif-
» férents langages, n'apportèrent pour marque de
» ralliement que le signe de la croix!

» A l'union des étudiants, à l'union des différen-
» tes provinces de la monarchie sarde, à l'union de
» l'Italie! »

Cette allocution, vigoureusement sentie, plus énergiquement encore exprimée, fut interrompue plusieurs fois par des acclamations d'enthousiasme, principalement à ce passage : « N'oublions pas que
» l'union fait la force, et le jour n'est peut-être pas
» bien éloigné où nous pourrons apprécier la justesse
» de cette maxime. »

Ce jour, en effet, se trouvait déjà dans la prévision de tous, dans celle du monarque aussi bien que dans celle de son peuple. Cette prévision est arrivée aujourd'hui à l'état de probabilité. Quoi qu'il en soit, les Piémontais et les Savoyards attendent de pied ferme les événements; car ils savent que l'épée du grenadier de Trocadero sera à la hauteur des circonstances.

Les Savoyards établis en France ont déjà répondu à l'appel de leur souverain; ils ont laissé les espérances de la fortune qu'ils poursuivaient depuis leur départ du pays, leurs nouvelles affections de famille, leurs habitudes, ils ont tout quitté pour voler au secours de la patrie. Nous avons assisté au banquet d'adieu qu'un certain nombre de ces nobles fils de la Savoie ont fait un dimanche soir à l'une des barrières de Paris. Parmi tous ces hommes simples, la plupart commissionnaires, les autres appartenant à différents corps d'état, nous avons remarqué des organisations fortement trempées chez lesquelles les noms sacrés de gloire et de patrie résonnaient admirablement. Au dessert plus que frugal qui termina ce repas d'adieu à la France, l'un d'entre eux, prenant la parole, demanda l'autorisation de lire un hymne à la patrie que nos premiers poètes ne renieraient pas. Avant de le reproduire, citons le nom de son auteur : M. Alfred Puget.

HYMNE A LA PATRIE.

Entre tous les amours dont on s'éprend sur terre,
Il en est un puissant et dont l'ardeur austère
Commence dès l'enfance et ne meurt qu'au tombeau;
Celle qui le fait naître est toujours jeune et belle...
     Qui lui reste fidèle
A la gloire pour guide, et l'honneur pour drapeau.

Amour de la patrie! amour aux flammes saintes!
Est-il rien de si grand que tes pures étreintes?
Est-il rien de sacré comme tes doux liens?...
C'est toi qui fus de tous la nourrice première;
     Et lorsque notre mère
Nous fit hommes, c'est toi qui nous fis citoyens!...

Il me souvient encor qu'aux jours de mon enfance,
Mon jeune cœur battait d'orgueil et d'espérance
Aux récits des vieillards qui parlaient du pays...
J'aimais à recueillir dans ma jeune mémoire
     Les hauts faits et la gloire
Qui de l'Allobrogie illustrèrent les fils...

Mais il en était un, vieux débris de batailles,
Qui, lorsqu'il me contait ces grandes funérailles,
Sous ses longs cheveux blancs paraissait inspiré...
Et moi je le prenais pour quelque bon génie
   Qui gardait la patrie ;
Et j'écoutais sa voix comme un hymne sacré.

« Enfant, » me disait-il, un soir que sa paupière
Venait de s'éclairer d'une étrange lumière,
« Enfant, approche-toi! le vieillard va mourir!...
» Mais, écoute!... Là-bas m'apparaît la patrie ;
   » Tombe à genoux et prie :
» Dieu me montre une page au livre d'avenir...

» Transtévérine, prends ta plus belle parure ;
» Toscane, orne de fleurs ta brune chevelure ;
» Monts de l'Allobrogie, animez vos échos!!!
» Pie, Albert, Léopold!!! ces triumvirs sublimes
   » S'élèvent sur vos cimes...
» Les ténèbres ont fui... le progrès coule à flots...

» Italie! Italie! entonne un chant de gloire!...
» Pour garder de leur nom l'éternelle mémoire,
» Ne taille pas ton marbre en bustes, en autels...
» A l'univers entier qui devant eux s'incline,
   » Découvre ta poitrine :
» C'est là qu'ils sont gravés, ces trois noms immortels!...

» O pays qui m'es cher! ô ma mère! ô Savoie!
» Que ta croix blanche aux yeux du monde se déploie!
» Revêts! revêts la robe aux civiques couleurs...
» Celui qui portera ta royale couronne,
   » Aura ton cœur pour trône...
» Sois fière, ô ma patrie, entre toutes tes sœurs!... »

Le silence se fit... je relevai la tête...
Et je saisis les mains du vieux guerrier prophète...
Un froid de mort, hélas!... les glaçait pour toujours...
Mais on lisait encor sur sa face meurtrie :
   « Amour à la patrie!
» Je meurs heureux d'avoir annoncé ces grands jours... »

Oh ! jamais ! non, jamais le temps, qui tout efface,
De ce grand souvenir ne détruira la trace ;
Il est là dans mon cœur... et les temps sont venus !
Un nouveau soleil luit dans une autre atmosphère,
   Et des cieux, de la terre,
Arrivent jusqu'à nous des accents inconnus.

L'étoile du progrès à l'horizon scintille...
Déjà son disque d'or dans un ciel plus haut brille...
Patrie, espère... Albert a le cœur d'un grand roi.
Il sait que l'astre pur dont l'ardente lumière
   Couvre notre bannière
Est un astre d'amour, de bonheur et de foi.

Patrie, à toi nos cœurs ! patrie, à toi nos armes !
Si tu poussais un jour vers nous le cri d'alarmes,
Autour de toi tes fils sauraient se réunir ;
Et nous verserions tous notre sang avec joie...
   Pour la croix de Savoie,
La devise toujours fut : ou vaincre ou mourir.

Après avoir chanté l'hymne de Charles-Albert, ces braves gens se retirèrent; et le lendemain, le sac au dos, le bâton à la main, animés par le sentiment du devoir, ils se dirigèrent en troupes vers le mont Cenis.

Tandis que ces généreux citoyens se rendent à marche forcée à la frontière, où les attend le drapeau national, le roi Charles-Albert, prosterné au pied des saints autels, prépare l'acte immense qui doit couronner sa grande œuvre et consacrer à jamais les droits et la liberté de ses peuples. Quelques mois à peine se sont écoulés depuis le jour où les États-Sardes ont été appelés à jouir des bienfaits des réformes, et voilà que tout à coup ils s'élèvent au rang des nations les plus libres de l'Europe. Un matin, en sortant de la table sainte, après avoir fait de son cœur un tabernacle au Dieu vivant, Charles-Albert a donné la constitution française à ses peuples.

Décrire l'enthousiasme, le délire, les transports, le bonheur, la reconnaissance des sujets sardes est une chose impossible devant laquelle notre plume s'arrête. Nous ne pouvons que nous unir de cœur à nos frères, à nos voisins, à nos vieux alliés des Alpes pour bénir et pour admirer avec eux la bonté souveraine de leur père et de leur roi.

Voici le décret qui les façonne à la liberté de la France :

« Charles-Albert, roi de Sardaigne, etc., etc.

» Les peuples que la Providence a confiés à notre
» garde, et que nous gouvernons depuis dix-sept
» ans avec l'amour d'un père, n'ont cessé de com-
» prendre notre affection pour eux, comme nous
» nous sommes nous-même attaché à comprendre
» leurs besoins. Notre désir fut toujours que le prince
» et la nation restassent intimement unis pour le plus
» grand bien de la patrie. Les sentiments qui ont
» éclaté à l'occasion des dernières réformes, réfor-
» mes que nous avons sanctionnées dans le but
» d'accroître la félicité du pays en améliorant les
» diverses branches d'administration et en initiant
» la nation à la discussion des affaires publiques,

» nous ont donné une preuve touchante que l'union
» du peuple et du trône était de jour en jour plus
» étroite.

» Maintenant que les temps sont disposés pour de
» plus grandes choses, et en présence des change-
» ments survenus en Italie, nous n'hésitons pas à
» donner à nos sujets un gage solennel de la con-
» fiance que nous plaçons dans leur dévouement et
» dans leur sagesse.

» Des institutions politiques préparées avec calme
» s'élaborent dans nos conseils; elles sont destinées
» à compléter et à consolider l'œuvre des réformes,
» en les mettant en harmonie avec l'état du pays.

» Toutefois nous sommes heureux de déclarer
» dès à présent que, sur l'avis de nos ministres et
» des principaux conseillers de notre couronne,
» nous avons résolu et déterminé d'établir dans nos
» États un système complet de gouvernement repré-
» sentatif, et de sanctionner à cet effet un statut fon-
» damental d'après les bases suivantes :

» Art. 1er. — La religion catholique, apostolique
» et romaine est la seule religion de l'État. Les au-
» tres cultes actuellement existants sont tolérés con-
» formément aux lois.

» Art. 2. — La personne du roi est sacrée et in-
» violable. Ses ministres sont responsables.

» Art. 3. — Au roi seul appartient la puissance
» exécutive. Il est le chef suprême de l'État. Il com-

» mande toutes les forces de terre et de mer, déclare
» la guerre, fait les traités de paix, d'alliance et de
» commerce, nomme à tous les emplois et donne les
» ordres nécessaires pour l'exécution des lois, sans
» les suspendre ni dispenser de leur exécution.

» Art. 4. — Le roi sanctionne les lois et les pro-
» mulgue.

» Art. 5. — Toute justice émane du roi et s'ad-
» ministre en son nom. Il peut faire grâce et com-
» muer les peines.

» Art. 6. — La puissance législative s'exercera
» collectivement par le roi et par deux chambres.

» Art. 7. — La première des deux chambres sera
» composée de membres nommés à vie par le roi; la
» seconde sera élective, sur la base d'un cens qui
» sera ultérieurement déterminé.

» Art. 8. — La proposition des lois appartiendra
» au roi et à chacune des chambres; néanmoins
» toute loi d'impôts sera d'abord présentée à la
» chambre élective.

» Art. 9. — Le roi convoque chaque année les
» deux chambres, il les proroge et peut dissoudre la
» chambre élective; mais, dans ce cas, il en convo-
» que une nouvelle dans le délai de quatre mois.

» Art. 10. — Aucun impôt ne peut être établi ni
» perçu s'il n'a été consenti par les chambres et
» sanctionné par le roi.

» Art. 11. — La presse sera libre, mais sujette à
» des lois répressives.

» Art. 12. — La liberté individuelle sera garantie.

» Art. 13. — Les juges, à l'exception de ceux
» des mandements, seront inamovibles, après avoir
» toutefois exercé leurs fonctions pendant un espace
» de temps qui sera ultérieurement fixé.

» Art. 14. — Le roi se réserve d'établir une mi-
» lice communale composée de personnes payant un
» cens qui sera déterminé. Cette milice sera placée
» sous les ordres de l'autorité administrative et dé-
» pendra du ministre de l'intérieur.

» Le roi pourra la suspendre ou la dissoudre dans
» tous les lieux où il le croira convenable.

» Le statut fondamental que l'on prépare par nos
» ordres, conformément aux bases ci-dessus, aura
» force de loi après la mise en vigueur du nouveau
» système concernant l'administration communale.

» Ayant ainsi pourvu à ce qu'exigeaient les plus
» hauts intérêts de l'ordre politique, nous ne vou-
» lons plus retarder la réalisation d'une pensée qui
» nous occupe depuis longtemps, et réduisons en
» conséquence le prix du sel à trente centimes par
» kilogramme. Cette réduction aura lieu à partir du
» 1ᵉʳ juillet prochain. Elle a principalement pour
» objet de soulager les classes les plus pauvres; mais
» en même temps nous sommes persuadé de trouver
» dans les classes aisées une compensation dans la

» perception des revenus publics telle que la récla-
» ment les besoins de l'État.

» Que Dieu protége l'ère nouvelle qui va com-
» mencer pour nos peuples! En attendant le moment
» où ils pourront user des libertés plus étendues qui
» leur sont acquises, et dont ils sont et se montreront
» toujours dignes, nous avons la ferme confiance
» qu'ils observeront rigoureusement les lois en vi-
» gueur, et qu'ils s'abstiendront de porter aucune
» atteinte à la tranquillité publique, si nécessaire
» pour pouvoir compléter l'organisation intérieure
» de l'État.

» Donné à Turin, le 8 février 1848.

» CHARLES-ALBERT. »

Par cette proclamation vraiment royale, Charles-Albert a couronné l'œuvre de la régénération piémontaise; il a mis la clef à la voûte du magnifique édifice construit à la liberté italienne, par des réformes d'abord, par une révolution ensuite, mais quelle révolution! Une révolution inouïe dans les annales des peuples, une révolution opérée sans un coup de fusil tiré sur la place publique, sans un pavé remué dans la rue, sans une démonstration contraire de la part de l'autorité gouvernementale, sans une manifestation hostile de la part du peuple, sans un cri d'émeute, sans une goutte de sang! Admirable chose! Contrairement à tous les pontifes, à tous les princes réformateurs, accusés tantôt de faiblesse, tantôt de prépotence, en butte aux outrages et menacés par les fureurs populaires, le grand Charles-Albert et l'immortel Pie IX ont arrangé en famille et promulgué de pères à fils le pacte sublime qui les unit plus intimement que jamais à leurs peuples heureux et libres.

Le bonheur du Piémont, la fortune de l'Italie entière dépendent de cette union indissoluble des princes et des peuples. Mais pour que cette union soit ce qu'elle doit être, c'est-à-dire intime, inviolable et inviolée, il faut que les peuples de la péninsule placent une entière confiance dans leurs princes constitutionnels, il faut que les princes aient foi entière dans le dévouement de leurs peuples ; la confiance réciproque, c'est la sécurité ; la sécurité, c'est la force ; la force, c'est l'union ; l'union, c'est la liberté.

Courage donc, princes et peuples italiens ; courage et persévérance ; donnez-vous la main et marchez dans la voie de la liberté, appuyés les uns sur les autres, sans défiance, sans arrière-pensée ; marchez sous le regard de Dieu, qui veille sur vous ; sous les yeux du monde, qui vous contemple et vous admire ; marchez dans le calme et dans l'ordre, et la grande famille italienne recevra des lèvres de Dieu le souffle de la vie éternelle qui rend les nations heureuses et puissantes.

APPENDICE.

Au moment où nous tracions ces dernières lignes, un bruit sourd de mousqueterie et de barricades se fit entendre, de grands cris s'élevèrent, et tout à coup, sans transition, nous nous trouvâmes en pleine république.

Cent mille hommes armés de toutes pièces n'ont pu garder la dynastie de 1830. Le trône de Juillet, élevé par une émeute de trois jours, a disparu dans une tourmente de trois heures; et Louis-Philippe, abandonné de ses amis, de ses courtisans, de ses créatures, a pris seul, sous un déguisement, la route de l'exil. Respectons une grande infortune, admirons les mystérieux desseins de celui qui mène les hommes qui s'agitent, et laissons passer la justice de Dieu!

Aveuglément insensé serait celui qui, dans ces événements inouïs, ne verrait pas le doigt de ce Dieu puissant qui dispose à son gré des trônes et des couronnes! Jamais il ne s'est manifesté d'une manière plus étrange, plus caractéristique.

En effet, nous voyons, en remontant l'histoire, le père de Louis-Philippe apporter sa tête au bourreau, à qui, quelques jours auparavant, il avait jeté celle de son infortuné parent Louis XVI. Un mois après la chute du dey d'Alger, Charles X est renversé du trône; un mois après la prise d'Abd-el-Kader, Louis-Philippe perd sa couronne. Le fils de Charles X, le duc de Berry, meurt sous le poignard d'un assassin; le fils de Louis-Philippe, le duc d'Orléans, meurt sur le mystérieux chemin de la Révolte. Les trois journées de Février, comme celles de Juillet, ont été un mardi, un mercredi et un jeudi. Charles X abdique en faveur de son petit-fils, le duc de Bordeaux; Louis-Philippe, dix-huit ans plus tard, abdique en faveur de son petit-fils, le comte de Paris. Entre le peuple vainqueur et la monarchie vaincue il se trouve un homme qui répond à Charles X : « *Il est trop tard!* » de même, entre l'abdication de Louis-Philippe et la régence de la duchesse d'Orléans il se trouve un homme qui s'écrie : « *Il est trop tard!* » Le comte de Paris, repoussé du trône de France, a le même âge qu'avait le duc de Bordeaux lorsque ce jeune prince, repoussé du château royal des Tuileries, prit le chemin de la terre étrangère. Louis-Philippe s'élance dans la voiture qui doit précipiter sa fuite à l'endroit même où, 55 ans plus tôt, la tête de Louis XVI, ébranlée par la main occulte de Louis-Philippe d'Orléans, tombait sous la hache de 1793. Enfin le même orage a succédé aux journées de Juillet 1830 et aux journées de Février 1848.

Qui ne voit, nous le répétons, dans ces rapprochements providentiels la main divine qui dirige les destinées des peuples et des rois?

Aujourd'hui l'ordre matériel est rétabli, le peuple de Paris se garde lui-même; deux cent mille hommes de la garde nationale veillent nuit et jour à la sécurité publique avec un dévouement, un zèle et un désintéressement admirables. Les magasins se rouvrent, les étrangers se rassurent, les fêtes recommencent, et l'on attend l'avenir. Que le Dieu tout-puissant, qui gouverne les mondes, protége l'Europe et la France!

FIN.

TABLE.

Dédicace. 1
Introduction. 4
Chapitre Ier. — L'Italie. — Glorieuse trinité. — L'abbé Liautard. — Charles de Carignan. — Prédiction. — Je serai roi. — Chute de l'empire. — Retour à la patrie. — Mariage du prince de Carignan. — Son départ pour Gênes. — Situation difficile. — L'Espagne. — Bruits de guerre. — La guerre éclate. — Le prince de Carignan offre son épée à la France. — Il sert en volontaire. — Passage de la Bidassoa. — Un traître. — Prise du Trocadero. — Courage et sang-froid. — Le sergent Aubert. — La croix d'honneur. — Les épaulettes de grenadier. — Premier grenadier de France. — Le prince de Carignan est reçu par Louis XVIII. — Allocution. — Mort de Charles-Félix. — Avénement de Charles-Albert. 5
Chapitre II. — Turin. — Son origine fabuleuse et historique. — Passage d'Annibal. — Turin détruit se relève de ses ruines. — Protection de César et d'Auguste. — Invasion des Barbares. — Turin détruit se relève de nouveau. — Événements mémorables. — Le labarum. — Combats et siéges fameux. — Courage, sang-froid, dévouement et patriotisme des habitants de Turin. — Le siège de 1706. — Curieux détails. — Pierre Micca. — Le maréchal de Marsin. — Bataille du 7 septembre. — Vœu et victoire. — Mort du maréchal de Marsin. — Délivrance de Turin. — Le général Joubert en Piémont. — Revanche. — Convoi funèbre d'une monarchie. — Le général Suwarow devant Turin. — Belle défense du général Fiorella. — Prise de la ville et de la citadelle. — Retour de Victor-Emmanuel dans ses États. — Situation de Turin. — Description. — Palais Madame. — Palais du roi. — Palais Carignan. 33
Chapitre III. — Églises de Turin. — La cathédrale. — Le saint suaire. — Son histoire. — Merveilles et prodiges. — Pèlerinage de saint Charles Borromée. — Corpus Christi. — Maisons religieuses. — Hôpitaux. — Fondations pieuses. — Places publiques. — Musées. — Académies. — Théâtres. — Spectacles. — Saillie de Fanny Essler. — La citadelle. — Environs de Turin. — Les capucins. — La vigne de la reine. — Le Valentin. — Château des mille fleurs. — Stupinigi. — Napoléon Bonaparte. — Anecdote peu connue. — La Vénerie. — Tombeau du maréchal de Marsin. — La Superga. — Biographie nécrologique. — Illustrations contemporaines. — Salons de Turin. 59

CHAPITRE IV. — Situation difficile. — Réformes et améliorations. — Avocat des pauvres. — Magnifiques institutions. — Burlesque sermon du vendredi saint. — Organisation militaire. — Différentes armes. — Mode d'avancement. — Ordres chevaleresques. — Règlement de vie de Charles-Albert. — La reine. — Visite à son oratoire. — Une fleur d'immortelle dérobée à sa couronne. — Expiation. . . 99

CHAPITRE V. — La divine Providence. — L'abbé Cottolengo. — Bienfaisance du roi. — Cassette mystérieuse. — Le peintre Meyer. — Notre-Dame-de-Brou. — Une vengeance royale. — Une chanson matinale. — Les contrebandiers et une erreur de calcul. — Les bains de Saint-Gervais. — Prise bizarre d'un drapeau. — Le choléra. — Charles-Albert, génie de la consolation. — Un incendie. — Le sans-souci de Raconis. — Travaux utiles. — Un emprunt de 4 millions. — Chemins de fer. — L'ingénieur Brunel. — Gigantesque projet. . 149

CHAPITRE VI. — Journée du 30 octobre 1847. — Bruits divers. — Lecture d'un numéro de la *Gazette Piémontaise*. — Nouvelles réformes. — Explosion de reconnaissance. — Journée du 31 octobre. — Délire, enthousiasme. — Illuminations. — Promenades aux flambeaux. — Singulières rencontres. — Faits divers. — Une adoption. — Baiser de réconciliation. — Un carabinier. — Un étudiant. — Un beau joueur. — Un vœu de mort. — Un vieux sergent. — Les trois messes. — Voilà 25 sous. — Journée du 3 novembre. — Le roi sort de son palais. — Arc de triomphe improvisé. — Un groupe français. — Émotion et départ du roi. — Bénédiction de drapeaux. — Hôtel de Villamarina. — Défilé général. — Chœur de femmes. — Fête au théâtre. — L'hymne de Charles-Albert. — Chaîne d'union. — Une ode. — Joie des provinces. — Loi sur la liberté de la presse. — Réflexions 173

CHAPITRE VII. — Établissement d'une Cour de cassation. — Ses règlements. — Union douanière. — Bases du traité conclu entre les États de l'Église, les États-Sardes et la Toscane. — Fondation d'une banque à Turin. — Ses statuts. — Continuation des réjouissances publiques. — Naïveté du peuple. — Vive le nouvel uniforme de Charles-Albert! — Plus de conscrits! 213

CHAPITRE VIII. — Le bon peuple! — Premier relais. — Asti. — Alfiéri. — Ce qu'est un poète. — Alexandrie. — Les Guelfes et les Gibelins. — Mauvaise plaisanterie. — Bataille de la Trébia. — Siège de la citadelle. — Présence d'esprit du général. — Répartie de la garnison. — Capitulation. — La France est là! — Marengo. — Bataille. — Le premier consul et Franklin Bonafous. — Les Apennins. — Arrivée de Charles-Albert à Gênes. — Fêtes, réjouissances, illuminations. — Promenades du roi à cheval. — Scènes touchantes. — Remarquables paroles. 245

CHAPITRE IX. — Gênes. — Coup d'œil rapide. — Son origine. —

TABLE.

Son accroissement. — Services rendus aux croisades. — Siége de Césarée. — L'empereur Barberousse. — Guerre entre Gênes et Pise. — Louis IX. — Combat naval. — Défaite des Pisans. — Perte de la Terre-Sainte. — Guerre avec les Catalans. — Singulière provocation. — Bataille de Créci. — Guerre d'Afrique. — Le maréchal Boucicaut. — Encore un bizarre cartel. — Banque Saint-Georges. — Combat naval devant Honfleur. — Réception de Louis XII à Gênes. — Passage de François 1er. — Le noble centurion et Charles-Quint. Réparation réciproque. — Mauvais jour. — Domination autrichienne. — Journée du 5 décembre 1746. — Balila. — Insurrection. — Combat. — Délivrance. 274

CHAPITRE. X. — Sympathie de la France. — Envoi d'hommes et d'argent. — Le duc de Boufflers. — Siége de Gênes. — Patriotisme. — Une légion de prêtres. — Victoire. — Mort du duc de Boufflers. — Désespoir. — Nouveau siége. — Masséna. — Délivrance de la ville. — Gênes réuni au royaume de Sardaigne. — Caractère des Génois. — Lettre de Pétrarque. — Description. — Églises. — Saint-Jean. — Le *Sacro Catino*. — Croix précieuse. — Église de Santa-Maria-di-Castello. — L'annonciation. — Palais Brignole-Sale. — Les palais Durazzo, Spinola, de l'Université, Brignole, Serra. — Palais ducal et Doria. — Napoléon et Charles-Quint. — Ostentation mesquine. — Le Carlo-Felice. — Un pair de France. — Illustrations de Gênes. — Établissements pieux. — Faux proverbe. — Environs de Gênes. — La villa Palavicini 297

CHAPITRE XI. — Continuation des fêtes nationales. — Réjouissances de Nice. — Solennités de la Sardaigne. — Scènes de Cagliari. — Députation sarde. — Allocution et bénédiction de l'archevêque. — Départ. — Arrivée à Turin. — Royale réception. — Retour. — Fêtes et réjouissances. — Organisation de la Sardaigne. — Le roi quitte Gênes. — Préparatifs de fêtes à Turin. — Bénédiction de bannières. — Entrée triomphale. 326

CHAPITRE. XII. — Fête patriotique à Gênes. — Réduction du droit de timbre. — Entêtement du roi de Naples. — Adresse italienne. — Réflexion. — Maladie de Charles-Albert. — Inquiétudes et tristesses. — Guérison. — Réjouissances publiques. — Banquet des étudiants de Turin. — Discours d'un représentant de la Savoie. — Banquet des Savoyards à Paris. — Hymne à la patrie. — Charles-Albert donne une constitution à ses peuples. — Décret royal. — Union et confiance. 350

APPENDICE. 373

FIN DE LA TABLE.

OUVRAGES DU MÊME AUTEUR

QUI SE VENDENT

A LA MÊME LIBRAIRIE.

ROME ET PIE IX.

UN TRÈS-BEAU VOLUME IN-8°,
ILLUSTRÉ PAR UN MAGNIFIQUE PORTRAIT DU SAINT PÈRE,
GRAVÉ EN TAILLE-DOUCE
D'APRÈS CELUI QUE LE PAPE A DONNÉ LUI-MÊME A L'AUTEUR.

PRIX : 6 FR.

LES BORDS DU RHONE.

BEAU VOLUME IN-8° ILLUSTRÉ.

PRIX : 7 FR. 50 C.

LES NOUVELLES LYONNAISES.

PRIX : 3 FR. 50 C.

Pour paraître prochainement :

LES NOUVELLES MILITAIRES.

LA SAVOIE HISTORIQUE ET PITTORESQUE.

PARIS. IMPRIMÉ PAR PLON FRÈRES, RUE DE VAUGIRARD, 36.

www.ingramcontent.com/pod-product-compliance
Lightning Source LLC
Chambersburg PA
CBHW052040230426
43671CB00011B/1734